BECK'SCHE SONDERAUSGABEN

Heinrich und Margarethe Schmidt

Die vergessene Bildersprache christlicher Kunst

Ein Führer zum Verständnis der Tier-, Engel- und Mariensymbolik

Verlag C. H. Beck München

Mit 89 Abbildungen

CIP-Kurztitelaufnahme der Deutschen Bibliothek

Schmidt, Heinrich:
Die vergessene Bildersprache christlicher Kunst:
e. Führer zum Verständnis d. Tier-, Engel- u.
Mariensymbolik / Heinrich u. Margarethe Schmidt.
– 2., durchges. u. erweit. Aufl.
– München: Beck, 1982.
Erscheint als: Beck'sche Sonderausgaben
ISBN 3 406 08139 8
NE: Schmidt, Margarethe:

ISBN 3 406 08139 8

2., durchgesehene und erweiterte Auflage. 1982

Satz und Druck: Georg Appl, Wemding
Printed in Germany

Inhalt

Dritter Teil: Mariendarstellungen

Anhang

Vorwort

„Mimnes, du Übeltäter, laß das! Du malst ja / an vielgejochter Bordwand der Triere / die Schlange von dem Rammsporn fliehend zum Steuer. / So ist es nur ein Unglück, eine Beschreiung, / du Hundesohn du, für den Führer am Steuer, / wenn ihn die Natter in die Wade wird beißen." (Deutsch von H. Fränkel)

So spottet Hipponax von Ephesus vor mehr als 2500 Jahren, als er einem Mann zusieht, der den Bug eines Kriegsschiffes (Triere) bemalt. Dabei entdeckt er, wie dieser die obligate Schlange am Rammsporn, die ihr Maul drohend aufsperrt, nicht in Fahrtrichtung, dem Feind entgegen, darstellt, sondern in Richtung auf das eigene Schiff. Der Maler mag von seinem Handwerk etwas verstehen; vom Sinn der Schlange, von ihrem Symbolcharakter, dem Zeichen des Angriffs und der Abwehr zugleich, das den Feind in lähmenden Schrecken versetzen soll, davon weiß er nichts mehr.

Viele Besucher von Museen, Ausstellungen und Kirchen sehen sich heute alte Kunstwerke an und freuen sich an ihrer Schönheit. Sie lassen sich anrühren, besitzen vielleicht auch kunstgeschichtliche Informationen, aber den Zugang zum Inneren eines Bildes, zu seinem verborgenen Sinn, finden sie nicht. Er ist ihnen verschlossen.

Hier will das Buch helfen. Es möchte die Sprache alter Bildwerke wieder verstehbar machen und aufzeigen, was einst die frühen Meister oder ihre Auftraggeber, oft verschlüsselt in Allegorien, Sinnbildern und Symbolen, haben sagen wollen.

Dazu müssen wir zurückgehen zu den Quellen: zu Bildinschriften, Kulttexten und Gebeten, zu den biblischen Büchern, zu Werken antiker und mittelalterlicher Schriftsteller. In ihnen spiegelt sich das Denken und Fühlen vergangener Epochen, das überreich war an Bildern und Gleichnissen, deren Wurzeln bisweilen zurückreichen auf mythische Überlieferungen und Urerfahrungen der Menschheit.

Durch derartige Informationen und Zitate läßt sich der Sinngehalt vieler Bilder klären und belegen. Bisweilen wird man freilich nur von einer gewissen Wahrscheinlichkeit sprechen können, bisweilen verschiedene Deutungsversuche offen nebeneinander stehen lassen; manches Rätsel widersetzt sich überhaupt einer Lösung.

Aus dem schier unübersehbaren Gebiet der christlichen Ikonographie haben wir drei besonders interessante Themen ausgewählt: die Tiere, die Engel und Maria, die Mutter Jesu. Eine umfassende Darstellung dieser Themenkreise war nicht möglich. Vielmehr haben wir den umfangreichen Stoff schwerpunktmäßig erfaßt, übersichtlich gegliedert und an typischen Beispielen erläutert. Räumlich gesehen stammen die besprochenen Bildbeispiele aus dem Abendland; doch wurde der Einfluß des byzantinischen Kulturkreises mit berücksichtigt. Zeitlich haben wir, wenn irgend möglich, beim Ursprung der verschiedenen Bildtypen eingesetzt, um hernach ihre Wandlungen bis ins späte Mittelalter – wenn nötig, auch darüber hinaus – zu verfolgen.

Einführungen stellen die drei Hauptthemen jeweils in ihre kulturgeschichtlichen Zusammenhänge und zeigen ihre Entwicklungsgeschichte durch die Jahrhunderte. Zahlreiche Abbildungen und Anmerkungen sowie ein Register mit Glossar ergänzen die Informationen des Textes. Bibelstellen werden nur in seltenen Fällen zitiert, da sie ohne große Mühe nachgeschlagen werden können. Sonstige, schwerer zugängliche Texte sind entweder im Wortlaut oder sinngemäß wiedergegeben.

Zum Schluß möchten wir noch allen danken, die unsere Arbeit auf mancherlei Weise gefördert haben, im einzelnen der Handschriftensammlung der Bayerischen Staatsbibliothek München für alles freundliche Entgegenkommen, Frau Liselotte Herz für ihren unermüdlichen Einsatz bei der Niederschrift der Manuskripte, vor allem aber unserem Freund, Herrn Dr. Heinrich Geißler, für seine ständige Begleitung und Anregung sowie für alle Hilfe beim Lesen der Manuskripte und bei der Erstellung des Registers. Sein froher Mut hat uns durch manche Engpässe hindurchgeholfen.

München, im Oktober 1980 *Heinrich und Margarethe Schmidt*

Vorwort zur zweiten Auflage

Die neue Auflage erfolgte nach Durchsicht des gesamten Textes. Erweitert wurden die Anhänge. Auf vielfachen Wunsch wurde ein Ortsregister angefügt, dessen Erstellung wir Herrn Dr. H. Geißler, München, verdanken.

München, im Februar 1982 *Die Verfasser*

Erster Teil
Tierdarstellungen

Einführung

Mensch und Tier haben eine lange, wechselvolle Geschichte miteinander. In der Frühzeit erlebte der Mensch das Tier als personales, geheimnisvolles, mächtiges Wesen, als weit überlegen an Größe, Stärke, Schärfe der Sinne und an Fruchtbarkeit. Er hatte ihm mit seinen primitiven Werkzeugen und Waffen wenig entgegenzusetzen. Indes bildete die Jagdbeute, die Nahrung und Kleidung brachte, seine Lebensgrundlage. So suchte der Jäger einerseits durch Bildmagie und kultische Handlungen des Wildes habhaft zu werden (Höhlenmalerei), andererseits durch beschwörende Riten das erlegte Tier mit seinem Tod zu versöhnen.

Tiermächte sind für die frühe Menschheit von so überwältigender Bedeutung gewesen, daß sie zu Erscheinungsformen der Götter, ja zu Göttern selbst werden konnten. Fremdartig ragen die tiergestaltigen (zoomorphen) Kultbilder in die geschichtliche Zeit hinein, in der sich die enge Beziehung zwischen Mensch und Tier schon gelockert hatte. Das ist besonders auffällig in Ägypten. Selbst dort, wo menschengestaltige Götter Hörner, Hörnerhauben (Zweistromland) oder Geweihe (Kelten) tragen, wo sie sich nur gelegentlich in Tiere verwandeln (Griechenland), wird noch etwas von deren Urbedeutung sichtbar.

Ferner werden Tiere zu Symbolen irdischer und kosmischer Naturkräfte und treten damit neben die entsprechenden Gottheiten. Manche späteren Tier-Attribute der Götter gehen auf diesen Ursprung zurück. Freilich ist die Zuordnung der Tiere zu den Naturkräften in den verschiedenen Kulturkreisen nicht immer die gleiche. Sehr früh sind es Kuh und Stier, die in besonderer Weise verehrt werden; denn das Gehörn des Rindes ist Symbol der Mondsichel, der Mond aber ist das zentrale Gestirn der Muttergottheiten. „Ich aber bin die hehre Wildkuh; die hehre Wildkuh Enlils, seine hehre Wildkuh, die allen vorangeht.“[1] So singt die Inanna, die Himmels- und Fruchtbarkeitsgöttin der Sumerer. Im Mittelmeerraum versinnbildlicht der Löwe das Sonnenfeuer, die Schlange die Erde, der Ketosdrache das Meer. Auch Roß und Wasser sind miteinander verbunden. Eine Reihe von Sternbildern werden im Zweistromland wie in Griechenland nach Tieren benannt.

Schließlich bezeichnen die Griechen die Sternbilder der Ekliptik als Zodiakus, als Tierkreis. Unter dem gleichen Namen ist er in das Weltbild des christlichen Abendlandes übernommen worden. In der Romanik wird er seinen Platz an den Portalen finden, wo er im Schwung der Archivolte den kosmischen Aspekt des Weltenherrschers und -richters Christus bezeugt.[2]

Manchmal ist ein einziges Tier zu wenig, die ganze Tiefe einer mythischen Vorstellung auszudrücken. So werden – erstmals in Mesopotamien – mehrere Tiere, auch Tier und Mensch, zu einem einzigen Mischwesen verschmolzen. Dieses faßt deren Eigenschaften und Kräfte in sich in geballter Potenz zusammen (s. Cherub).

Der allen Naturgewalten ausgelieferte Mensch versucht sich seit alters durch Abwehrzauber zu schützen. Neben magischen Zeichen, wie dem Kreis, dem Fünf- und Sechsstern, dem Auge u. a. ist es das Tier, dem er besonders starke, abwehrende (apotropäische) Kräfte zutraut. Tierköpfe, -masken, -pranken sollen Haus, Bewohner und Gerät vor bösen Mächten bewahren. Ähnlich sollen die Schädel der geopferten Tiere (s. Bukranien) an Friesen, Metopen und Altären die Götter an ihre Sorgepflicht gegenüber Spender und Heiligtum erinnern. Manche Seltsamkeiten, wie z. B. Tiere mit Doppelleib und einem Kopf bzw. einem Leib und zwei Köpfen, sind wohl in erster Linie als zwiefach unheilabwehrende Mächte zu verstehen.

Als die Jäger zu Hirten und Ackerbauern werden, wandelt sich auch das Verhältnis zum Tier. Der Mensch macht es sich weithin dienstbar. Dies bringt eine Abwertung mit sich, die auch im Bild sichtbar wird. Das einst übermächtige Tier wird nun des Schutzes durch den Menschen bedürftig. Analog erscheinen Gottheiten als verantwortliche Tierherren und -herrinnen inmitten einer Schar von Tieren, über deren Leben und Tod sie verfügen. Schon im 3. Jahrtausend entsteht im Zweistromland die Triasform: eine menschliche Gestalt zwischen zwei gegenständigen (antithetischen) Tieren. In der Mitte steht nun der Hirtengott, umgeben von zwei Stieren oder Böcken, die er mit Zweigen füttert, oder ein Heros, der mit bloßen Händen auf beiden Seiten je ein Raubtier erwürgt (vgl. Abb. 2).

Daneben erschließt sich dem Menschen die Schönheit und Grazie des Tieres. Das führt dazu, es auch in die Bildform des Ornaments aufzunehmen. Indessen ist die mythische Urerfahrung zu tief eingesunken, als daß sie durch diese Entwicklung hätte völlig verdrängt werden können. So sind Schmuckstücke wohl immer zugleich Talismane geblieben. Und wenn in den Naturkunden der Spätantike sagenhafte Tiere ernsthaft beschrieben und andere mit Sonne und Mond in Verbindung gebracht werden, so zeigt dies, daß die mythischen Vorstellungen noch durchaus vorhanden sind, auch wenn dies den aufgeklärten Autoren nicht bewußt wird. Sogar neue Tiersymbole konnten in der Zeit des Hellenismus noch entstehen.

1. Literarische Quellen

a) Die Bibel. Gott, Mensch und Tier sind in den Büchern des Alten Testaments nahe beieinander. Am gleichen Schöpfungstag werden Landtiere und Menschen erschaffen (1. Mos. 1). „Gott hilft Menschen und Vieh" (Ps. 36 (35), 7), gibt „Futter den jungen Raben, die ihn anrufen" (Ps. 147 (146), 9). „Tiere und alles Vieh, Gewürm und alle Vögel, die Könige auf Erden und alle Völker, die sollen loben ... den Namen des Herrn" (Ps. 140, 10ff.). Mensch und Tier stehen beide Gott gegenüber, der sie erschaffen hat und erhält und den sie dafür preisen.

Das Tier ist auch Sinnbild und Gleichnis. Die Stimme des Löwen ist dem Propheten Amos Symbol für den Anruf Gottes: „Der Löwe brüllt, wer sollte sich nicht fürchten? Der Herr, Herr redet, wer sollte nicht weissagen?" (Am. 3, 8) Die Bedrohung durch das Tier wird dem gleichen Propheten zum Sinnbild der dunklen Todesmächte: „Gleich als wenn jemand vor dem Löwen flöhe und ein Bär begegnete ihm und er käme in ein Haus und lehnte sich mit der Hand an die Wand und eine Schlange stäche ihn – denn des Herrn Tag wird finster und nicht licht sein, dunkel und nicht helle" (Am. 5, 19–20). „Sündenbock" (3. Mos. 16) und „Passahlamm" werden Israel zum Sinnzeichen für die Taten Gottes. Am eindrücklichsten aber wirkt nach die prophetische Schau des Jesaja, der den kommenden Erlöser unter dem Bild des Lammes sieht, das zur Schlachtbank geführt wird. (Jes. 53)

Tiergottheiten haben in der streng monotheistischen Religion Israels keinen Platz. Eindringende Kulte, wie der des „Goldenen Kalbes", werden ausgerottet (2. Mos. 32). Was man sonst über die

Natur und Art der Tiere wußte, entsprach im großen und ganzen den Vorstellungen der biblischen Umwelt. So kennt auch die Bibel Drachen und Basilisken und vom Hörensagen Tiere fremder Völker und Mischwesen.

In den Schriften des Neuen Testamentes werden eine Reihe von Tierwesen zu Gleichnissen geistiger Vorgänge und zu Symbolen göttlicher und dämonischer Kräfte, am häufigsten in der Offenbarung des Johannes, aber auch in den Evangelien. Jesus kann in einem einzigen Satz vier Tiere in Bildern aneinanderreihen: „Siehe, ich sende euch wie Schafe unter die Wölfe. Darum seid klug wie die Schlangen und ohne Falsch wie die Tauben!" (Matth. 10, 16)

Einige der biblischen Geschichten bieten willkommene Gelegenheit, eine reiche Fauna darzustellen:

Die Erschaffung der Tiere[3] (1. Mos. 1, 20–28).
Die Namengebung der Tiere durch Adam[4] (1. Mos. 2, 19f.).
Die Geschichte von der Arche Noah[5] (1. Mos. 7).
Das künftige Friedensreich[6] (Jes. 11, 6–9).
Das Weltgericht, wie es der Osten darstellt.[7]

b) Der Physiologus – der „Naturkundige". Dieses seltsame Buch, von dem man weder den Verfasser kennt noch Zeit und Ort der Entstehung, ist eine griechisch geschriebene Zoologie mit Einschüben aus dem Mineral- und Pflanzenreich. Es ist möglicherweise in Alexandria oder in Syrien im 2. oder 4. Jh. n. Chr. entstanden. Der größte Teil des Stoffes war Allgemeingut der antiken Naturwissenschaft und wie diese mit Elementen aus dem Mythos und der Fabelwelt versetzt. Vieles stammt aus den Schriften des Aristoteles, des Herodot, des Plinius u. a.; anderes wieder ist vorderasiatischen oder ägyptischen Ursprungs. Jeden Abschnitt – und das ist das besondere – beschließt ein Vergleich des Tieres (in der Regel) mit Christus: „so auch unser Heiland" oder mit einer moralischen Ermahnung an die einzelnen Christen: „so auch du ... ". Der Verfasser legt jedes Kapitel einem anonymen, wohl fiktiven Naturkundigen in den Mund mit den stereotypen Worten: „Wohl berichtet also der Physiologus". Durch verschiedene Redaktionen des Buches entstehen mancherlei Änderungen und Ausweitungen. Es kommt u. a. zu äthiopischen, armenischen, koptischen und arabischen Fassungen. Für das Abendland wird die lateinische Ausgabe maßgebend. Der Physiologus verbreitet sich in Ost und West gleich schnell. Im Mittelalter in die Volkssprachen des Abendlandes übersetzt, wird er zu einem unerschöpflichen Beispielschatz theologischer Aussagen. Die Berechtigung dazu begründet der „Naturkundige" mit der Bibel: „... nichts hat uns die heilige Schrift ohne Gleichnisse gesagt".[8]

c) Die Bestiarien. Sie entstehen im 12./13. Jh. und gründen auf dem „Physiologus", der durch Schriften des Ambrosius, des Isidor von Sevilla u. a. eine beachtliche Erweiterung erfährt. Die geistliche Kommentierung verschwindet oder tritt zurück zugunsten der Naturkunde. Diese bewegt sich freilich auch weiterhin in überlieferten Denkformen und behält somit viele fabulöse Absonderlichkeiten bei.

d) Die Tierfabeln. Diese demonstrieren in Wort und Bild menschliches Verhalten an Tieren (s. Tierfabeln).

2. Die Aussage des Tierbildes

Aus der Menge der Tiere, die in den erwähnten Schriften vorgestellt werden, gelangt eine Anzahl zur Darstellung in der christlichen Kunst, die einen früher, die anderen später. Ihre Aussagekraft hat verschiedenes Gewicht. Die einen haben gleichnishafte Bedeutung, andere eine allegorische, wieder andere werden zu einprägsamen Sinnbildern, einige zum Symbol.[9] Dieses bringt in konzentrierter Dichte auf einen Blick das nicht Faßbare zum Ausdruck und macht es präsent. Die Tiersymbole entstehen im wesentlichen in der Frühzeit der christlichen Kirche. In der Mehrzahl wurzeln sie in der Bilderwelt der Bibel.

Die Bedeutung der einzelnen Tiere ist nicht immer die gleiche.

a) Ein Tier kann im Laufe der Zeit seine Bedeutung wechseln. Sein positiver Charakter kann ins Negative umschlagen, sein hoher Rang zur Belanglosigkeit absinken (Pfau).

b) Oft hat ein Tier mehrere verwandte Bedeutungen (Lamm).

c) Ein und dasselbe Tier kann aber auch Gegensätzliches und einander Widersprechendes aussagen (Löwe). In solcher Ambivalenz steht es einmal für das Gute, einmal für das Böse, einmal für das Göttliche, das andere Mal für das Teuflische. Darüber haben sich schon die Leser des Physiologus gewundert. Sie werden vom Kommentator belehrt: „Von doppelter Art – löbelich und tadelich – ist alle Kreatur“.[10]

3. Die Geschichte der Tierdarstellungen

a) Die frühe Christenheit. Als die frühchristliche Gemeinde die Wände der Katakomben bemalte, ihre Sarkophage bebilderte und später ihre Kirchen mit Mosaiken ausschmückte, bediente sie sich auch des Tiersymbols.

Zur zentralen Aussage wird das Christuslamm. Man scheut sich, das Leiden und Sterben Jesu sowie seine Auferstehung darzustellen. Dafür steht nun das Bild des Lammes. In ihm wird auf einen Blick das ganze Erlösungsmysterium für den Gläubigen durchsichtig. Gleichsam respondierend erfahren sich die Christen als Lämmer der einen Herde Christi, des guten Hirten.

Im Symbol des Fisches bekennt sich die Gemeinde zu Christus, in dem der Taube zu Gott, dem Heiligen Geist. Löwe und Meeresdrache werden für die Christen zum Bild des Todesrachens, Phönix, Pfau und an Wasser und Weinstock sich labende Tauben zum Zeichen der Hoffnung auf die Auferstehung und das ewige Leben. Im dürstenden Hirsch erkennen sie sich wieder in ihrer Sehnsucht nach Gemeinschaft mit Gott, während die Symbole der Evangelisten – Mensch, Löwe, Stier und Adler – als kosmische Wesen am Himmel erscheinen, als Garanten der „Frohen Botschaft“.

b) Das Tier in der Romanik. Die Christenheit hatte seit ihren Anfängen – von einigen Standbildern des Guten Hirten abgesehen – keine plastischen Bildwerke in ihren Versammlungsräumen und Kirchen verwendet. Sie hat sich damit bewußt von den Götterbildern der Tempel und den Kaiserstatuen abgesetzt. Das änderte sich im 11./12. Jahrhundert. Reich entfaltet sich an und in den romanischen Kirchen eine eindrucksvolle Bauplastik.

Eine der merkwürdigsten Erscheinungen bei diesem Neubeginn ist der rätselhafte Einbruch einer Überfülle von Tierbildern. An Türmen und Apsiden, an Fassaden und Fenstern, am Türgebälk wie in den Bogenfeldern, an Säulenbasen und Kapitellen, an Taufsteinen, Ambonen und Lettnern – überall begegnen wir Tieren, die aus einer geheimnisvollen Welt zu kommen scheinen. In gleicher Zeit erhalten die metallenen liturgischen Gießgefäße, die Aquamanile, die Gestalt von Tieren, Bronzeleuchter werden von Drachenwesen getragen, und auch in der Kleinkunst finden sich Tiermotive verschiedenster Art.

Die Wege, auf denen diese Darstellungen in den ursprünglich tierbildlosen Norden gelangt sind, kann man verfolgen. Zuerst waren es die römischen Besatzungstruppen, die in ihre transalpinen Garnisonen auch Künstler mitbrachten. Adler und Löwen, Panther und Greifen, Meeresdrachen, Tiermasken und sonstige Mischwesen gab es bald in Fülle, Motive, denen Jahrhunderte später die Heere der deutschen Kaiser auf ihren Italienzügen wieder begegnen sollten.

Weiter kamen durch die Völkerwanderung die Kulturen miteinander in Berührung. Kunstformen des Mittelmeerraums wurden nicht nur nachgebildet, sondern auch umgeschmolzen zu eigenständigen, keltisch-germanischen Stilformen. Im 6. Jh. bildete sich im Norden das Tierornament aus mit seinen Abstraktionen und Stilisierungen. Um 800 entstand der Greiftier-Stil, in dem sich Tierwesen wild ineinander verschlingen, dabei kunstvolle Ornamente bildend. Später waren es die diplomatischen Beziehungen, die Handelsverbindungen mit Byzanz und dem Orient, schließlich die Kreuzzüge, durch die viele Kunstwerke aus dem Osten ins Land kamen. Erhalten haben sich hauptsächlich kostbare Gewebe mit Tiermotiven. Sie wurden Fürsten und Bischöfen ins Grab mitgegeben oder in Schatzkammern aufbewahrt.

Sonderformen rücken ins Blickfeld: Doppeltiere mit einem einzigen Haupt, antithetische Tiere – in ihrer Mitte der Lebensbaum oder -quell oder ein Mensch (Triasform). (Vgl. Abb. 2.)

Fruchtbare Kontakte entstehen durch irische und angelsächsische Missionare, vor allem aber durch Klöster, die über die Völkergrenzen hinweg miteinander verbunden sind. Hier werden antike Schriften gesammelt und abgeschrieben, unter ihnen auch die Tierfabeln und naturwissenschaftliche Bücher, vor allem der „Physiologus". Alte Formelemente werden in die Buchmalerei übernommen, wie der in der Spätantike geübte Brauch, Kanon-Tafeln mit allerlei Vögeln zu verzieren.[11] Auch die Initialen der

Codices beleben sich.[12] Auf die merowingische Kunst beschränkt bleiben jene Buchstaben, die durch Zusammenfügung von Vögeln und Fischen gebildet werden.[13]

Alle diese Einflüsse zeigen zwar auf, wie das Tierbild Einzug ins Abendland gehalten hat, sie lassen aber zwei Fragen unbeantwortet:

(1) Wie ist es möglich, daß diese Anregungen ein solch überwältigendes Echo finden, derartige Impulse auslösen und einen Formenreichtum und eine Ausdruckskraft tierbildnerischer Gestaltung hervorbringen, wie er in der Geschichte der Kunst einmalig ist?

Solche Phänomene bedürfen immer einer latent vorhandenen Bereitschaft, einer besonderen geistigen Konstellation und eines auslösenden Momentes. Diese Voraussetzungen sind im Abendland im 12. Jh. gegeben. Die verschiedenen Volksstämme haben den christlichen Glauben angenommen. Zwei Welten sind aufeinander gestoßen und haben sich ein Stück weit durchdrungen: die Offenbarungsreligion des Christentums und die mythische Volksreligiosität. Das schon vorgegebene gemeinsame Thema, das täglich neu erlebt wird, heißt: der Kampf des Lichtes mit den Mächten der Finsternis. Nun kann es im Neuaufbruch der Steinmetzkunst, in mythischer Tierbildsprache zum Ausdruck gebracht werden, in überschäumender Phantasie, die sich aus archetypischen Quellen speist.

(2) Welche Bedeutung kommt der romanischen Tierdarstellung zu?

Die Meinungen sind seit eh und je geteilt. Viele verfallen einem überschwenglichen und unkritischen Ausdeutungseifer; sie glauben zu jeder gelegentlichen und unwesentlichen Bemerkung mittelalterlicher Symboliker eine Bildparallele finden zu müssen. Manche geheimnissen ihre persönliche Weltanschauung in die Tierwelt der Romanik hinein.

Deshalb nimmt es nicht wunder, wenn andere darauf mit übergroßer Skepsis reagieren wie seinerzeit Dehio, der in den romanischen Tierbildern kaum mehr als Drolerien und „Spiele eines phantastischen Humors“ erblickte. Als Kronzeuge wird Bernhard von Clairvaux angeführt: „Was sollen in den Kreuzgängen ... jene lächerlichen Ungeheuerlichkeiten? ... Zu was die unflätigen Affen, zu was die wütigen Löwen, zu was die greulichen Kentauern, die Halbmenschen ..., die rasenden Jäger? Du siehst an einem Kopf viele Leiber und wiederum an einem Leib viele Köpfe. Hier wird an einem Vierfüßler ein Schlangenschwanz, dort an einem Fisch ein Tierkopf eines Vierfüßlers sichtbar. Großer Gott, wenn man sich der Possen nicht schämt, warum scheut man dann nicht wenigstens die Unkosten!"[14] (Brief an den Abt Wilhelm von St. Thierry, 1140) Dieser Kritik aus dem Mund eines Mannes, der von einer neuen, rein spirituellen Religiosität durchdrungen war, stehen eine große Anzahl entgegengesetzter zeitgenössischer Zeugnisse gegenüber.

Die bedeutsamsten sind diejenigen Tierdarstellungen, welche durch Inschriften die Deutung an Ort und Stelle enthalten. Diese Tituli sind den Psalmen, dem „Physiologus" und den „Bestiarien" entnommen (s. Löwen von Jacca oder Hirsch am Taufstein zu Freudenstadt, S. 81 und 68). Über einem Bedrohungsmotiv am Dom zu Pisa[15] steht die Inschrift: „De ore leonum libera nos, Domine" („Aus dem Rachen der Löwen befreie uns, Herr!" Ps. 22 (21), 22).

Sehr ergiebig sind die literarischen Quellen jener Zeit. Honorius von Autun, ein Zeitgenosse Bernhards von Clairvaux, zeigt z. B. in einer Sammlung von Musterpredigten, wie durch Tiere selbst die Geheimnisse der höchsten Feste des Kirchenjahres klargemacht werden können. Verkündigung und Christgeburt erläutert er am Einhorn, die Passion an der ehernen Schlange und am Pelikan, Ostern am Fisch des Jona (s. Ketos), am Löwen und Phönix, Himmelfahrt am Adler. Seiner Ansicht nach „hat Gott diese Vögel dazu bestimmt, die künftigen (heilsgeschichtlichen) Geschehnisse auszudrücken".[16]

Auch Tierfabeln werden nun gern in Predigten verwendet im Sinne einer moralischen Belehrung.

Das Tier wird aber auch als Träger des Dämonischen erlebt. Der Zisterzienser Caesarius von Heisterbach z. B. berichtet, daß der Teufel gesehen worden sei als Affe, Bär und Kröte, Vogel, schwarzer Ochse, Schwein – natürlich auch in seinen klassischen Gestalten als Basilisk, Drache, Schlange und als Löwe.[17] Ein Mönch aus Cluny sieht den Satan an seinem Bettende sitzen als großen Geier mit schweren Flügeln[18] und ihm zur Seite zwei Dämonen, ein

Alptraum, von dem man glauben möchte, er sei an einem Kapitell der Kathedrale von Chauvigny zu Stein geworden.

Eine alte Übung der Eremiten in der Thebais, die Laster in Gestalt von Tieren vor Augen zu stellen, kommt im 12. Jh. ebenfalls wieder auf, z. B. in den Schriften der Herrad von Landsberg und der Hildegard von Bingen, in denen auch die Tugenden durch Tiere anschaulich gemacht werden. Zu einem festen Kanon ist es jedoch nicht gekommen.

Wie eine Grundregel mutet die Anmerkung des Malers an, der den figurenreichen Albani-Psalter im 12. Jh. illustriert hat, daß alles „spiritualiter", d. h. geistlich verstanden werden müsse.[19]

Heute haben wir einen neuen Zugang zu der ursprünglichen und ausdrucksstarken Bildwelt der Romanik gefunden. Wir wissen mehr über Magie und Abwehrzauber. Wir haben zwischen apotropäischen Skulpturen der Naturvölker und der romanischen Kunst manche Analogien entdeckt. Wir haben neue Einsichten gewonnen in die Tiefen des Unbewußten und in seine archetypische verschlüsselte Bildsprache. Auf all diesen Gebieten kommt dem Tier eine besondere Bedeutung zu. Es muß für den Menschen dieser Jahrhunderte vollgültige Aussagekraft gehabt haben für alles, was ihn bewegte.[20]

Im romanischen Tierornament tritt uns am eindrücklichsten die Thematik der Angst entgegen. Alles Angsterregende scheint sich in Schlangen und Drachen, in Basilisken und Greifen, in Löwen und anderen Tieren zu inkarnieren. Sie kriechen und schleichen an ihre Opfer heran, liegen, den Schwanz zwischen die Beine geklemmt, geduckt und zähnefletschend auf der Lauer, stürmen heran, die Beute schlagend und unter die Füße tretend.

Zu ihnen gesellen sich noch die vielen Mischwesen, doppelt bedrohlich deshalb, weil sie aus der Schöpfungsordnung Gottes herausgefallen sind.[21] Unter ihnen sind auch solche, bei denen sich tierische und menschliche Elemente miteinander verbinden: Kentauren und Sirenen und andere, aus der Antike uns bekannte Wasserwesen. Diese ziehen nun nicht mehr ausgelassen im Hochzeitszug der Meeresgötter einher, sondern sie bedrohen die Welt der Menschen. (Vgl. Deckengemälde von St. Martin in Zillis, Schweiz)

Sagen und Märchen tragen das Ihre dazu bei. Zweibeinige

1. Dämonischer Raubvogel, mit Fängen und Schnabel ein nacktes Menschlein bzw. eine Menschenseele packend. Kapitellrelief, Anfang 12. Jh., Chauvigny (Poitou), St. Pierre.

Pferde, so erzählt man sich in Thüringen, ziehen mit der wilden Jagd.[22] In einem irischen Märchen verwandelt sich die Elfenkönigin in ein feuerspeiendes, geflügeltes und drachenschwänziges Roß, in ein Männchen mit Ochsenkopf, in einen Affen mit Entenfüßen u. a. m.[23]

Für die Darstellung dieser angstbefrachteten Motive werden alte Bildformen übernommen, aber auch neue entwickelt:

(1) Die Triasform als Bedrohungsmotiv. Die uralte Triasform (S. 14) wird gegen Ende der Völkerwanderung[24] zum Bedrohungsmotiv. Diese Entwicklung läßt sich gut an den sogenannten Daniel-Schnallen beobachten. Sie bleibt aber keineswegs darauf beschränkt. In immer neuen Variationen sieht man, vor allem an Kapitellen, folgendes Schema:

a

b

2 a–d. Vom Triasmotiv zum Bedrohungsmotiv: a) Heros, vermutlich Gilgamesch, als Herr der Tiere zwischen zwei Stieren in liebevoller Umarmung. Einlegearbeit an einer Lyra, 3. Jtsd. v. Chr., Zweistromland, Bagdad, Museum (vgl. S. 14 und 19). b) Daniel, betend zwischen zwei Löwen, frühchristl. Sarkophag, Ravenna, Museo Nazionale. c) Danielschnalle: Daniel, geängstet und geduckt zwischen zwei angreifenden Löwen, 7. Jh. n. Chr., Fribourg, Musée d'Art et d'Histoire (vgl. S. 83). d) Mensch, von zwei Drachen angefallen und durchdrungen. Kapitellrelief, 12. Jh., Basler Münster, Chorumgang.

Ein Mensch, auch ein menschliches Haupt oder eine Maske, seltener ein Christuszeichen oder -symbol,[25] ein Lebensbaum u. a. werden auf beiden Seiten von je einem Tier angegriffen. Das bedeutet, objektiv betrachtet, den Angriff des Dämonischen auf das Göttliche und die Bedrohung des Menschen durch das Widergöttliche. Subjektiv gesehen und auf den Menschen bezogen: das Gefühl des Ausgeliefertseins an das Böse, das Erleiden unsagbarer Ängste bis hin zu den Qualen der Hölle. Auf Christus bezogen: die sieghafte Gelassenheit dem Teufel gegenüber. Steht im Mittelpunkt eine dämonische oder tierische Maske,[26] so versinnbildlicht das Trias-Motiv die Selbstzerstörung der dunklen Mächte.

(2) Die Bestiensäule. Wild ineinander verschlungene und sich verbeißende Tierleiber türmen sich zu Pfeilern auf. Mitten in diesem widerlichen Knäuel kann ein Mensch stecken, Sinnbild äußerster Bedrängnis oder kämpferischen Widerstandes.[27] (Vgl. Abb. 4)

(3) Das Jagdmotiv ist uralt. Im Norden wird wohl die Vorstel-

c

d

lung der „Wilden Jagd", die auf den Odins-Glauben zurückgeht, miteingeflossen sein. Wenn sie durch die Lüfte braust, ist alles von Furcht und Schrecken erfüllt (s. Hirsch, S. 69).

Die Kirche hat zu dieser kollektiven Angst nicht wenig beigetragen. Das große Thema der cluniazensischen Reformbewegung ist das Weltgericht. Drohend erscheint Christus als Richter. Szenen des Entsetzens, der Verzweiflung und der Qual spielen sich zur Linken unter seinen Füßen ab.

„O wie schrecklich sind die Streiter (des Teufels), die verderbensschwangere Brut, / allen Scheusals Ausgeburt, aus der Nase zuckt die Glut, / drachenartig schwillt der Nacken und das Maul haucht giftige Wut" (Petrus Damiani, 11. Jh., führender Kopf der Reformbewegung).[28] Alle diese Bilder des Schreckens sollen ein warnendes Memento mori sein.

Zugleich lebt auch in der Tiefe der Völker eine unruhvolle Schicksalsangst. In der Zeit der Völkerwanderung erlitt ihr ursprünglich vertrauensvolles Lebensgefühl einen Bruch. Unsicherheit ergriff sie. Diese wird verstärkt dadurch, daß die alten Götter und Naturgeister auch nach der Christianisierung noch weiterleben, zumeist als dunkle Dämonen, ebenso wie die Tiere, die diesen einst geweiht waren. Bei den Germanen die Böcke des Thor, der Eber des Freyr, die Raben Wotans und ihre einstigen Gegenspieler: der Fenriswolf und die Midgardschlange.

All dieser dunklen, angsterregenden Mächte gilt es sich zu erwehren. Das älteste Mittel dazu ist – offensichtlich von der Kirche toleriert:

(1) die Magie. Hat man einst in heidnischer Vorzeit die Schädel der Opfertiere (s. S. 87) unter den Dächern der Wohnhäuser angebracht, um Hof und Haus vor dem Blitzstrahl zu schützen, so kann man nun Rinder- und Widderköpfe, in Stein gehauen, unter dem breiten Kirchendach finden.[29] Und die vielen von den Wänden der Kirche herabglotzenden Unholde sollen garnicht in erster Linie die Gläubigen, sondern im Gegenteil ihre eigenen Urbilder, die heranstürmenden Geister und Dämonen, in Schrecken versetzen. Denn das ist doch ein Grundgesetz des Bildzaubers: Zeige den bösen Mächten ihr eigenes Bild und du schlägst sie in die Flucht.[30] Vom Basilisken wird erzählt, daß sein Blick töten könne. Hält man ihm den Spiegel vor, so stirbt er auf der Stelle. Solchen magischen Widerstand bieten besonders die Tierfriese, die sich bandförmig um den Baukörper eines Gotteshauses legen oder seine dämonengefährdetste Stelle, die Westfassade, quer durchziehen.[31] Oft werden sie gemeinsam von den dunklen und den lichten Tieren gebildet – von den abschreckenden und von den abwehrenden.

Da auch Seile und Stricke, Flechtwerk und Knoten (z. B. in Säulenschäften) abwehrende Wirkung haben, verknotet man häufig auch Hälse und Schwänze der Drachen oder läßt die Bestien sich ineinander schlingen und verschlingen.[32] Ein solcher Anblick fesselt und bindet die bösen Geister.

Wie lange noch offiziell Magie getrieben wurde, beweist die Landnamsbok, eine Besiedlungsgeschichte Islands aus dem 13. Jh. Hölzerne Drachenköpfe, die auf dem Steven der Wikingerschiffe aufgesteckt waren, um die Seedämonen zu bannen, mußten vor der Landung abgenommen werden, „da man nicht segeln solle gegen Land mit aufgesperrtem Rachen, damit die Landgeister nicht erschreckt werden".[33]

(2) Das andere Mittel zur Abwehr teuflischer Mächte ist der Kampf. Der Anblick so vieler gefährlicher Tiere soll den Christen bereit machen, mit den Mächten der Finsternis den Kampf aufzunehmen. Aus diesem Versuch, das innere Ringen der Seele mit der Anfechtung sichtbar zu machen, entstehen die großartigen Darstellungen des Zweikampfes zwischen dem „Christlichen Ritter" und dem dämonischen „Tier"[34] (s. S. 44).

Zur gleichen Zeit, als Otto II., Bischof von Freising, die Bestiensäule in Auftrag gibt, übersetzt er das allegorische Epos „Josaphat

3. Ritter Christi, mit dem Schwert den Kampf gegen den satanischen Löwen aufnehmend. Tympanonrelief, 1220, Windberg (Nd. Bay.), Klosterkirche Nordportal.

und Balaam" aus dem Lateinischen. Daraus folgender Abschnitt: „Danach aber schiere/nam er (der Teufel) der wilden Tiere/bilde an sich vil grimme/griulich was sin stimme./Ein Trache wart er aber sus (in solcher Weise)/aspis (Schlange) und basiliscus./Der starke gotes kempfer gût/vil unervohrt (ohne Furcht) was ie (immer) sin mût, ... min helfer ist der rîche got./Die mich hazzent die sint mîn spot./Aspis und basiliscus/darûfe gên ich vaste sus (darauf gehe ich fest in solcher Weise)/Dem tiuvel bistû gelîch/dennoch trite ich sicherlich/ûf den lewen mit Kristes kraft/und ûf den trachen eiterhaft (giftig)."[35] (Vgl. Ps. 91 (90), 13)

(3) Damit ist die letzte Möglichkeit angesprochen, den schreckenerregenden Mächten entgegenzutreten: durch das Vertrauen in die Kraft des Erlösers. Klein und armselig erscheint alles noch so greuliche und grimmige Getier, wo Christus als Retter sichtbar gemacht wird in Stein und Holz: an dem mächtigen Triumphkreuz, an dem er noch im Tode als sieghafter König steht, als Herr des Kosmos vor Sonne, Mond und Sternen, als Überwinder des Teufels, dessen Tiergestalt er unter seine Füße tritt.

4. Ein Ritter, mit einem Fuß im Rachen eines Untiers steckend, kämpft gegen einen gewaltigen Drachen. Bestiensäule, 12. Jh., Freising, Domkrypta. (Vgl. auch S. 44)

Die Kraft Christi erscheint auch in Engeln und Heiligen und im Symbol der lichten Tiere: des Adlers, des Hirsches, des Einhorns, des Greifen, des Löwen aus Juda und schließlich des Lammes, das den Kreuzstab trägt. Diese Tiere stehen als Christussymbole oder als Sinnzeichen des Lichts bald einzeln an entscheidender Stelle innerhalb eines romanischen Bildprogramms, bald auch blockartig dicht nebeneinander in Leisten, Bändern oder Portaleinfassungen.[36] An ihrer gesammelten Kraft bricht sich der Ansturm der dämonischen Mächte.

Ein Musterbeispiel hierfür ist die Westfassade des Domes von S. Rufino in Assisi aus dem 12. Jh. Auf den ersten Blick glaubt man fast nur Tiere vor sich zu sehen: reißende Löwen und Greifen vor den drei Toren, zu beiden Seiten des Mittelportals kriechende Drachen, am Scheitel des Bogenlaufes (Archivolte) eine große, zusammengeringelte Schlange. An einem Fries, der sich – unter einer Galerie verlaufend – über die gesamte Wand erstreckt, eine Menge sich unruhig hin und her bewegender Tiere, darunter eine fortlaufende Reihe vorkragender tier- und fratzenartiger Menschenköpfe. Zu beiden Seiten des Frieses nähern sich zwei mächtige Wölfe. Diesen dunklen Tierwesen stehen lichte gegenüber: in der Friesmitte zwei große, aus der Wand herausragende Stierskulpturen. In den Tympana der Seitenportale zwei antithetische Löwen bzw. Pfauen, in ihrer Mitte eine Amphore, mit dem „Wasser des Lebens". Im Zentrum der Türstürze das Christuslamm und die Evangelistensymbole, an den Pfosten Adler und andere positive Tiere, vereinzelt auch negative. Über dem Hauptportal eine große Rosette, die das Christuslicht versinnbildlicht, gehalten von drei auf Drachen stehenden Atlanten und umgeben von den vier Evangelistensymbolen. Christus selbst thront im Tympanon des Hauptportals als der Herr des Kosmos mit Sonne und Mond. Im Zentrum des linken Radfensters steht St. Michael, den Drachen unter seine Füße tretend.

So steht in der Romanik Tier gegen Tier als Ausdruck des Kampfes zwischen Licht und Finsternis, zwischen Göttlichem und

5. Apotropäischer Tierfries. Negativ: Doppeltier mit gehörntem Menschenkopf und Basilisk; positiv: zwei Hähne, Hirsch, Panther, darüber herausragend eine Stierplastik. Darunter: Tier- und Menschenköpfe. 12. Jh., Assisi, Dom S. Rufino, Westfassade.

6. Zwei antithetische Löwen, das Wasser des Lebens bewachend oder von ihm trinkend. Darüber das Zeichen des Kreuzes. Tympanon-Relief, 12. Jh., Assisi, Dom S. Rufino, linkes Portal der Westfassade. (Vgl. auch Löwe S. 81)

7. Thronender Christus im Clipeus mit den kosmischen Zeichen von Sonne und Mond; ihm zur Rechten, an den Schild gelehnt, Maria, ihr Kind stillend, gegenüber der Hl. Rufinus; drei Köpfe am unteren Bildrand deuten wohl Gläubige an. Tympanon, 12. Jh., Assisi, Dom S. Rufino, Hauptportal der Westfassade. (Vgl. Nährende Madonna S. 211)

Widergöttlichem. Kürzer und prägnanter kann dieser Kampf wohl nicht ausgedrückt werden als durch ein Wort aus dem Echternacher Codex am Eingang des Markus-Evangeliums: „Gegen den Löwen, den Teufel, laß auftreten, o Markus, den Löwen Christus!"

c) Das Tier in der Gotik. Die hohe Zeit des aus mythischer Tiefe gespeisten, ausdrucksstarken Tierbildes geht mit der Romanik zu Ende. Das Menschenbild rückt in den Vordergrund. Das wird am deutlichsten in der Portalplastik. Dort, wo einst häufig durch die verschlüsselte Sprache von Tierdarstellungen die Botschaft der Kirche ausgedrückt wurde, stehen nun in den reich gegliederten Gewänden Apostel und Propheten, Heilige und mancherlei gleichnishafte Gestalten und personifizierte Begriffe. Die Bestien und Chimären werden als Wasserspeier auf die Dächer verbannt. Weit ausladend blicken sie herab auf den Menschen, wohl auch jetzt noch Dämonen und böse Geister abwehrend.[37]

Im Gotteshaus selbst sehen sich die Tiere – negativer wie positiver Art – weitgehend in das kunstvoll gearbeitete Chorgestühl zurückgedrängt. Manche der lebendigen Schnitzereien sind den Tierfabeln entnommen, andere auch den „Bestiarien". Viele von ihnen tragen satirischen Charakter.[38]

Einige Tiersinnbilder bzw. -symbole aus dem „Physiologus" werden jedoch in der Gotik mit ihrem christologischen Aspekt besonders herausgestellt: das Einhorn, der Pelikan, der Löwe, der Phönix und der Adler. Diese Tiere stehen meist zu viert für Menschwerdung, Sterben, Auferweckung und Himmelfahrt Christi. Sie werden z. B. in die ausgeformten Enden der Kreuzesbalken eingefügt[39] oder um eine Darstellung der Christgeburt herum typologisch angeordnet. In der Zeit der höchsten Marienverehrung des 15. Jh. werden sie mit der Mutter Jesu in Verbindung gebracht (s. Typologie der Maria).

In die Kunst der Gotik gelangen aber auch viele neue Tiere. Der Grund hierfür ist die Entdeckung der Natur im ausgehenden Mittelalter. Die Künstler beginnen mit großem Interesse und mit viel Liebe zum Detail alles aufs genaueste zu beobachten und abzubilden, was da grünt und blüht, fleucht und kreucht. Das zeigt sich an den Blattkapitellen des 13. Jh., an den Randverzierungen der Miniaturen im 14. Jh., vor allem aber an den Tafelgemälden vom

15. Jh. an. Der überirdische Goldgrund verschwindet, Gärten und Landschaften öffnen sich. Sie bieten Raum für viele Tiere.

Neben dem wissenschaftlichen Interesse an Flora und Fauna bleibt der Sinn für das Hintergründige und Gleichnishafte erhalten, er bekommt sogar frische Nahrung aus neu entdeckten und ausgewerteten antiken Schriften und aus der gemütvollen Naturbetrachtung des Volkes, dem Blumen und Tiere zum Zeichen werden für Liebe und Leid, für Irdisches und Himmlisches, vor allem für Maria. Nicht nur das Schöne und das Wissenswerte, auch das durchscheinend Gleichnishafte soll wahrgenommen werden.

So wird das Paradies zum liebevoll gemalten Garten. Wenn aber hinter Adam und Eva der Hirsch oder das Einhorn auftauchen, beides Sinnbilder Christi, so will der Maler schon beim Sündenfall auf die künftige Erlösung hinweisen.[40]

Der possierliche, apfelfressende Affe erinnerte unsre Altvordern an den Sündenfall, war er doch für sie Sinnbild des Sünders, ja des Teufels selbst, des Nachäffers Gottes. Affengestaltig hat z. B. Meister Bertram den stürzenden Luzifer gemalt.[41] Im Paradiesgärtlein eines oberrheinischen Meisters sitzt der entmachtete Teufel in Gestalt eines gefesselten Affen zu Füßen Michaels.[42] Und während Christus auf der Bergspitze vom Satan versucht wird, reizt ein Affe auf der Erde einen mächtigen Löwen, so im Stundenbuch des Herzogs von Berry.[43]

Auch der Fuchs ist ein altes Bild des Teufels, der den Weinberg Gottes gefährdet und die Christen verführt.[44] Andererseits illustriert er auf der Flucht nach Ägypten das Jesus-Wort aus Matth. 8, 20: „Die Füchse haben Gruben ..., aber des Menschen Sohn hat nichts, da er sein Haupt hinlege."[45]

Häufig finden wir den Hund abgebildet, als struppigen, grauen Köter bei der Pilatusszene[46] oder beim Abendmahl, wo er dem Judas um die Füße streicht (Offb. 22, 15a), als vornehmes Windspiel, das den Zug der Heiligen Drei Könige begleitet,[47] als weißes Hündchen, das als verläßlicher Hausgenosse sich in heiligen und profanen Familien bewährt,[48] als treuen Wächter zu Füßen seiner Herren auf manchem Grabmal. Endlich ist der bellende, wachsame Hund auch Sinnbild des Predigers. „Canes domini", Hunde des Herrn, nannten sich die Dominikaner,[49] die sich berufen fühlten, die Ketzer zu jagen oder zur Herde zurückzutreiben.

Eine eindringliche Mahnung für den Prediger selbst ist das Treppengeländer, das auf die Kanzel des Stefansdoms in Wien hinaufführt.[50] Den gesamten Handlauf entlang kriechen Schlangen, Echsen, Kröten und anderes Gewürm in die Höhe. Oben, neben dem Pult, stellt sich ihnen ein bellender Hund entgegen. Ein zweiter, daneben, verschläft seine Pflicht (Jes. 56, 10).

Der Papagei, auch sonst Begleiter vornehmer Damen, sitzt auf der Schulter der Madonna, weil er – wie man ihm nachsagt – „Ave" sprechen kann, ohne es gelernt zu haben.[51]

Unter den Singvögeln begegnen wir am häufigsten dem farbenprächtigen Distelfink, besonders in Gesellschaft des Christkindes. Der kleine Vogel, der sich nach mittelalterlicher Vorstellung von Disteln nährt und doch so schön singt, wird zum Gleichnis für Jesus. „ ... du hast selber gesungen auf Erden (bis zum) ... pittern Tod."[52] (Vgl. Abb. 81)

Gern weilt zu Füßen der Maria das Rebhuhn. Die Rebhuhnküken, die nach alter Überlieferung zunächst geraubt werden, aber zu ihrer Mutter zurückfinden, werden hier zum Gleichnis für die Menschen, die in Maria ihre wahre Mutter erkennen und bei ihr bleiben.[53]

Aus der Fülle der Tiere sei noch die Eule bzw. das Käuzchen erwähnt. Oft entdecken wir es in den Ruinen des Stalls, in dem Christus geboren wurde, oder auch auf Golgatha. Dieser Nachtvogel ist für die Maler nicht nur eine willkommene Bereicherung nächtlicher Szenerie, sondern zugleich auch Sinnbild der Ungläubigen, welche die Finsternis lieben und das Licht Gottes scheuen.[54]

Eine Besonderheit des ausgehenden Mittelalters bedarf noch der Erwähnung: die Freude an einer überschäumenden Allegorisierung. Die Allegorie war schon ein Lieblingskind der Scholastik. Nun aber ufert sie vollends aus zu einer Überfülle der Bildmotive. Sie wird zur Demonstration der Gelehrsamkeit und bedarf jeweils der Erklärung durch Einschriften. Auch alles erdenkliche Wissen über Tiere, die man moralisch katalogisiert, wird mit einbezogen.

Besonders deutlich wird diese Entwicklung bei der Beschreibung und Darstellung der personifizierten Tugenden und Laster. Ein Musterbeispiel ist ein Regensburger Teppich, der die Psychomachie, den Turnierkampf von Tugenden und Lastern, vor Augen führt. Da reitet die geharnischte Ira (Zorn) auf einem Eber daher, trägt über dem Visier eine Eule, führt auf der Standarte einen Igel und im Schilde einen Affen. Der Haß reitet auf einem Drachen, hat als Helmzier eine Fledermaus, zeigt auf der Standarte zwei Nattern und im Schild einen Skorpion.[55]

Durch derartige Häufungen verliert das Tierbild an Tiefe und Aussagekraft. An die Stelle des ursprünglichen, unmittelbar wirkenden Tiersymbols tritt eine gedankliche Konstruktion. Und was einst Ausdruck für Göttliches und Dämonisches war, wird nun zum Abdruck bloßer Moral.

Adler

Der Adler, der König der Vögel, der zur Sonne fliegt und dessen Auge dem Licht des Himmels standhält, der aus höchster Höhe herabstößt und die erdgebundene Schlange schlägt, ist ein uraltes Lichtsymbol. Deshalb wird er zum Attribut der Götter und Könige.

Er wird Zeus und hernach Jupiter zugeordnet. In Rom wird er zum Symbol des Kaisers und auf dem Feldzeichen zum Sinnbild der siegreichen Legionen. Stirbt der Kaiser, so läßt man zum Zeichen seiner Apotheose einen Adler auffliegen. Darstellungen zeigen den vergöttlichten Herrscher, wie er von einem Adler zum Himmel emporgetragen wird.

Gilt es den Willen der Götter zu erkunden, so gehört der Adlerflug zu den wichtigsten Kennzeichen der Mantik: Zwei Adler, die eine trächtige Häsin schlagen, deutet z. B. der Seher Kalchas auf die beiden Heerführer Agamemnon und Menelaos, die Troja „ausweiden" werden. Und als die Trojaner einen Adler beobachten, dessen Fängen eine blutrote, sich aufbäumende Schlange entfällt, sehen sie darin ein böses Omen.[1]

Die frühchristliche Kirche steht dem Adlerbild zunächst zurückhaltend gegenüber, ist es doch das Signum des sie verfolgenden römischen Staates. Erst als unter Konstantin die kaiserlichen Insignien auf Christus übertragen werden, wird auch der Adler zu diesem „Herrn aller Herren" in Beziehung gesetzt. Wie er einst die Kaiserbüste im Siegeskranz zwischen seinen Flügeln trug, so nimmt er jetzt in der koptischen Kunst das Kreuz im Kranz auf seine Fittiche. Und auf römischen Sarkophagen hält er schwebend den Kranz des Sieges mit dem Christusmonogramm über dem österlichen Kreuz.[2]

Aus dieser dienenden Funktion wird allmählich eine Identifikation. Der Adler beginnt zum Christussymbol zu werden. Diese Entwicklung zeichnet sich zuerst in der koptischen Kirche ab, wenn etwa das Kreuz im Siegeskranz über dem Haupt des Adlers zeichenhaft steht und wenn an seinem Hals die Bulla hängt, eine Goldkapsel, die einst der triumphierende Imperator als kostbares Amulett über der Brust trug.[3]

In der Bibel erscheint der Adler unter einem dreifachen Bild: Der Adler, der seine Jungen auf die Flügel nimmt, wird zum Gleichnis für Gott, der Israel aus Ägypten heraussträgt „auf Adlers Schwingen" (2. Mos. 19, 4 u. 5. Mos. 32, 11). Nach Ps. 103 (102), 5 soll der, welcher die Barmherzigkeit Gottes erfahren hat, „wieder jung werden, wie ein Adler", eine Vorstellung, welche die Antike nicht kennt und die erst in christlicher Zeit in den „Physiologus" eingegangen ist. Nach Jes. 40, 6 „kriegen, die auf den Herrn harren, neue Kraft, daß sie auffahren mit Flügeln wie Adler".

Für die Ikonographie entscheidend wurden der mächtige Auf-

8. Adler mit Kreuz und Siegeskranz über dem Haupt und mit Bulla um den Hals. Koptische Grabstele aus Luxor, 6./7. Jh., Paris, Louvre.

flug des königlichen Adlers, der ihn zum Gleichnis der Himmelfahrt Christi werden ließ, und sein siegreicher Kampf gegen die Schlange, der ihn zum Wahrzeichen des göttlichen Sieges machte.

1. Die Auffahrt des Adlers als Sinnbild der Himmelfahrt Christi

„Unter dem Adler ist Christus zu verstehen, der sich im Flug zur Erde niederließ ... Mit erschütterndem Ruf hat er in gewaltigem Flug die Hölle erstürmt und ist – mit den Heiligen als Beute – zum Himmel zurückgekehrt." (Ambrosius)[4]

Im 12. Jh. wird die Himmelfahrt Christi typologisch vorgebildet nicht nur durch die bekannten Darstellungen der Himmelfahrt des Elias, sondern auch durch den auffliegenden Adler (manchmal in Gegenwart von Mose aufgrund 2. Mose 19, 4).[5] Erstmals

9. Adler im Kampf mit der Schlange, ein Thema, das immer wieder zum ausdrucksstarken Symbol wurde. Bodenmosaik, 6. Jh., Detail, Istanbul, aus dem „Großen Palast" zu Konstantinopel.

10. Christusadler und Christuslamm, beide mit Kreuzesnimbus. Der andere Vogel ist nicht sicher bestimmbar (Phönix?). Steinrelief, 1050, Gernrode, Stiftskirche, Westwand des Heiligen Grabes.

begegnen wir diesem Motiv 1015 auf der Bernwardstür des Hildesheimer Domes. Während der Auferstandene zu Maria Magdalena spricht: „Ich fahre auf zu meinem Vater und zu eurem Vater, zu meinem Gott und zu eurem Gott" (Joh. 20, 17), erheben sich auf der rechten Seite zwei gewaltige Adler.

2. Der schlangenvertilgende Adler als Sinnbild des sieghaften Christus

Daß der Adler die Schlange schlägt, wo immer er sie antrifft, hält man in der Antike für erwiesen.

Dieser Kampf, ein uraltes Symbol des Ringens zwischen Licht und Finsternis, wird nun übertragen auf Christus, „das Licht der Welt", der den „Fürsten der Finsternis", „die alte Schlange", d. h. den Teufel, besiegt. Ein Adler, der eine Schlange, einen Drachen oder sonst ein unreines Tier schlägt, will in gedrängter Form und Dynamik diesen Sieg zum Ausdruck bringen. Das gleiche gilt auch für den Johannes-Adler, wenn er – erstmals im Drogo-Sakramentar aus dem 9. Jh. und später auf den Adler-Pulten – die überwundene Schlange in den Fängen hält[6]; bisweilen kann er auch sieghaft auf dem Haupt eines Mannes stehen, der sich von der Schlange hat fesseln lassen.[7]

3. Der Adler mit dem Kreuzesnimbus als Christussymbol

Die seltenen Bildwerke, die den Adler mit Kreuzesnimbus zeigen, sind in das 11. Jh. zu datieren. Der Adler wird mit dem Lamm zusammen dargestellt und vertritt diesem gegenüber den Aspekt des erhöhten Christus.[8] Als Vorgänger dieser Adlersymbole wird man auch die schon erwähnten koptischen Grabstelen-Reliefs aus dem 6./7. Jh. nennen dürfen, ebenso die durch ein großes Kreuz gekennzeichneten ostgotischen Adlerfibeln,[9] sowie langobardische Goldplattkreuze, in deren Mitte nicht das Lamm, sondern der Adler eingeprägt ist.[10]

4. Der Adler als Symbol des Evangelisten Johannes
(s. Evangelistensymbole)

5. Der sich verjüngende Adler
Nach dem „Physiologus" fliegt der Adler in den Dunstkreis der Sonne und läßt sein altes Gefieder verbrennen. Dann stürzt er hinab auf die Erde, taucht dreimal in einer Quelle unter und fliegt verjüngt davon. „So auch du ... suche die geistige Quelle, ziehe das alte Gewand aus und lasse dich taufen!" In der bildenden Kunst läßt sich diese Version nur selten nachweisen (vgl. Abb. 11).

6. Die Jungenprobe
Schon von Aristoteles erwähnt, ist sie über die Kirchenväter in die „Bestiarien" gelangt. Das mächtige Auge des Adlers kann ungeblendet in die Sonne sehen. Zu gegebener Zeit hebt er seine Jungen zu ihr empor, um auch deren Augenkraft zu erproben. Diejenigen, deren Augen den Strahlen standhalten, werden aufgezogen, die anderen verworfen. Bedeutung: Die Jungen gleichen den Christen. Am Weltgericht wird es offenbar, ob sie vor dem göttlichen Licht bestehen werden, zum Licht gehören oder zur Finsternis. Die Jungenprobe ist in der Gotik zu einem beliebten Bildmotiv geworden.[11]

7. Der Adlerschrei
Eindrucksvoll wird in manchen mittelalterlichen Apokalypsen der Adlerschrei aus Offb. 8, 13 illustriert. Der Seher Johannes erblickt im wachsenden Dunkel des Weltendes hoch oben am Himmel einen Adler. Er hört seinen durchdringenden Schrei: „Weh, weh, weh denen, die auf Erden wohnen ..." Es ist wohl nicht zufällig,

daß gerade der Adler, der seit Urzeiten das Licht symbolisiert, seine Klage ausstößt, wenn Licht und Leben auf Erden erlöschen.[12]

8. Adlerkapitelle und Adlerpulte

a) Von der Fülle bewegter Kapitellskulpturen der Romanik unterscheiden sich die Adlerkapitelle durch ihre strenge, ornamentale Form. Sie tauchen im 12. Jh. auf und verbreiten sich über das ganze Abendland. Vier Adler stehen, frontal zum Betrachter, aufrecht um den Kern des Kapitells.[13] Seltener stürzen sie mit ausgebreiteten Flügeln in die Tiefe. Sicher gehören alle Adlerkapitelle in ihrer Klarheit und geballten Kraft – der sonstigen Adlersymbolik entsprechend – zu den lichtvollen, positiven und auf Christus bezogenen Sinnbildern.

11. Das kreuzförmig unterteilte Flabellum stellt auf der linken Seite oben die Auferstehung Jesu dar, darunter einen Löwen, der seine Jungen zum Leben erweckt (s.S. 81); rechts oben die Himmelfahrt Christi, darunter – in gleicher Richtung – einen aufsteigenden Adler. Der zur Sonne fliegende und sich hernach ins Wasser stürzende Adler ist – nach dem Physiologus – ein Sinnbild der Taufe. Goldschmiedearbeit, Mitte 12. Jh., Kremsmünster, Schatzkammer des Benediktinerstifts.

b) Seit dem frühen Mittelalter gibt es Lesepulte, deren oberer Teil von einem Adler gebildet wird. Seine ausgebreiteten Flügel dienen dem Lektor als Pult. Im Norden handelt es sich meist um freistehende Bronzeplastiken, im Süden wachsen die Adler aus dem Stein der Ambonen, Kanzeln oder Lettner heraus. In diesen Adlern haben wir in erster Linie das Symbol des Evangelisten Johannes vor uns, dessen meditatives Kreisen um das Christuslicht schon früh mit dem Flug des Adlers verglichen wurde. Immer ist dieser Adler aber auch durchscheinend für Christus, besonders wenn er eine Schlange in seinen Fängen hält (s. Evangelistensymbole).

9. Der Adler in der Heraldik

Der Adler, frontal wiedergegeben, gehört zu den stolzesten Wappenzeichen. Wie einst in Rom, repräsentiert er weltliche Macht.[15] Der Adler mit der Schlange in den Fängen war das beliebte Hoheitszeichen der Staufer,[16] der Adler mit dem geschlagenen Hasen speziell Friedrichs II. Der Doppeladler, ein uraltes kultisches Symbol, wird erstmals in Byzanz zum Symbol des Staates. Vermutlich bezeichnet er den Herrschaftsanspruch über das Ost- und Weströmische Reich.

Drache

Griechisch drakon = der (furchtbar) Blickende, im Norden Lindwurm = die geschmeidige Schlange, im Alpenland Tatzelwurm.

Die Vorstellung vom Drachen, in der vielleicht eine Urerinnerung an den Saurier nachklingt, scheint allen Völkern gemeinsam zu sein. Im Abendland hat man noch bis zur Aufklärung an seine Existenz geglaubt.

Nur in Ostasien gelten Drachen als positive Wesen. Sie verkörpern regenspendende und im Gewitter die Atmosphäre reinigende Kräfte. In der übrigen Welt besitzt der Drache wohl durchwegs negativen Charakter. Viele unerklärliche und drohende Ereignisse am Himmel wie auf Erden werden seiner Kraft und seinem feurigen Gifthauch zugeschrieben. Weiter berichten die Sagen, daß er Städte und Dörfer verwüstet, daß er Menschenopfer fordert, vor allem schöne Jungfrauen, daß er reiche Schätze hortet und hütet und Quellen und Orakelstätten belagert. So wird der Drache zum Inbegriff der allseitigen Lebensbedrohung und zum mythischen Bild, das aus den Tiefen menschlicher Existenzangst hervorgegangen ist.

Wo vom Drachen erzählt wird, ist auch vom Helden die Rede, der in schwerem Kampf das Untier besiegt. Dieser Drachenkampf vollzieht sich auf dreifacher Ebene: Im Mythus ist es der Gott, der einen Drachen von kosmischem Ausmaß überwindet. In der Sage ist es der Heros oder Königssohn, der ihn erlegt und der die Königstochter oder den unermeßlichen Schatz gewinnt. In der Legende ist es der Heilige, der das Land von der Tyrannei des teuflischen Untiers befreit. Im Märchen hat sich das Drachenmotiv ebenfalls erhalten, wobei die errettete Königstochter in den Vordergrund rückt.

Auch in geschichtlicher Zeit weiß man vom Drachen zu berichten. Herodot hat in Ägypten den Ort aufgesucht, an dem die Skelette der „geflügelten Schlangen" gezeigt wurden. Diese gefährlichen Tiere wurden – wie die Sage ging – auf ihren alljährlichen Zügen in das Landesinnere von den Ibissen gestellt und getötet. In Naturkundebüchern der Antike zählen die Drachen zu den Schlangen.

Im Alten Testament kämpft Gott – gleichnishaft – mit einem großen Schwert gegen Schlangen und Drachen, Bilder gottfeindlicher Weltmächte (Jes. 27, 1). Oder er „zerbricht die Köpfe der Drachen im Wasser" (Ps. 74 (73), 13). Dabei wird man an die Tiamat, den Chaosdrachen, das Symbol des Salzmeeres, erinnert, die im babylonischen Schöpfungsmythus von Marduk getötet wird. In dem viel zitierten und illustrierten Vers 13 des 91. (90.) Psalms tritt der Fromme auf den Löwen (s. S. 85), den Basilisk (s. S. 46), den Drachen und die Schlange (s. S. 105), die bevorzugten satanischen Symboltiere. In diesem Überwinder des Bösen hat man Christus gesehen und dargestellt,[1] später auch Maria[2] und verschiedene Heilige.

Die kleine apokryphe, recht rationalistische Erzählung vom „Drachen zu Babel", den Daniel mit einer unbekömmlichen Speise füttert, die dem Drachen den Leib zerreißt, wurde wenig populär. Um so bedeutsamer ist der Drachenkampf Michaels (s. S. 150) aus Offb. Joh. 12 für die Ikonographie geworden. Die sieben Häupter des teuflischen Tieres wurden im späten Mittelalter bisweilen durch Einschrift oder Charakterisierung als die sieben Todsünden ausgewiesen.[3] Wenn in diesem Kapitel gesagt wird: „Und es ward ausgeworfen der große Drache, die alte Schlange, die da heißt der Teufel und der Satanas", so zeigt dies, daß im biblischen – und kirchlichen – Sprachgebrauch die Worte „Drache" und „Schlange" Synonyma sind, die, von wenigen Ausnahmen abgesehen, auch für das Wort „Teufel" stehen können. Mühelos auswechselbar sind sie auch im Bild: Statt einer Schlange kann sich z. B. auch ein Drache am Kreuzesstamm emporrecken,[4] statt des Teufels, der vor dem Verrat in Judas fährt, kann ein Drache auf ihn lauern. Es kann sogar an die Stelle der „ehernen Schlange", eines Sinnbildes Christi, bisweilen ein Drache treten.

Die Darstellung des Drachen

In der Antike stellte man sich den Drachen als eine überlebensgroße Schlange vor. Später kamen dazu: Raubtiergebiß und Kinnbart (so auf den römischen Drachenfahnen), Krallenfüße und Flügel und – wo der Mythus davon sprach – bisweilen auch mehrere Köpfe. Immer wird jedoch die Schlangenform beibehalten (s. auch Meeresdrache, Ketos).

Die antike Bildform wurde von der karolingischen Kunst im wesentlichen übernommen.[5] Aus dem keltischen und germanischen Kulturraum kommen noch andere Einflüsse hinzu. In strenger Abstraktion werden Vögel, Vierfüßler und Schlangen in Bandornamenten so miteinander verbunden, daß diese oft den Charakter eines ausweglos in sich verschlungenen drachenartigen Gewürms annehmen.[6]

Erst vom 10./11. Jh. an erscheint der Drache überwiegend mit einem Echsenleib. Dieser ist geschuppt, hat einen hunde- oder wolfsartigen Kopf mit spitzen Ohren und greulichem Gebiß, gefiederte oder hautige Flügel und zwei bzw. vier Reptilienbeine. Der mächtige Schwanz ist meist stark gewunden, häufig auch in sich verschlungen. Der giftige oder feurige Atem, den man dem Drachen nachsagt, kann durch eine pfeilähnliche Zunge und durch Flammen, die aus seinem Rachen schlagen, dargestellt werden.

Doch auch dieses uns geläufige Bild bleibt über die Gotik hinaus noch vielen Variationen offen.

Die Drachenbrut hat die Phantasie des Menschen besonders gereizt. Mancherlei wurde aus der Antike überliefert. Anderes kam hinzu. Keinem Tier wird in den „Bestiarien" soviel Platz eingeräumt, von keinem werden so viele Arten einzeln beschrieben und abgebildet. Die Künstler ihrer Zeit haben die übernommenen Bildformen kräftig miteinander vermischt, wodurch immer neue, sich an Greulichkeit überbietende und angsterregende Scheusale entstanden sind. Nur einige wenige (s. u.) haben sich an die Vorstellungen der Bestiarien getreulich gehalten.

1. Der Drache als Symbol teuflischer „Mächte"

„Der Satan ist ein Löwe im Angriff und ein Drache im Hinterhaltlegen" (Augustinus).[7] Besonders viele Drachenwesen finden sich an und in romanischen Kirchen. Ihre geöffneten Rachen greifen

12. Drache, am Stamm des eucharistischen Weinstocks nagend. Steinrelief, 15. Jh., Paris, Musée Cluny, Außenpforte, rechter Pfosten.

alles Heilige an: das Kreuz,[8] das Gotteslamm,[9] den Adler, den Greifen und andere Tiere, welche die Lichtwelt Gottes symbolisieren. Ihr Gifthauch, ihr Haß, richtet sich auf den Lebensbaum.[10] Sie entschlüpfen dämonischen Masken, kenntlich an Tierohren oder Flammenhaar,[11] und potenzieren so das Böse.

Vor allem aber machen sie sich an den Menschen heran. Sie umschlingen ihn, quälen ihn, entführen ihn auf ihren Rücken (Drachenreiter).[12] Freiwillig oder unfreiwillig – der Mensch wird vom Bösen fortgerissen. Am grausamsten erscheint das Höllengetier an den Kapitellen. Drachen aller Art bemächtigen sich des wehrlosen Menschen, drängen sich heran an sein Antlitz, beißen sich an ihm fest oder schlüpfen durch die Ohren in ihn hinein. Sie durchdringen ihn, zehren ihn aus, entkriechen seinem Mund, bäumen sich auf, um aufs neue über ihn herzufallen. Bisweilen versucht der Entsetzte, die Scheusale von sich abzuhalten. Meist aber liefert er sich willenlos, oft zur leeren Maske erstarrt, seinen höllischen Quälgeistern aus.[13]

2. Der besiegte Drache

Doch der Mensch ist dem Bösen nicht rettungslos ausgeliefert. Christus hat den Drachen und den Basilisken unter seine Füße getreten. Michael hat ihn nach gewaltigem Kampf niedergeworfen. So machen sich auch die Gläubigen auf, meist als Ritter Christi, um den Kampf mit dem Drachen aufzunehmen. Sie führen ihn einzeln und gemeinsam.[14] Und wenn der Kampfgenosse schon zur Hälfte im Rachen des Untiers steckt, wird er ihm wieder entrissen.[15] Als typologisches Vorbild zu diesem Motiv mag Dietrich von Bern, das Idealbild des Ritters, gedient haben, der auf diese Weise Sintram befreite.[16] Diese Sage war offensichtlich schon mündlich im Umlauf, ehe sie in der Thidrekssaga (1250) aufgeschrieben wurde. (Vgl. Abb. 4)

In der Gotik ist es vor allem der Kampf des Ritters St. Georg, des Drachentöters, der eine dramatische Ausgestaltung erfährt.[17]

Das Motiv des besiegten Drachen hat einige weitere Ausprägungen erfahren.

a) Der im Wasser überwundene Drache wird zum Sinnbild der Befreiung des Menschen durch die Taufe. Das oben erwähnte Wort aus Ps. 74 (73), 13: Gott „zerbricht die Köpfe der Drachen im

13. Links ein Basilisk, der einem Hahn ähnliche König der Drachen und Sinnbild der Finsternis; daneben der Hahn als Verkünder des Morgens und des (Christus-)Lichtes, zugleich der Warner vor der Verleugnung (Matth. 26, 34). Steinrelief, ca. 1200, Parma, apotropäischer Tierfries, der sich um den Sockel des Baptisteriums herumzieht.

Wasser", hat die Kirche in ihren Kommentaren auf die Taufe Christi gedeutet. „Du hast die Jordansfluten geheiligt ... und du hast der Schlange den Kopf zertreten, die darin verborgen war", heißt es in der griechischen Taufwasserweihe.[18] Auf Darstellungen der Taufe Christi ist der überwundene Drache gelegentlich zu sehen.[19] Häufiger hat man dieses Bild an die äußere Wand der Taufbecken gebannt.[20]

b) Der Drachenleuchter. Dieser spielt in der romanischen Kunst eine bedeutende Rolle. Der feuerspeiende Drakon muß, besiegt, den Gläubigen als Lichtträger dienen.[21]

3. Der Drache als Attribut

Unter den vielen Heiligen mit einem Drachen sind Michael, Georg und Margarethe die volkstümlichsten. Manchmal wird die Heilige mit der namenlosen Königstochter identifiziert, welche St. Georg befreit hat. Wie diese führt sie das besiegte Untier mit einer fadendünnen Leine in die Stadt, wodurch die völlige Ohnmacht des satanischen Tieres deutlich gemacht wird.[22] Zugeordnet wird der

Drache bisweilen auch dem personifizierten Neid und Haß[23] und gelegentlich der Eva.[24]

Anhang

1. Der Basilisk. Sein Name hängt mit griechisch basileus, König, zusammen. Augustinus schreibt von ihm: „Er ist der König der Schlangen, gleich wie der Teufel der König der Dämonen ist." Dies ist auch die Meinung der „Bestiarien". Von antiken Schriftstellern wird der Basilisk als besonders giftige Schlange geschildert, die sich von den anderen durch einen kronenartigen Kopfschmuck unterscheidet. Im Mittelalter wird er meist als Hahn mit aufgerichtetem Kamm dargestellt, dessen Leib in einem Schlangenschwanz endet.[25] Man glaubte, daß der Basilisk einem Ei entschlüpft sei, das ein Hahn gelegt und eine Schlange ausgebrütet habe. Sein Gifthauch, ja schon sein Blick, könne töten. (Vgl. Abb. 13, 26 u. 49)

2. Die Amphisbaena. Diese hat auch am Schwanzende noch einen Kopf und kann ihrem Namen entsprechend vor- und rückwärts kriechen. Nach Plinius speit sie aus beiden Köpfen Gift aus.[26]

3. Die Manticora. Sie hat den Leib eines Löwen und den Kopf eines Menschen, der meist mit einer phrygischen Mütze bedeckt ist. Möglicherweise geht der Name zurück auf das persische mantichoras = Mannfresser = Tiger. Ihr Körper kann auch in einem Drachen- oder Skorpionsschwanz enden.[27]

Einhorn[1]

Selten kann man ein Fabeltier so weit zurückverfolgen wie das Einhorn (lateinisch: Unicornis).

In China nennt man es Chi-lin. Es gilt als heiliges Tier, ist sanft, liebt die Einsamkeit und läßt sich von niemandem fangen. Sein Horn besitzt magische Heilkraft. In seinem Erscheinen, von dem erstmals im Jahr 2697 v. Chr. berichtet wird, sieht man ein gutes Vorzeichen. Es kann die Geburt eines Helden oder Heiligen – so z. B. die des Konfuzius – ankündigen.

In Indien erzählt man sich von einem jungen Asketen, der ein Horn auf der Stirn trug und der deshalb „Ein-horn" genannt wurde. Er war der Sohn eines Göttermädchens, das sich in eine Gazelle verwandelt hatte. Zu dieser Zeit wurde das Königreich Anga von einer großen Dürre heimgesucht. Nur wenn es gelänge – so sagten die Weisen – den Einsiedler zu bewegen, ins Land zu kommen, würde Regen fallen. Da sandte man die schöne, jungfräuliche Königstochter zu ihm. Ihr gelang es mit List und Liebe, „Ein-horn" an den Königshof zu bringen. Diese Sage hat man später Buddha als Parabel für seine letzte Wiederverkörperung in den Mund gelegt, bei der er, um die Menschen erlösen zu können, in den Schoß einer Frau eingehen sollte. Die Vorstellung, daß das Einhorn nur von einer Jungfrau gefangen werden kann, hat vermutlich von dieser Legende ihren Ausgang genommen. Wir hören von ihr zum ersten Mal in einer Sammlung, die im 1. Jh. n. Chr. unter dem Namen des Hermes Trismegistos erschienen ist.

Von einem indischen Einhorn berichtet auch der griechische Arzt Ktesias, der am Ende des 5. Jh. v. Chr. am persischen Hof weilte. Es sei ausnehmend wild, schnell und kraftvoll. Sein Horn werde an der königlichen Tafel als Becher verwendet, denn es habe die Eigenschaft, jedes Gift unschädlich zu machen. Auch schütze es vor Epilepsie und anderen Krankheiten. Aristoteles, Plinius d. Ä., Aelian, Caesar u. a. erwähnen das Einhorn und berufen sich dabei auf Ktesias und andere Orientreisende.

Im Alten Testament wird verschiedentlich von einem Re-em berichtet, einem wilden, unzähmbaren und gehörnten Tier. Nach heutiger Erkenntnis handelt es sich dabei um einen Wildochsen oder einen Büffel. Die Übersetzer der Septuaginta jedoch konnten sich unter diesem Tier nur ein Einhorn vorstellen, das sie gelegentlich auch als Rhinozeros bezeichneten. Unter beiden Namen erscheint es dann wieder in der Vulgata. Auf diese Weise entsteht auch ein biblisches Bild des Einhorns. Von diesem Tier wird berichtet, daß niemand es sich dienstbar machen kann (Hiob 39). Israel wird mit ihm verglichen, das wie ein Einhorn dahinstürme und „die Völker stoße zuhauf" (5. Mose 33, 17). Im Ps. 92 (91), 11 rühmt der Fromme: „Mein Herz wird erhöht wie das eines Einhorns"; doch im Ps. 22 (21), 22 oder in Jes. 34, 7 wird das Einhorn in seiner Gewalttätigkeit widergöttlichen Mächten gleichgesetzt, die dem Glaubenden zur schweren Bedrohung werden, schließlich aber dem Gericht Gottes verfallen.

Diese Ambivalenz führen die Kirchenväter weiter aus. Ambrosius kann Christus in seiner Kraft mit einem „Spiritualis Unicornis“, einem geistlichen Einhorn, vergleichen und prägt das Wortspiel von Unicornis unigenitus, vom Einhorn, das den eingeborenen Sohn Gottes versinnbildlicht. Umgekehrt vergleichen andere Kirchenväter die Feinde des Herrn, sogar den Teufel mit diesem ungestümen Tier. Unter den mittelalterlichen Symbolikern ist es vor allem Albertus Magnus, der beide Seiten des Einhorns christologisch deutet, wobei er gleichermaßen die Bibel und den „Physiologus“ zu Rate zieht. In der Wildheit des Einhorns sieht er den Zorn Christi vorgebildet, in seiner Zähmung im Schoß einer reinen Jungfrau seine Menschwerdung. Die Jagd auf das Einhorn wird auf die Passion Christi gedeutet, den die Menschen verwunden, fangen und töten.

A. Das Einhorn in der christlichen Kunst

Die unterschiedliche Beschreibung dieses Fabeltiers durch die antiken Schriftsteller hat sich auch auf die mittelalterliche Ikonographie ausgewirkt. Seine Gestalt variiert zwischen der eines Hirsches, eines Pferdes oder eines Böckleins. Es hat einen Bocksbart und gespaltene Hufe. In der Regel ist es weiß. Sein Horn sitzt mitten auf der Stirn. Es kann kurz und gebogen sein, meist aber ist es lang und gerade, spitz auslaufend und spiralenförmig gerillt.

1. Das Einhorn als Christussymbol

a) Das Einhorn befreit vom Gift der Schlange

Der griechische „Physiologus“ berichtet: Die Schlange vergiftet das Wasser, aus dem die Tiere trinken wollen. „Diese merken das Gift und warten auf das Einhorn. Es kommt, geht in den See und, mit dem Horn ein Kreuz schlagend, macht es das Gift unschädlich. Also auch Christus.“

An dem romanischen Taufbecken der Stadtkirche von Freudenstadt (um 1200) greift ein Einhorn ein Untier, wohl einen Löwen, an. Wie beim Hirsch (s. S. 68) auf dem gleichen Relief könnte es auch hier um die reinigende Kraft der Taufe gehen.

Wassersegnungen bzw. -reinigungen durch das Einhorn werden zunächst selten, in der angehenden Renaissance öfter dargestellt.[2]

b) Das Einhorn lagert sich im Schoß der Jungfrau

„Es ist aber ein Tier, ähnlich einem Böcklein, das ist ganz sanft und hat ein Horn auf dem Kopf. Wenn es aber im Dreischritt daherrennt, wird es auf diese Weise gefangen: Man legt ihm eine ganz keusche Jungfrau in den Weg und, sobald es die Jungfrau erblickt, kommt es sogleich ganz zahm und lagert sich in ihrem Schoß. Und wenn es sich da erwärmt hat, bringt sie es eilends an den Hof des Königs, denn kein Jäger vermag es zu fangen. So ist auch unser Heiland, von dem der Prophet sagt: Er hat unter uns aufgerichtet ein Horn des Heils in dem Hause Davids (Luk. 1, 69)." (Aus dem Berner Physiologus Fol. 17 r.)

14. Ob dieses frühe Einhorn einen positiven Charakter hat, ob es also etwa als Reiniger des Wassers gegen einen satanischen Löwen anrennt, ohne sich von einem langzöpfigen Dämon in seinem Lauf aufhalten zu lassen, oder ob es hier selbst den negativen Tieren zuzurechnen ist, die ein guter Geist bändigen will, ist nicht eindeutig zu klären. Steinrelief an romanischem Taufstein, 12. Jh., Freudenstadt, Stadtkirche.

Dieser Bericht hat der Kunst viele Impulse gegeben. Zunächst geht auf ihn ein Bildtypus zurück, der gleicherweise in kirchlicher und weltlicher Ausprägung größte Verbreitung gefunden hat: „Die Jungfrau und das Einhorn". Die Jungfrau – ein junges Mädchen, eine Dame, ein Wildweib, eine Heilige oder Maria selbst – sitzt im Grünen. Das Einhorn hat sich zu ihr gesellt, und sein Haupt ruht in ihrem Schoß. Bisweilen hat es auch seine Vorderläufe auf die Knie der jungen Frau gestützt, während seine Augen fragend auf sie gerichtet sind. Diese umfaßt mit der einen Hand sacht das Horn des Tieres, während die andere etwa über seine Mähne streicht.

Spezifische Bildformen entfalten sich aus diesem Motiv in dem Augenblick, da man das Einhorn auf Christus, die Jungfrau auf Maria deutet (vgl. Abb. 77).

(1) Das Einhorn und die Jungfrau – Vorbild der Inkarnation Christi. Vom 12. Jh. an finden wir das Motiv unter anderen typologischen Szenen, die ein Christgeburtsbild umrahmen.[3] Später können – wie auf dem Cismarer Altar – Einhorn, Pelikan (s. S. 93), Löwe (s. S. 81) und Adler (s. S. 36) die vier Lebensstationen Christi versinnbilden: Menschwerdung, Passion, Auferstehung und Himmelfahrt.[4] Dann erscheint das Einhorn bisweilen auch auf den konventionellen Bildern der Verkündigung an Maria. Während Gabriel die Botschaft überbringt und die Geisttaube sich herabsenkt, naht es, klein und zeichenhaft, der Jungfrau Maria.[5] Erst im 15. Jh. entwickelt sich aus dieser Zusammenordnung ein neuer Bildtyp der Marienverkündigung:

(2) Die mystische Einhornjagd der Spätgotik. Maria sitzt im Hortus conclusus (s. S. 243), dem verschlossenen Garten des Hohen Liedes. Die verriegelte Pforte, der versiegelte Brunnen, der Turm Davids und andere marianische Sinnbilder weisen auf die Jungfräulichkeit der künftigen Gottesmutter hin. Da erscheint der Erzengel Gabriel (s. S. 157). Er kommt als Jäger. Mit dem Hifthorn bläst er das Ave Maria. In der Rechten hält er den Jagdspieß und an der Leine die Jagdhunde, meist vier an der Zahl. Sie treiben das Christus-Einhorn in den Schoß der Jungfrau Maria. Ihre Namen: Wahrheit, Gerechtigkeit, Barmherzigkeit, Friede (Ps. 85 (84), 11) – zeigen die

Gründe an, die Gott bewogen haben, seinen Sohn Mensch werden zu lassen.[6]

„Es wollt gut Jäger jagen, wollt jagen auf Himmelshöhn, was begegnet ihm auf der Heide? Maria, die Jungfrau schön. Der Jäger, den ich meine, der ist uns wohl bekannt, der jagt mit einem Engel, Gabriel ist der genannt. Der Jäger blies in sein Hörnlein, es lautet also wohl: Gegrüßt seist du Maria, du bist aller Gnaden voll."[7]

Aus dem Konzil von Trient werden solch gewagten Allegorien gegenüber Bedenken angemeldet. Daraufhin verschwindet die mystische Einhornjagd allmählich von der Bildfläche. (Vgl. Abb. 80)

2. Das Einhorn als Sinnbild der Keuschheit

Ein Tier, das so auschließlich von der Jungfräulichkeit angezogen wird, kann selbst zum Keuschheitssymbol werden. In dieser Eigenschaft wird das Einhorn Heiligen beigegeben[8] oder eben jungen Mädchen. Vornehmlich im italienischen Raum wird das Motiv „Jungfrau mit Einhorn" zum Bild der Keuschheit schlechthin.[9] Auch Stephan Lochner hat es gewählt für die kostbaren Broschen, die auf zweien seiner Tafelgemälde den Mantel der jungfräulichen Gottesmutter zusammenhalten.[10] Schließlich wird das Unicornis bisweilen zum Attribut oder auch zum Reittier der personifizierten Keuschheit, der Castitas.

3. Das Einhorn als Sinnbild des Widergöttlichen

Diese negative Seite finden wir erstmals im Stuttgarter Psalter des 9. Jh. bei der Illustration des 22. (21.) Psalms. Ihn hat Christus am Kreuz gebetet, als er rief: „Mein Gott, mein Gott, warum hast du mich verlassen?" Vers 22 lautet: „Hilf mir aus dem Rachen des Löwen und errette mich vor den Einhörnern!" Beide Tiere läßt der Maler in äußerster Wut auf den Gekreuzigten einstürmen.[11] Auch später findet man das Einhorn gelegentlich als dämonisches Tier abgebildet.[12]

B. Das Einhorn im säkularen Raum

Seine Hauptbedeutung lag zunächst nicht auf dem Gebiet der Kunst, sondern auf dem der Pharmazie. Dem Horn des Wundertieres, dessen Existenz bis ins 17. Jh. hinein allgemein als gesichert galt, wurde eine außerordentliche Heilkraft zugeschrieben. Man hielt es für ein Allheilmittel, auch war es sehr begehrt als Aphrodisiakum, eine Meinung, die sich assoziativ mit dem aufgerichteten Horn verbindet und die noch heutigen Tages vielen Nashörnern das Leben kostet. Apotheken nannten sich mit Vorliebe „Zum Einhorn". Sie verdienten gut. Denn geschabt kostete das Pulver so viel wie dessen zehnfaches Gewicht in Gold. Das Horn eines Unicornis galt als kostbarer Besitz und nobelstes Geschenk der Mächtigen. Cellini berichtet, daß er im Auftrag des Papstes ein Horn für Franz I. von Frankreich in Gold fassen sollte. Und als Dr. Martin Luther 1546 auf den Tod krank darnieder lag, schabte Markgraf Albrecht von Mansfeld eigenhändig zwei Löffel Einhorn-Pulver, um das Leben des teuren Freundes zu retten. Die Hörner selbst, mit denen seit dem 13. Jh. ein schwungvoller Handel in Europa getrieben wurde, stammten jedoch nicht aus dem Wald, sondern zumeist aus dem Meer. Es waren die langen, spitzen und schraubenförmig gewundenen Zähne des Narwals, die man als Einhorngehörn deklarierte. Bisweilen kamen sie auch aus der Erde in Gestalt von ausgegrabenen Mammutzähnen.

C. Das Einhorn in der profanen mittelalterlichen Kunst

Während das Einhorn in der christlichen Ikonographie geistig-geistlich interpretiert wird und dadurch eine entsprechende Sublimierung erfährt, behält es im säkularen Raum die ursprüngliche erotische Bezogenheit.

Der Liebende identifiziert sich mit dem Einhorn, wenn er im Schoß der Geliebten zur Ruhe kommen möchte:

„Wollt Gott wär ich ein rotgold Ringelein,/daß mich die allerschönste Frau an ihre Händlein zwinge./Wollt Gott, wär ich ein Einhorn traun/und spräng auf ihren Schoß,/von rechter Lieb sie mich in ihre Ärmlein schloß./Sie küßt mich an mein rosenfarben Mündlein,/ das nehm ich für des Kaisers Gut, sollt ich drum desto ärmer sein." (Aus einem Minnelied)[13]

Das Thema „Einhorn und Jungfrau" steht gleichermaßen für zarte Minne wie für wilde Leidenschaft, für Liebe und Treue wie für listige Preisgabe des Geliebten, für Maßlosigkeit und für Keuschheit. Einige Bildformen haben sich dabei herauskristallisiert:

1. Das Einhorn und das Wildweib

Die „Wilden Leute" sind ursprünglich Waldschrate und Fruchtbarkeitsgeister. Bis auf Gesicht, Hände und Füße, Ellenbogen und Knie – bei Frauen auch die Brüste – tragen sie ein gewachsenes Fell. Im späten Mittelalter werden sie zu Repräsentanten der Wildnis und der Waldeinsamkeit. Dies ist auch die Welt des Einhorns. Es ist oft bei Wildfrauen anzutreffen und wird sogar zu ihrem Reittier. Das Einhorn versinnbildet in diesem Zusammenhang wohl gleichzeitig Einsamkeit, Wildheit und Erotik.[14]

2. Einhorn, Ritter und Dame

Diese Variante führt uns in den höfischen Bereich, in dem das Einhorn, welches Kraft, Schnelligkeit, Mut und Minne in sich ver-

15. Ein in Schmiedeeisen gefaßter Mammut-Zahn. Die beiden kunstvoll gearbeiteten Einhörner beweisen, daß er als Gehörn eines dieser geheimnisvollen Tiere angesehen wurde. Die Trophäe hängt im Gewölbe des Chorumgangs der Michaelskirche von Schwäbisch Hall.

einigt, zur auserlesenen, ritterlichen Wappenzier wird. Aber über die Heraldik hinaus erscheint es bald klein auf manchem Minnekästchen, bald in voller Größe auf kostbaren Gobelins, etwa im Zusammenhang mit einer fürstlichen Hochzeit. Eine besondere Berühmtheit haben sechs Bildteppiche aus dem 15. Jh. unter dem Namen „Dame mit Einhorn" erlangt, die heute im Musée Cluny, Paris, zu sehen sind. Einhorn und Löwe treten hier als lebendige Wappentiere auf. Hauptakteur aber ist neben der Dame das Einhorn. Es spielt mit, wo es um das geheime Thema der Darstellung der fünf Sinne geht, und es versinnbildet das zielbewußte Werben des fürstlichen Freiers um die Dame seines Herzens. Zu Beginn begegnet die Dame dem leidenschaftlichen Tier noch zurückhaltend; auf dem letzten Bild springt es auf ihren Schoß.

3. Die „Weiberlist"

Sie gehört zu den beliebten Themen des späten Mittelalters. An bekannten Beispielen wird sie besonders gern auf Tapisserien demonstriert. So wie u. a. die Hetäre Phyllis den Aristoteles zum Narren macht, indem sie ihn als Reittier mißbraucht, so wie Delila im Alten Testament nach einer Liebesnacht Simson seinen Feinden preisgibt (Richt. 16), so hintergeht die Jungfrau das Vertrauen des bei ihr liegenden Einhorns, indem sie mit Hand und Auge den Jägern ein Zeichen gibt zum Töten des arglosen und kostbaren Tieres.[15]

4. Die Einhornjagd als Waidmanns Geschäft

Während die Einhornjagd zunächst mit einer gewissen Zurückhaltung dargestellt wird – ein Jäger zielt etwa auf das im Schoß eines Mädchens liegende Tier – wächst sie sich später zu einer typischen Hatz aus. Einen bedeutenden Zyklus dieser Art kann man auf flämischen Teppichen (um 1500) im Metropolitan Museum in New York bewundern. Zwei von ihnen haben noch tieferen Sinn. Der eine zeigt das Einhorn, wie es knieend das Wasser segnet, ein später hinzugefügter, wie es in einem Gatter auf blumenübersäter Wiese gefangengehalten wird. Es zeigt noch die Spuren seiner Verwundung und ist mit einer goldenen Kette an einen Granatapfelbaum gebunden. Der Baum, Zeichen der Fruchtbarkeit, trägt die Namenszüge der königlichen Braut.

Fisch

Der Fisch galt im Mittelmeerraum als Symbol der Lebensfülle und Fruchtbarkeit. Mancherorts wurde er als Opfergabe den Göttern der Unterwelt dargebracht. Fische im allgemeinen oder bestimmte Fischarten, die mit Tabus belegt waren, lassen auf eine urtümliche, religiöse Verehrung dieser geheimnisvollen, lautlos dahingleitenden Tiere schließen. Zur geschichtlichen Zeit treten die Fische, mit Ausnahme des Delphins, im Kult und Mythus Griechenlands und Roms wenig in Erscheinung. Anders in Ägypten. Obwohl der Fisch in der offiziellen Religion als unrein galt, hat es dort immer Fischkulte gegeben. Auf Wandbildern von Grabkammern der 18. Dynastie, die den Toten auf der Niljagd zeigen, fallen häufig zwei Fische durch ihre Größe und Stellung auf. Meist handelt es sich dabei um den Ant, der dem Sonnengott heilig ist. Er wird „der reine Fisch des Re" und der „ewig junge Fisch" genannt. Die erfolgreiche Jagd auf ihn verhilft dem Grabherrn zur Wiederbelebung.

1. Der Fisch als Christus-Symbol

Der Fisch (griechisch Ichthys) gehört zu den ältesten christlichen Symbolen. Der Grund hierfür kann nicht mit Sicherheit angegeben werden. Die eine Spur führt ins Neue Testament, die andere zu außerbiblischen literarischen Quellen, die bis ins 2. Jahrhundert n. Chr. zurückreichen. So wird z. B. im 8. Buch der Sibyllinen (Verse 218 bis 250) in der Form eines Akrostichons der Weltuntergang beschrieben.[1] Abschließend heißt es: „Der, welcher nun durch die Akrostichis bekannt geworden ist, ist unser Gott, der Retter, der unsterbliche König, der gelitten um unsertwillen." Die Anfangsbuchstaben der Verszeilen ergeben im griechischen Text folgende Wortreihe: Jesous Christos theou hyios soter – auf deutsch: Jesus Christus Gottes Sohn Retter. Die ersten Buchstaben dieser fünf griechischen Worte bilden schließlich das Wort ICHTHYS = Fisch. In dieser Vokabel Ichthys ist also verschlüsselt das kürzeste Glaubensbekenntnis enthalten. Daß „Ichthys" eine Geheimformel der frühen verfolgten Christengemeinde war, ist zwar nicht nachweisbar, dennoch wahrscheinlich. „Ichthys, d. h. Fisch, eine Bezeichnung, unter der man das Geheimnis Christi versteht" sagt Augustinus.[2]

Wie wichtig dieses Symbol für die frühchristliche Gemeinde war, zeigen nicht nur die zahlreichen Zeichnungen und Wandmalereien der Katakomben, sondern darüber hinaus auch viele andere Fischdarstellungen und Inschriften.[3] So steht z. B. über dem sonnenhaften Gemmenkreuz im Apsismosaik in San Apollinare in Classe (6. Jh.) das griechische Wort Ichthys, das unter dem Kreuz lateinisch interpretiert wird als „Salus mundi" = Heil der Welt.

2. Der Christus-Ichthys als eucharistische Speise

Grundlegend für diese Bedeutung sind die Erzählungen von der wunderbaren Speisung, in der Christus die Menge mit fünf bzw. sieben Broten und zwei Fischen sättigt (Joh. 6 und Parallelen), sowie der Bericht aus Joh. 21, nach dem der Auferstandene mit seinen Jüngern am Ufer des Sees Genezareth das Mahl hält und ihnen Brot und Fisch austeilt. Beide Erzählungen werden schon früh zu Prototypen für das Heilige Abendmahl, die beiden Fische und die Brote zum konzentrierten Symbol der Eucharistie in Wort und Bild.[4] „Denn darum war er (Christus) ja aus der Tiefe gehoben, um der trockenen Erde (den Gläubigen) zur Speise zu dienen" (Augustinus)[5]. So wird allgemein auf frühchristlichen Abendmahlsdarstellungen die historische Speise, das Passahlamm, ersetzt durch die symbolische Speise, den Fisch.

Im Mittelalter verschwindet der Ichthys als eigenständiges Christussymbol. Doch begegnen wir ihm als eucharistischer Speise auf Abendmahlsbildern noch lange Zeit. Auf einer katalanischen Altartafel halten die Jünger je einen Fisch in Händen.[6] Man wird dabei erinnert an die Inschrift auf dem Grabstein des Pektorios um 200:[7] „Als Gotteskind des himmlischen Fischers empfange, o Sterblicher, mit einem Herzen voll Ehrfurcht die Gabe der Unsterblichkeit ... Empfange ... die honigsüße Nahrung, die der Retter den Heiligen reicht; iß und trink, du hältst den ICHTHYS in Händen." Auf anderen Abendmahlsbildern ist es Judas, der den Christusfisch ergreift und unter dem Tisch oder hinter seinem Rücken versteckt. Er will Christus nicht in sich aufnehmen, sondern heimlich ausliefern.[8]

16. Zwei Fische mit sieben Broten als symbolische Speise des ersten Abendmahls. Mosaik, 6. Jh., Ravenna, S. Apollinare Nuovo (Ausschnitt).

3. Fische (lat. pisciculi = Fischlein) als Sinnbild für die Christen

In zwei entgegengesetzten Bildern wird dieses Gleichnis beschrieben:

a) Christus macht durch die Taufe das Wasser zum Lebenselement der Christen. „Wir aber werden nach der Ähnlichkeit unseres Ichthys, Jesus Christus, im Wasser geboren, und nur durch Verharren im Wasser finden wir das Heil." (Tertullian)[9] Häufig werden die pisciculi zusammen mit einem Ankerkreuz abgebildet, einem frühen Zeichen christlicher Hoffnung.[10]

b) Christus als „Evangelischer Fischer" entreißt die Seinen dem gottfeindlichen Völkermeer. Diese Vorstellung leitet sich her einmal von dem „Fischzug des Petrus", der anschließend von Christus zum „Menschenfischer" berufen wird, zum anderen von den Psalmen, in denen das brodelnde Meer einige Male zum Sinnbild für das sich gegen Gott erhebende Völkermeer wird (Ps. 46 (45) und 93 (92)). Beide Deutungen haben die Kirchenväter aufgenommen: „Jesus fängt dich mit der Angel, nicht um dich zu töten, sondern um dir durch den Tod das Leben zu geben." (Cyrill von Jerusalem, 4. Jh.)[11] Oder ein Vers aus einem Christushymnus des

Clemens von Alexandrien, 2./3. Jh.: „Ruderer der Schwachen, die gerettet werden aus dem bösen Meer, aus den wilden Wogen, lockend deine zarten Fischlein mit dem süßen Brot des Lebens."[12] Das Bild des „Evangelischen Fischers" Christus, der angelnd am Ufer sitzt oder seine Fische nach Hause trägt, ist allein in der frühchristlichen Kunst, in den Katakomben und auf Sarkophagen zu finden.[13]

4. Der Fisch als Attribut

Unter den Heiligen, denen ein Fisch beigegeben wurde, sind der Hl. Zeno und der Hl. Ulrich von Augsburg die bekanntesten. St. Zeno soll von den Boten des Kaisers Gallienus, die ihn zu der schwerkranken Prinzessin holen sollten, beim Fischfang an der Etsch angetroffen worden sein. Der Heilige, der auch in Wassersnot angerufen wird, dürfte wohl eine vormalige Wassergottheit abgelöst haben. Als St. Ulrich, nach der Legende, an einem Freitag versehentlich Fleisch verschenkte, verwandelte sich dieses in einen Fisch.

5. Delphin, Meeresdrache, Leviathan

Neben dem Ichthys werden in der christlichen Kunst noch diese drei weiteren, namentlich genannten „Fische" dargestellt.

a) Der Delphin. In der Antike wird der Delphin als menschenfreundlich geschildert, als Retter der Schiffbrüchigen, als Helfer der Fischer, als Seelengeleiter der Verstorbenen und als Königsfisch. In den Fabeln des Aesop sagt der Löwe zum Delphin: „Du herrschst über die Tiere im Meer, ich auf dem Lande." Beigegeben war er den Meeresgottheiten, der schaumgeborenen Aphrodite und – weil man ihn für musikalisch hielt – auch dem Apollo. Häufig finden wir ihn in Verbindung mit Nereiden, Tritonen und Eroten. Auch ornamental wurde der anmutige Delphin zum beliebten Motiv. Im alten Rom erscheint er häufig auf Sarkophagen. Mit ihm wünschte man dem Verstorbenen eine gute Fahrt zu den Inseln der Seligen.

Wenn Christus als Ichthys der Fisch schlechthin ist, so liegt es nahe, daß auch der Delphin, der König der Fische, dem so viele rettende und helfende Eigenschaften zugeschrieben werden, mit ihm in Verbindung gebracht wird. Zwar fehlen überzeugende literarische Quellen, jedoch spricht eine Anzahl von Bildwerken dafür. So erblickt man auf der Innenseite des mit Mosaiken überzogenen Taufbeckens von Kelibia einen Delphin. Über ihm gewahrt man das Christusmonogramm mit Alpha und Omega und darüber die Geisttaube; unter ihm, auf dem Grund des Beckens drei Fische, Sinnbild der getauften Christen.[14] In S. Apollinare Nuovo in Ravenna sind auf einem Mosaik des 6. Jh. der Fischzug und die Berufung des Petrus zum Menschenfischer dargestellt. Neben dem vollen Netz schwimmt ein Delphin. Die Deutung liegt nahe: So wie der Delphin den Fischern bei ihrem Fang hilft, will Christus den Menschenfischern in Zukunft bei ihrer Arbeit beistehen. Wenn wir auf frühchristlichen Sarkophagen nicht selten Delphine finden, so wird die altrömische Vorstellung vom Seelengeleit mit neuem Inhalt gefüllt.

b) Der Meeresdrache (griechisch ketos). Er versinnbildlicht im Altertum das Meer, im besonderen seine bedrohliche Seite. Man stellt sich ihn als Mischwesen vor, mit der Brust und den Pranken eines Löwen und dem Leib einer gewundenen Schlange, deren Schwanzende eine Fischflosse trägt. Auf einem langen Hals sitzt

17. Der Prophet Jona, vom Meeresdrachen ausgespien, als Symbol der Auferstehung Christi. Wandmalerei, 4./5. Jh., Rom, Priscilla-Katakombe.

das furchterregende Haupt von wechselnder Gestalt. Solche Meeresungeheuer finden sich oft auf antiken Sarkophagen. Sie begleiten den Zug der Meergötter, die den Toten ins Jenseits bringen. Meist jedoch sieht man den Ketos allein als Todessymbol, dessen aufgesperrtem Rachen niemand entfliehen kann.

Die unwiderrufliche Vernichtung des Lebens hat die Menschheit immer wieder unter dem Bild des Verschlungenwerdens erfahren. Auch das Alte Testament kennt es: „Das Totenreich hat seinen Rachen aufgetan ohn alle Maßen, daß hinunterfahren beide, ihre Herren und ihr Volk, ihre Reichen und ihre Fröhlichen." (Jes. 5, 14) Die dichteste Aussage zu diesem Thema und gleichzeitig ihre Überwindung finden sich in der Geschichte vom Propheten Jona.

Gott beruft Jona zum Propheten nach Ninive. Jona versucht, auf einem Schiff dem Auftrag Gottes zu entrinnen. Die Folge ist ein mächtiger Sturm, der das Schiff mitsamt der Besatzung in äußerste Gefahr bringt. Jona bekennt seine Schuld und läßt sich zur Sühne von den Schiffsleuten ins Meer werfen. „Und der Herr entbot einen großen Fisch, Jona zu verschlingen, und Jona war drei Tage und drei Nächte im Bauch des Fisches ... Da gebot der Herr dem Fisch, und er spie Jona ans Land." (Jona 1 u. 2)

Ihre eigentliche Bedeutung erhält diese Lehrerzählung dadurch, daß sie Jesus typologisch auf sich bezieht. „Die böse und ehebrecherische Art sucht ein Zeichen, und es wird ihr kein Zeichen gegeben werden als das Zeichen des Propheten Jona. Denn gleich wie Jona war drei Tage und drei Nächte in des Walfischs (wörtlich „in des Ketos") Bauch, also wird der Menschensohn drei Tage und drei Nächte mitten in der Erde sein ... und siehe hier ist mehr denn Jona." (Matth. 12, 39)

In dieser Geschichte des Jona lag für die ständig vom Tod bedrohte frühchristliche Gemeinde ein starker Trost. Wenn sie den Ketos in den Katakomben[15] und auf ihren Sarkophagen darstellt, so immer unter diesem neuen Aspekt der Hoffnung auf das ewige Leben. Später löst den antiken Meeresdrachen meist ein großer Fisch ab.

Im Mittelalter wird die Totenwelt, in die Christus vor seiner Auferstehung eindringt, häufig im Bild des aufgesperrten Ketos- bzw. Leviathanrachens dargestellt.[16]

18. *Christus bricht in den Limbus ein, tritt den Tod nieder und befreit aus dem Todes- (Ketos-, Leviathan-)Rachen als ersten Menschen Adam, der Eva nach sich zieht. Holzrelief aus einem Passionszyklus, 13. Jh., Hürup (Schleswig-Holstein), Evang. Kirche.*

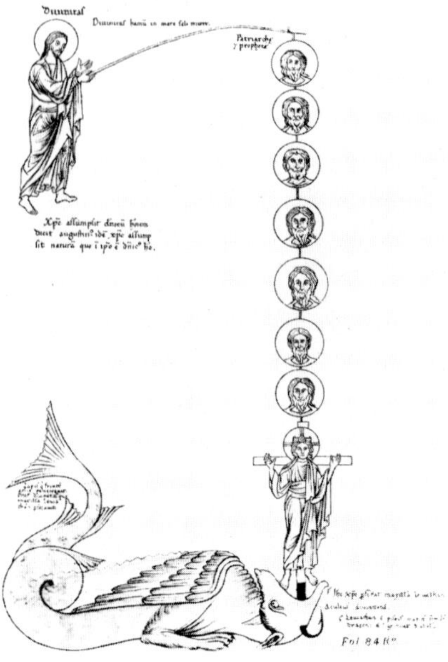

19. Gott fängt den Allverschlinger Leviathan mit der mystischen Angel. Zeichnung nach dem Hortus Deliciarum, 12. Jh., der Herrad von Landsberg.

c) Der Leviathan. Was der Ketos im griechischen Raum, ist der Leviathan im jüdischen. Seine Gestalt wie seine Gewalt werden im Hiob-Buch geschildert. Die Ikonographie wurde vor allem durch Kap. 40, 25–32 angeregt. In diesem Abschnitt fragt Gott der Schöpfer den angefochtenen Hiob: „Ziehst du (etwa) den Leviathan am Angelhaken, drückst du ihm die Zunge nieder mit dem Seil? Legst du ein Binsenseil ihm an die Nase, bohrst du mit dem Haken ihm die Backe durch?" Für den Glaubenden ist die Antwort klar: Kein Mensch kann den Tod, dessen Symbol der Leviathan ist, überwinden, das kann nur Gott allein. Dies gibt ein Fresko aus dem Kreuzgang von Brixen (15. Jh.) eindrucksvoll wieder. Groß und mächtig, in Gestalt eines riesigen Fisches, schwimmt der Leviathan im Wasser. Da greifen zwei Arme aus den Wolken herab. Eine Hand hält den Verschlinger an einem Angelseil fest, die andere schlitzt ihm mit einer Sichel die Kiemen auf. Winzige Menschlein quellen aus dem Leib des Tieres hervor. Der Todesrachen muß seine Opfer herausgeben. Des Todes Tod ist gekommen.

Noch in einer anderen, absonderlichen, uns Heutigen geradezu makaber erscheinenden Weise wird im Mittelalter Gottes Kampf mit dem Leviathan abgehandelt und im Hortus Deliciarum auch abgebildet: Gott fängt den Leviathan mit der Angel. (Dieser Vorstellung liegen neben der Hiob-Erzählung allegorische Auslegungen von Gregor d. Gr., Honorius von Autun u. a. zugrunde.) Oben steht Gottvater als Angler. An der Angelschnur hängen sieben Medaillons mit den Brustbildern der leiblichen Ahnen Jesu und am Ende, als Köder, der gekreuzigte Christus. Der Leviathan, der meint, er habe es mit einem Menschen zu tun, läßt sich täuschen. Er beißt an und hängt fest.[17]

In einem Marienlied von Kloster Melk aus dem 12. Jh. wird dieser Vorgang beschrieben: „Ein Angelschnur geflochten ist, als Du damals geboren bist, das war Dein irdisch Geschlechte. Die Angel war die Gottesmacht, die hat den Tod zu tot gebracht, die war in Dir verborgen, Sancta Maria.“[18]

Greif

Lange bevor uns literarische Quellen vom Greif berichten, begegnet uns sein Bild. Wohl das älteste zeigt ihn unter anderen Tieren auf einer ägyptischen Schminkpalette (3000 v. Chr.) aus dem Tempel von Nechen, die bestimmt war, das göttliche Sonnenauge zu salben. Und im kretischen Knossos bewachen, um 1500 v. Chr., edle Greifen von großer Schönheit den Thron des Minos. (Über die uralte Familie der Greifen s. Cherub.)

Ein auf die Ramessiden-Zeit des 13. Jh. v. Chr. zurückgehendes Dokument aus dem 2. Jh. n. Chr. berichtet vom Greif, er trage die Beute „in den Glanz der Sonnenkreise“ empor. Es fährt fort: „Der Greif ist Lenker der Tiere ... sein Schnabel ist der eines Falken, sein Auge das eines Menschen, sein Leib der eines Löwen, seine Ohren wie die Flossen eines Meerfisches, sein Schwanz der einer Schlange ... Er hat Macht über alles auf Erden, gleich wie der Tod. Er ist der Vergelter, gegen den kein anderer Vergeltung übt, der Hirte von allem, was auf Erden lebt.“[1]

Im griechischen Kulturkreis gelten die Greifen als kraftvolle, kämpferische Wächter über Gold und Edelsteine im Kaukasus oder in Indien. Seitdem die Arimaspen, ein sagenhaftes Volk, hoch zu Roß kamen, um ihnen das Gold zu entreißen, besteht – nach Herodot – nicht nur Feindschaft zwischen Mensch und Greif, sondern auch zwischen Greif und Pferd.

Seine Beziehung zur Sonne, zum Licht und Glanz zeigt sich auch darin, daß er dem Apoll heilig ist. Ihm dient er als Reittier, wenn er zum Frühlingsbeginn aus dem Land der Hyperboreer nach Delphi zurückkehrt. So zeigen es Münzen und Vasen. Auch die Sinnbilder des Gottes, Dreifuß, Kythara, Licht und Lorbeer werden im römischen Bereich, vornehmlich in der Sepulkralkunst (Grabkunst), von antithetischen Greifen bewacht. Mit den scharfen Sinnen des Adlers und den Kräften des Löwen für das Wächteramt besonders geschaffen, sind sie Hüter der Lebenssymbole: des Lebensbaumes, des Pinienzapfens, der Quellwasser-Amphore, auch der Bilder von Verstorbenen. Auf Sarkophagen begegnen wir ihnen auch als wilden, stets siegreichen Kämpfern gegen Mensch und Tier, ein Bildmotiv, das gewiß Unheil abwehrende (apotropäische) Bedeutung hat. In ihrer Eigenschaft als unerbittliche Rächer sind sie der Nemesis zugeordnet und halten deren Symbol, das Rad.

Der langen römischen Bildtradition ist es wohl zuzuschreiben, daß wir in der christlichen Kunst den Greifen ungleich häufiger im Süden, besonders in Italien, antreffen als im Norden. In der Regel hat er die Gestalt eines Löwen mit Kopf und Schwingen eines Adlers. Bisweilen hat er hinten Pranken, vorn Adlerfänge, manchmal auch einen Löwenkopf mit Adlerschnabel.

1. Der Greif als Lichtsymbol

Die Bestiarien haben sein Bild von der positiven Seite her geprägt: In stolzer Haltung steht der Greif auf der Erde. Sein Blick ist nach oben gerichtet, seine Flügel sind aufgestellt, sein rechter Vorderfuß erhoben – als wäre er im Begriff, eben zur Sonne aufzusteigen.[2]

„Wenn im östlichen Hafen des Okeanos-Flusses die Sonne aufgeht und die Welt mit ihren Strahlen bescheint, dann breitet der Greif seine Flügel aus (und) ... zieht ... bis zum Untergang.“[3]

20. Zwei auf Christus bezogene Adler, flankiert von zwei Wächtergreifen, welche die von beiden Seiten anstürmenden Drachen abwehren. Relief, Mitte 12. Jh., Abteikirche S. Antimo, Toscana, Südportal, Türsturz, rechte Seite. (Vgl. S. 37)

2. Der Greif als Sinnbild für Christus

Seine Lichtsymbolik, die Verschmelzung der beiden königlichen Tiere, des Löwen (s. S. 78) und des Adlers (s. S. 34), die über Erde und Luft herrschen, legen in höchster Sublimierung die Deutung auf Christus, den König Himmels und der Erde, nahe. Dante beschreibt in der Göttlichen Komödie Christus in Gestalt eines Greifen, der den Wagen der Kirche zieht: „(Es) kam ein Wagen auf zwei Rädern zum Triumph/einher, am Halse eines Greifen hangend,/der Greif hielt beide Flügel hochgereckt .../Ins Unsichtbare ragten ihm die Schwingen,/das Vogelartige an ihm war Gold,/das übrige gemischt aus Weiß und Rot ...“[4]

Auf welche Quellen sich Dante bei diesem Vergleich stützt, ist nicht befriedigend geklärt. Jedenfalls ist der Christusgreif niemals populär geworden. Sein Bild scheint über die Illustration der Göttlichen Komödie nur selten hinausgegangen zu sein.

3. Der Greif als Wächter

In ihrer ursprünglichen Funktion wachen Greife an Kirchenportalen,[5] wehren geifernden Drachen,[6] hüten wie einst das Lebenswasser oder den Lebensbaum[7] oder tragen und bewahren Reliquienschreine.[8]

4. Der Greif als Sinnbild dämonischer Mächte

Die negative Seite des Greifen, seine mörderische Wildheit, so wie ihn sich Griechen und Etrusker vorstellten, findet in mittelalterlichen Epen ihre Entsprechung. Im „Herzog Ernst" des 12. Jh. begegnet der Held auf seiner Orientfahrt dem Greifen als bösem, todbringendem Wesen.[9] In dieser Eigenschaft ist er ins Märchen eingegangen.[10] Auch im romanischen Bauornament erscheint er meist furchterregend und ungestüm. Er reißt Tiere,[11] verfolgt Menschen,[12] greift den „christlichen Ritter" an.[13] Bisweilen kauert er auch wie der Löwe, sein Opfer in den Pranken, vor einem Kirchenportal, entmachtet und dennoch gefährlich.[14] Nicht immer ist es auszumachen, wann ein Greif negativ oder positiv zu deuten ist: Vernichtet er in „heiligem Eifer" alles Unreine, das sich ins Heiligtum einschleichen will, oder reißt er in dämonischem Haß alles nieder, was ihm in den Weg kommt?[15]

5. Die Greifenfahrt Alexanders des Großen

Sie geht auf eine Alexander-Legende zurück, die zum ersten Mal im Pseudo-Callisthenes, Ende des 2. Jh. n. Chr., zu lesen ist. Alexander möchte erforschen, ob Himmel und Erde wirklich zusammenstoßen. Nahe dem Ende der Erde trifft er auf Greifen. „Nachdem nun Alexander zwei der Vögel gefangen hatte, befahl er, ihnen drei Tage nichts zu fressen zu geben. Am dritten Tage ließ er ein Holz als Joch zurechtmachen und an ihren Hälsen festbinden. Dann stieg er auf die Mitte des Jochs und hielt in jeder Hand eine ... lange Stange, an welcher oben eine Leber befestigt war. Sogleich stiegen die Vögel auf, um die für sie unerreichbare Leber zu fressen, und Alexander flog mit ihnen in die Höhe."[16] Diese Legende wurde im Mittelalter zum beliebten Lehrbeispiel für die Hybris, die Hoffart. Vom 12. Jh. an wird sie dem Kirchgänger an den Domen mahnend vor Augen gestellt.[17]

6. Der Greif als Wappentier

Als unüberwindlicher und treuer Hüter geht der Greif auch in die Heraldik ein. Er wird z. B. zum Wappentier der Normannen und der alten, auf die Etrusker zurückgehenden Stadt Perugia. In der byzantinisch-orientalischen Welt dient er, besonders auf Geweben, als bevorzugtes Ornament, das auch vom Abendland vielfältig übernommen wird.

Hirsch

Bereits sehr früh scheint der Hirsch mit seinem mächtig „ausstrahlenden“ Geweih ein Lichtsymbol gewesen zu sein. Darauf hin deuten etwa die Hirschstandarten aus den Fürstengräbern der Chatti im Museum von Ankara (2300 bis 2000 v. Chr.). Auf der Spitze der Standarte steht ein stattlicher Hirsch. Ein Kreissegment über ihm wird als Himmelsbogen, ein Kreisbogen um ihn als Sonnenring gedeutet. Der Hirsch darf wohl als Symbol einer Sonnengottheit bzw. als deren irdische Erscheinungsform angesehen werden.

Die Bedeutung des Hirsches in der frühen Christenheit weist zunächst in eine andere Richtung. Sie leitet sich her aus Psalm 42 (41): „Wie der Hirsch schreit nach frischem Wasser, so schreit meine Seele, Gott, zu Dir. Meine Seele dürstet nach Gott, nach dem lebendigen Gott.“ (Vgl. Joh. 4; Joh. 7, 34; Offb. Joh. 21 u. a.)

1. Der Hirsch an der Quelle als Sinnbild des nach dem „Wasser des Lebens“ verlangenden Menschen

In der Regel sind es zwei Hirsche, die von beiden Seiten auf die Quelle zukommen oder aus ihr trinken. Dabei wird das Thema leicht variiert: Einmal arbeiten sich die beiden durstigen Tiere mühsam durch Schlinggewächse ans Wasser heran,[1] ein andermal trinken sie in vollen Zügen aus den am Kreuz entspringenden Paradiesesflüssen,[2] oder sie erlaben sich aus einem mit frischem Wasser gefüllten Kantharus. Häufig finden wir Hirsche in den frühen Baptisterien.[3] Dort werden sie zum Sinnbild derer, die nach dem Wasser der Taufe verlangen. Kaiser Konstantin hat z. B. für die Taufkapelle von S. Giovanni in Laterano in Rom sieben silberne Hirsche gestiftet.

Dem Inneren dieses Baptisteriums sind die „Lebensbrunnen“ zweier karolingischer Handschriften nachgebildet. Den achteckigen Becken nahen sich Hirsche gemeinsam mit anderen Tieren. Neben dem einen der beiden Bilder[4] stehen die Worte aus Offb. 21, 6: „Ich will dem Durstigen geben von dem Brunnen des lebendigen Wassers umsonst.“

2. Der schlangentötende Hirsch

Der Hirsch als Lichtsymbol gehört zu den schlangenfeindlichen

Tieren. Diesen Aspekt bringt der „Physiologus“ in der Hirschsymbolik ein. In verschiedenen Lesarten wird darüber berichtet.

a) Der schlangentötende Hirsch als Sinnbild Christi. Der Hirsch verfolgt die Schlange (s. S. 105). Er treibt sie mit seinem Atem oder mit Wasser, das er in seiner Kehle gespeichert hat, aus ihrem Schlupfwinkel heraus, kämpft mit ihr und tötet sie. „So auch unser Heiland ...“

Im 16. Jh. klingt dieses Motiv erneut auf manchen Gemälden des Sündenfalls an.

b) Der vom Gift gereinigte Hirsch als Sinnbild des getauften Christen. In einer anderen Version tötet der Hirsch die Schlange und frißt sie. Wenn er nicht binnen kurzer Zeit Wasser findet, davon trinkt und das Gift erbricht, muß er sterben. So soll der Christ zum Wasser der Taufe eilen und sich vom Gift der Sünde befreien.

Das romanische Taufbecken in der Stadtkirche zu Freudenstadt (13. Jh.) zeigt u. a. einen Hirsch mit einer Schlange. Die Umschrift vermerkt: „Der (getaufte) Mensch erbricht wie der Hirsch das von der Schlange eingeflößte Gift.“[5]

3. Die Hirschjagd

Das uralte Bild der Jagd wird im Christentum zum Sinnbild des Kampfes zwischen guten und bösen Mächten. Darüber sind sich die Kirchenväter und die mittelalterlichen Symboliker einig; nicht immer dagegen, ob der Jäger oder das gejagte Wild positiv oder negativ zu verstehen sind. Augustinus und Hieronymus, später auch Petrus Damianus, Rabanus Maurus u. a. sehen im Jäger ein Bild des Teufels, in den gejagten Tieren, dem Hirsch, dem Hasen, der Taube, die bedrängten Seelen, welche der Teufel verfolgt, die er hetzt, denen er Netze stellt und nach denen er mit dem Bogen schießt. Sämtliche Bilder können aus dem Alten Testament belegt werden (Ps. 91 (90), 3; Ps. 11 (10), 2; Klagelieder Jer. 3, 52 u. a.). (Vgl. Abb. 22.)

Aber auch die Umkehrung hält man für möglich. Dann werden die Jäger zum Sinnbild des Guten und Wahren, zum Gleichnis für Christus und die Apostel, und die Gejagten zu Menschen, wie bei Hippolyt und wiederum bei Rabanus Maurus u. a. Herrad von Landsberg vergleicht die Jagd mit der Bekehrung der Sünder und sieht in den Jägern und ihren Hunden die Prediger. Auch hier kann man sich auf die Bibel berufen, z. B. auf Jer. 16, 16: „Siehe ich will viele Fischer aussenden, spricht der Herr, die sollen sie fischen; und danach will ich Jäger aussenden, die sollen sie fangen auf allen Bergen und auf allen Hügeln und in allen Steinritzen.“ (So von Tertullian und Hieronymus interpretiert.)

Die zahlreichen Jagdfriese und -szenen der Romanik sind jedoch überwiegend im Sinn des „Wilden Jägers“ (s. S. 25) zu deuten, der den Christen nach dem Leben steht.[6] Dies mag auch gelten, wenn Hirsche von Löwen oder anderen wilden Tieren verfolgt werden.[7]

21. Hirsche als Sinnbild der sich am Wasser der Paradiesesflüsse erquickenden Seelen, im Hintergrund ein weiterer (kleiner) Hirsch als Symbol des die Schlange überwindenden Erlösers, darüber das Kreuz. Der Akanthus mit dem Schlangenmotiv läßt vermuten, daß das Relief an der Umfassungswand der Ara Pacis (Altar des Augustäischen Friedens) zum Vorbild gedient hat. Apsismosaik, 13. Jh., dem ehemaligen frühchristlichen Mosaik der Unterkirche wohl weitgehend nachgebildet, Rom, S. Clemente (Ausschnitt).

Um etwas völlig anderes handelt es sich bei der Hirschjagd Theoderichs. Der Gotenkönig, als Dietrich von Bern im Bewußtsein des Volkes das Idealbild des Ritters (s. Drachenkampf, S. 44), ist als Arianer für die Kirche der Ketzer schlechthin. Der Teufel schickt ihm, als er müde von der Jagd im Wald badet, einen Hirsch in den Weg. Theoderich, aufs neue von Jagdleidenschaft ergriffen, springt nackt auf sein Pferd, jagt dem Hirsch nach und sprengt geradewegs hinein in den Rachen der Hölle.[8]

4. Der Hirsch als Attribut des Hl. Eustachius
„Placidius war ein Kriegsoberster des Kaisers Trajan." Er stößt bei der Jagd auf einen auserwählt schönen Hirsch, jagt ihm nach und stellt ihn auf einem Felsen. „Da er aber den Hirsch mit Fleiß betrachtete, da ersah er zwischen seinen Hörnern die Gestalt des Heiligen Kreuzes; das gab einen Glanz, lichter als die Sonne, daran hing das Bild des Herrn." Der Hirsch redet ihn an: „O Placide, warum verfolgst du mich? Ich bin dir zulieb in dieses Tieres Gestalt erschienen, denn ich bin Christus, welchen du (durch deine Almosen) unwissend ehrst ... So bin ich zu dir kommen, daß ich dich durch diesen Hirschen fahe, den du selber zu jagen wähntest."[9] Placidius läßt sich auf den Namen Eustachius taufen. Im 15. Jh. wird diese Legende auf den Hl. Hubertus übertragen. In dieser Erzählung bricht nochmals die ursprüngliche Lichtsymbolik des Hirschs deutlich hervor.[10]

Kentaur

Kentauren sind Mischwesen, halb Mensch, halb Pferd. Bei den Griechen galten sie als wild, lüstern und gewalttätig. Bekannt ist in der Sage ihre Rolle bei der Lapithen-Hochzeit, auf der sie sich, schwer betrunken, aller anwesenden Frauen – einschließlich der Braut – bemächtigen wollten. Eine rühmliche Ausnahme bildet der Kentaur Chiron, der Erzieher und Lehrmeister des Achill und anderer griechischer Helden. Zeus versetzt ihn als Bogenschützen unter die Sterne. Sein Sternbild gehört zum Tierkreis.

„Die Kentauren gleichen Menschen, die falschen und doppelten Herzens sind, indem sie den Schein der Frömmigkeit ..., je-

22. Kentaur mit seinen dämonischen „Hetzhunden" jagt einen Hirsch, wie der Teufel die Seele. Kapitellrelief, 12. Jh., St. Aignan sur Cher.

doch die Gestalt von Widersachern und Ketzern haben. Durch ihre süßen Reden verführen sie das Herz der Unschuldigen." So schreibt der „Physiologus". Ihre Doppelnatur wird zum Sinnbild der innerlich Gespaltenen, der Häretiker, die als halbe Christen und halbe Heiden angesehen werden.

Dante versetzt sie in seiner Göttlichen Komödie als Wächter der Tyrannen in die Hölle.[1] Er trifft damit die eigentliche Einschätzung der Kentauren im Mittelalter. Sie werden als gefährliche Dämonen angesehen. Wie diese werden sie z. B. in Autun mit Flammenhaaren abgebildet. Meist sind sie bewaffnet, vornehmlich mit Pfeil und Bogen. Bogenschießend werden sie seit dem 12. Jh. häufig an Kirchenportalen dargestellt.[2] Bisweilen zielen sie auf eine Taube[3] oder einen Hirsch, also auf Sinnbilder der Seele. Manchmal sieht man, wie sie ihre Beute davonschleppen. In Ps. 11 (10), 1 und 2, scheinen sie vorgebildet zu sein: „Fliehet wie ein Vogel auf eure

Berge! Denn siehe, die Gottlosen spannen den Bogen und legen ihre Pfeile auf die Sehnen, damit heimlich zu schießen auf die Frommen."

Gelegentlich werden die Kentauren positiv beschrieben, so z. B. im Leben des Hl. Paulus von Theben. Als stumme, aber freundliche Wüstenbewohner weisen sie dem Einsiedler Antonius den Weg zum Eremiten Paulus.[4] Friedlichen Charakters scheinen auch die Kentaur-Familien zu sein.[5]

Lamm

Das Lamm ist das älteste, wichtigste und verbreitetste Christussymbol. Bis auf unsere Tage hat es seine Bedeutung beibehalten. Es wurzelt ausschließlich im Alten und Neuen Testament. Die außerbiblische Umwelt hat nichts Vergleichbares aufzuweisen.

Folgende Bibelstellen haben zur Ausformung dieses Symbols beigetragen: Israel wird durch das Blut des Passah-Lammes vor dem Gericht bewahrt, das über Ägypten hereinbricht (2. Mos. 12). In Jes. 53 schaut der Prophet in einer Vision einen Menschen, der „wie ein Lamm zur Schlachtbank geführt wird ..., denn der Herr warf unser aller Sünde auf ihn". Beide Stellen wurden typologisch auf Christus gedeutet, zuerst von Johannes dem Täufer, der (Joh. 1, 29) von Jesus sagt: „Siehe, das ist Gottes Lamm, das der Welt Sünde trägt."

Einen neuen Akzent bekommt die Lammsymbolik durch die Apokalypse. Auch ihr Verfasser sieht Christus als Lamm, vor allem sieghaft, vom Tod erstanden und auf den Thron erhöht. Von Gott bevollmächtigt, führt es die Weltgeschichte zum Ende, deren Plan in einem Buch mit sieben Siegeln beschlossen ist.

Der biblische Befund zeichnet ein Doppelbild: einerseits das des sieghaften, andererseits das des leidenden Gotteslammes. In der bildenden Kunst wird je nach dem Standort der Theologie und je nach der kirchen- und weltgeschichtlichen Situation bald die eine, bald die andere Seite mehr betont.

1. Das sieghafte Lamm

Unter dem Eindruck des Sieges nach einer über 200 Jahre währen-

23. Triumphierendes, von Engeln erhobenes Christuslamm auf Sternengrund im Früchtekranz. Kuppelmosaik, 6. Jh., Ravenna, S. Vitale (Ausschnitt).

den Verfolgung wird in der frühchristlichen Kirche ausschließlich das triumphierende Christuslamm abgebildet.

Meist ist es frontal dem Betrachter zugewandt, bisweilen auch im Profil dargestellt und zwar mit rückwärts gewandtem Kopf, wobei dieser Gestus nicht eindeutig zu klären ist. Vielleicht gilt sein Blick denen, die ihm nachfolgen werden.

Seine Farbe ist weiß, seine Haltung majestätisch, sein Haupt erhoben. Dieses ist von einem Nimbus umgeben (bisweilen mit einem Christusmonogramm), der im Mittelalter zum Kreuzesnimbus wird.

Die Hauptbildformen des triumphierenden Lammes sind alle aus dem Reichtum der visionären Welt der Apokalypse hervorgegangen:

a) Das apokalyptische Lamm (nach Offb. 5). Es wird häufig auf einem Schild (Clipeus) oder auf dem Thron liegend abgebildet. Sein Kennzeichen ist das Buch mit den sieben Siegeln bzw. die verschlossene oder geöffnete Rolle (Rotulus).[1] Wird die große Anbetungsszene dargestellt wie bisweilen schon auf frühen römischen Triumphbogenmosaiken, so ist der Thron meist umgeben von den sieben Leuchtern (Offb. 4, 5), den vier geheimnisvollen Wesen (s. Evangelistensymbole S. 170), den Erzengeln und den vierundzwanzig Ältesten, die ihre Kronen dem Lamm darbringen und gemeinsam in seinen Lobpreis einstimmen.[2] Im späten Mittelalter werden bisweilen auch die sieben Hörner[3] und die sieben Augen[4] des Lammes (Offb. 5, 6) abgebildet, Sinnbilder seiner Vollmacht und Geistbegabung. Niemals erscheinen auf frühchristlichen Darstellungen die in Offb. 5 betonte Todeswunde des Lammes oder sein vergossenes Blut (z. B. Offb. 7, 14). Diese Seite der Apokalypse wirkt sich erst später aus im Bild des leidenden und eucharistischen Gotteslammes. In den Bilderzyklen der Apokalypsen, die erstmals im 9. Jh. erscheinen, werden die einzelnen Ereignisse fortlaufend erzählt.

b) Das Lamm auf dem Paradiesesberg (nach Offb. 14, 1; 22, 1 u. 2; 7, 17). Der „Berg Zion", auf dem das Lamm steht, wird zum Paradiesesberg. Aus dem „lauteren Strom des lebendigen Wassers, klar wie Kristall, der vom Thron ausgeht", werden die vier Paradiesesflüsse, die aus dem Berg hervorbrechen. Fruchttragende Palmen schließen diese Szene meist nach beiden Seiten ab.[5]

c) Das Lamm als Herr der neuen Welt Gottes (nach Offb. 21, 23; 22, 2; 17, 14). Seine kosmische Bedeutung wird sichtbar im Jahreszeitenkranz, der es umgibt,[6] im Sternenhimmel, an dem es zur „Leuchte" der neuen Welt Gottes wird.[7]

d) Das Lamm mit dem Kreuzstab. Seit dem 6. Jh. kennen wir das Lamm, das mit seinem Fuß den Kreuzstab als Siegeszeichen hält und auf ihn zurückblickt. Im Mittelalter erhält der Stab häufig noch eine wehende, dreiteilige Osterfahne.[8]

2. Das leidende Gotteslamm

Im Mittelalter steht den Menschen vor allem der gekreuzigte und gemarterte Jesus vor Augen. Das „Lamm Gottes unschuldig, am Stamm des Kreuzes geschlachtet" prägt den Glauben mehr als der Auferstandene. Der Bildtypus des leidenden Gotteslammes erscheint am Ende der karolingischen Epoche, um hernach eine außerordentliche Bedeutung zu gewinnen. Ihn zeichnet ein sakramentaler Charakter aus. Daneben aber bleibt das Bild des sieghaften Lammes noch bestehen.

In der Romanik kann das leidende Gotteslamm wie unter einer schweren Last einhergehen; sein Haupt ist gebeugt, es ist von Schmerz gezeichnet.[9] Sterbend wird es selten dargestellt, sehr eindrücklich jedoch auf einer Reichenauer Miniatur.[10] (Vgl. Abb. 60)

Das Lamm kann auch von Löwen und anderen Bestien bedrängt werden, die ihm nach dem Leben trachten (s. Anm. 8 und 9).

Der bedeutendste Zeuge für das Gotteslamm ist Johannes der Täufer. Er hält es im Medaillon oder auf dem linken Arm, während er mit dem Zeigefinger der Rechten darauf deutet. Das Lamm wird zu seinem Attribut.[11]

Häufig wird das Opferlamm Christus typologisch dargestellt: In der frühchristlichen Kirche als ein weißes Lamm, das Abel mit beiden Armen emporhält, um es auf den Altar zu legen.[12] Im Mittelalter durch das Passahlamm, mit dessen Blut der Hausvater auf den Türsturz seines Hauses ein T-förmiges Kreuz, das sogenannte Tav-Kreuz, gezeichnet haben soll (2. Mos. 12).[13]

3. Das eucharistische Lamm

Bereits eine Katakomben-Malerei aus dem 4. Jh. zeigt das Christuslamm, das mit erhobenem Fuß die (eucharistischen) Brote segnet (Mark. 6, 41).[14] Seit dem 10. Jh. wird die eucharistische Bedeutung des leidenden Gotteslammes mehr und mehr betont: durch den Altar, auf dem das Opferlamm steht, durch die Hervorhebung seiner Todeswunde, durch den Kelch, in den es sein Blut verströ-

24. Lämmer als Sinnbild der Apostel und der christlichen Gemeinde: In der oberen Zone der Apsis eine symbolische Darstellung der Verklärung Christi (Matth. 17, 1ff.). In der Gestalt von drei Lämmern blicken Petrus, Jakobus und Johannes zu Christus empor, der im Zeichen des Kreuzes in der Gloriole erscheint. Unten bittet Bischof Apollinaris für seine Gemeinde, oben am Triumphbogen ruft Christus, umgeben von den Evangelistensymbolen, seine Herde aus Juden- und Heidenchristen zu sich. Mosaik, 6. und 9. Jh., Classe bei Ravenna, S. Apollinare.

men läßt, durch die Marterwerkzeuge, die die Kirche des Mittelalters auf das Gnadenmahl bezog.[15]

4. Lämmer als Sinnbild der Gemeinde Jesu Christi

Nicht nur Christus, auch seine Gemeinde und – repräsentativ für sie – die Apostel werden in der jungen Kirche symbolisch als Lämmer dargestellt.

a) Das Christuslamm und die Apostellämmer. Das Christuslamm steht in der Mitte, frontal zum Betrachter, auf beiden Seiten umgeben von den Aposteln in Gestalt von je sechs Lämmern. Flankieren nur zwei Lämmer das Christuslamm, etwa auf dem Paradiesesberg, so sind es die beiden Hauptapostel Petrus und Paulus.[16]

b) Christus und seine Gemeinde aus Juden- und Heidenchristen. Das Verhältnis der juden- und der heidenchristlichen Gemeinde brachte in der apostolischen Zeit oft schwere Probleme mit sich. Besonders Paulus kämpfte leidenschaftlich für die volle Integration der beiden Gruppen in der einen Kirche. Dieses Ringen hat sich auch auf verschiedenen frühen Mosaiken niedergeschlagen.

In der Mitte steht das Christuslamm, seltener Christus oder eines der Heilszeichen. Von links und von rechts kommen je sechs Lämmer auf ihn zu. Beide Gruppen haben eben ein Stadttor durchschritten. Das eine ist beschriftet mit „Jerusalem". Von dort kommen die Judenchristen. Die Heidenchristen treten aus dem mit „Bethlehem" bezeichneten Tor, denn hier beteten die ersten der Heiden, die „Weisen aus dem Morgenland", Christus an.[17]

c) Der Christushirte und seine Herde. Das Bild vom Hirten und seiner Herde, gleichnishaft auf menschliche Beziehungen übertragen, ist sehr alt. Der König von Babylon verstand sich als Hirte seines Volkes. Homer nennt Agamemnon den Völkerhirten, und der Hirtenstab gehört zu den Reichsinsignien der ägyptischen Pharaonen.

Im Alten Testament, Hes. 34, klagt Gott über die Hirten, die sein Volk eigennützig ausbeuten, und verheißt einen Hirten nach seinem Herzen. Jesus sieht diese Verheißung in seiner Person erfüllt und nennt sich Joh. 10 den „Guten Hirten", der bereit ist, für seine Herde zu sterben. Nach seiner Auferstehung befiehlt er dem Petrus, seine Herde zu weiden (Joh. 21). Diesen Befehl geben die Apostel weiter an die Bischöfe (Apg. 20, 28).

Darstellung

Das Bild des Guten Hirten wird in der frühchristlichen Kirche zum Sinnbild der Geborgenheit. Ungezählte Male wird es dargestellt.

Meist steht der junge, bartlose Hirte frontal vor dem Betrachter. Sein Gewand ist mit einem Riemen geschürzt, die Knie sind frei, die Sandalen hochgebunden. Über den Schultern trägt er ein

Lamm. Auf beiden Seiten stehen weitere Lämmer, die vertrauensvoll zu ihm aufblicken.[18] Eine Variante besonderer Art befindet sich auf einem Mosaik im sog. Mausoleum der Galla Placidia in Ravenna. Dort sitzt der Königshirte mit golddurchwirkter Tunika und Purpurmantel inmitten seiner Herde innerhalb einer paradiesischen Landschaft, um das Haupt den strahlenden Nimbus, in der Linken den goldenen Kreuzstab.

Drei Variationen des Hirtenthemas werden nur vereinzelt dargestellt:

(1) Der Gute Hirte kämpft für seine Herde (Joh. 10). Die Gemeinde wird bedroht durch Feinde von außen, die Jesus mit Wölfen vergleicht, und durch Feinde von innen, die er als Wölfe im Schafsfell bezeichnet. Diesen Feinden stellt sich der Gute Hirte entgegen, während der Mietling flieht.[19]

(2) Der Hirte scheidet die Schafe von den Böcken (Matth. 25). Diese Hirtenarbeit nimmt Jesus zum Gleichnis für die letzte Scheidung der Menschen im Weltgericht.[20]

(3) Die von Christus bestellten Hirten weiden seine Herde. Nach der alten Grundkomposition steht der Bischof inmitten seiner ihm anvertrauten Herde, die ihn in Gestalt von zwölf Lämmern umgibt.[21] (Vgl. Abb. 24)

5. Das Lamm als Attribut

a) des Täufers Johannes (s. S. 75),

b) vieler Heiliger, aus deren Zahl die Hl. Agnes herausragt. Ihr Name Agnes (lateinisch agnus = Lamm) soll deutlich machen, wie das Lamm zu ihrem Wesensmerkmal geworden ist. Es wird zum Gleichnis der Eigenschaften, welche die Heilige besonders auszeichnen, der Reinheit und der Sanftmut.[22]

Löwe

Das Löwensymbol ist schon im Altertum vielschichtig.

(1) Der solare Aspekt: der Löwe als Lichtsymbol. Der Löwe gilt als der König der Tiere. In seiner geballten Kraft, mit seiner gewaltigen goldenen Mähne ein Bild lodernden Feuers und – nach dem „Phy-

siologus" – mit seinen hellen, selbst noch im Schlaf geöffneten Augen wird er zum Sinnbild der lebenspendenden und zugleich vernichtenden Macht des Sonnengestirns und damit zum Lichtsymbol. Er wird zum Tierkreiszeichen des heißesten Monats. „Im Löwen glüht die Sonne", so Seneca.

In einem ägyptischen Märchen, dessen Wurzeln bis auf die Ramessiden-Zeit des 14. Jh. v. Chr. zurückgehen, wird die Rückwendung der Sonnenbahn im Frühling im Bild der aus Nubien heimgeholten Sonnenkatze beschrieben, die sich in eine Löwin verwandelt: „Schrecklich erhebt sie sich in ihrer Gestalt als Löwin; rot erglüht ihr Rücken, ihr Fell raucht von Feuer, Flammen schlagen aus ihrem Blick, und ihr Antlitz färbt sich wie die Scheibe der Sonne".[1]

Wenn der Löwe auf antiken Darstellungen das Rind schlägt, dessen Gehörn Sinnbild der Mondsichel ist, oder wenn er den Damhirsch anspringt, dessen geflecktes Fell an den gestirnten Himmel erinnert, ist wohl anzunehmen, daß er dabei als Symbol des Tages und des Lichtes die Nacht und die Finsternis überwindet.

(2) Der tellurische Aspekt: der Löwe als Wasserspender. Sehr verbreitet sind im Altertum die Brunnenmasken, die einem Löwenhaupt nachgebildet sind. Durch den offenen Rachen ergießt sich das Quellwasser in das Brunnenbecken oder das Regenwasser in die Zisterne. Plutarch meint, daß diese Masken ägyptischen Ursprungs seien, „weil der Nil das neue Wasser über die Felder führt, wenn die Sonne durch das Zeichen des Löwen geht".[2] Vermutlich aber hat er in Griechenland als Hüter heiliger Quellen gegolten. Durch seinen Doppelbezug zur Sonne und zum Wasser vereint der Löwe die beiden gegensätzlichen Elemente in sich, das solare und das tellurische, das männliche und das weibliche. Der Löwe wird zum Attribut der asiatischen Mutter- und Fruchtbarkeitsgottheiten, der Ischtar und der Kybele-Rhea, deren Wagen er zieht.

(3) Der repräsentative und der apotropäische Aspekt. Der königliche Löwe wird zum Sinnbild herrscherlicher Macht. Thron- und Palastarchitektur zeigen sein Bild, sein Haupt, seine Pranken.

Zugleich werden dem Löwen unheilabwehrende Kräfte zugeschrieben. Er wird zum magisch bannenden Wächtersymbol. Die Jagd auf den Löwen ist im Altertum Vorrecht der Heroen und Könige. Der Sieg über das königliche Tier wird zum Sinnbild unbeschränkter Herrschergewalt.

(4) Der räuberische Aspekt des Löwen. Negativ wird der Löwe dort erlebt, wo er in viehreichen Landstrichen in die Herden einbricht und schweren Schaden anrichtet.

In der christlichen Kunst wird der Löwe zum Musterbeispiel für die Ambivalenz mancher Symbole. Schon bald erhält er in dem frühchristlichen Typus „Daniel in der Löwengrube" einen negativen Charakter. Gleichzeitig aber wird er zum positiven Symbol des Evangelisten Markus. Diese Doppeldeutigkeit setzt sich durch die Jahrhunderte hindurch fort und findet im Mittelalter noch eine Ausweitung: In der positiven Linie wird der königliche Löwe zum Sinnbild des auferstandenen und zum Leben erweckenden Christus, in der negativen wird der brüllende und reißende Löwe zum Symbol des Satans. Beide Bedeutungen, Bedrohung und Errettung, Finsternis und Licht, Satan und Christus gehen gleichzeitig nebeneinander her. Die jeweilige Deutung ist oft nur aus dem Zusammenhang zu gewinnen, in dem das Bild des Löwen erscheint.

A. Der positive Aspekt

1. Der Löwe als Symbol des auferstandenen und siegreichen Christus

In Offb. 5, 5 sieht Johannes eine Verheißung des sterbenden Erzvaters Jakob in Christus erfüllt: „Siehe der Löwe aus dem Stamm Juda hat den Sieg errungen" (s. Löwenmadonna S. 82). Dazu zwei Bildbeispiele, deren Einschriften diese Symbolik erläutern:

Im Codex Aureus, einer karolingischen Miniatur aus dem 9. Jh., findet sich ein Löwe mit sonnenhaft leuchtender Mähne auf kosmisch-blauem Grund in einem Medaillon, umgeben von den vier Evangelistensymbolen. Die Umschrift lautet: „Dieser Löwe, nachdem er die Tore der Unterwelt aufgehoben und zerbrochen hat, ist der, welcher niemals schläft bis in Ewigkeit."[3]

Sehr informativ ist das Tympanon des Westportals der Kathedrale von Jacca (Nordspanien) aus dem 11./12. Jh. Es zeigt ein großes latinisiertes Christusmonogramm in einer Rosette mit zwei antithetischen Löwen. Unter dem linken Löwen liegt ein Ritter, den eine Schlange, die er am Schwanz hält, als Sünder kennzeichnet. Unter dem Rechten sind Bär und Basilisk. Die Deutung: „Der Löwe weiß den, der sich vor ihm niederstreckt, zu schonen (so nach den „Bestiarien") ebenso wie Christus den, der sich ihm bittend naht. Und indem er – Christus – das Reich des Todes vernichtet (Bär und Basilisk), ist er der starke Löwe."[4] (Vgl. Abb. 26)

2. Der Löwe als Sinnbild der Auferweckung Christi

Nach dem „Physiologus" „gebiert die Löwin ein totes Junges. Am dritten Tag kommt der Vater und bläst ihm ins Gesicht und er-

25. Der kosmische Christuslöwe. Incipit-(Anfangs-)Seite zum Matthäus-Evangelium, 850, Codex Aureus von St. Emmeran, Regensburg; München, Staatsbibliothek (Ausschnitt).

26. *Zwei Löwen, welche Christus als Retter und Richter versinnbildlichen. Tympanon-Relief, 11./12. Jh., Jacca (Nordspanien), Kathedrale, Westportal.*

weckt es zum Leben. So hat auch der allmächtige Vater den erstgeborenen Sohn am dritten Tag wieder auferweckt". Hier verschiebt sich der Akzent von dem auferstandenen Sohn zu dem ihn auferweckenden Vater.[5] (Vgl. Abb. 77)

3. Der Löwe aus Juda – die „Löwenmadonna"

Maria mit ihrem Kind auf dem Arm steht auf einem Löwen.[6] Dieser Bildtypus entsteht in Deutschland im 14. Jh. Er besagt: Maria stellt ihren Sohn vor als den geweissagten „Löwen aus Juda" (s. S. 80). „Ein junger Löwe ist Juda ..., nicht weicht das Szepter aus Juda ..., bis daß sein Herrscher kommt und ihm der Gehorsam der Völker gehört." (1. Mos. 49, 9f.)[7]

4. Der Löwe als Symbol des Evangelisten Markus

s. Evangelistensymbole S. 170

5. Der Löwe als Wächter

a) In dieser alten Funktion findet er sich am Lebensbaum, am Lebenswasser,[8] an Grabmalen und an Kirchenportalen,[9] wenn auch an diesen weitaus seltener als die dämonisch verschlingenden Trägerlöwen.

b) Siehe „Maria: Der Löwenthron Salomons", S. 235.

6. Der Löwe als bannendes Abwehrzeichen

Am bekanntesten sind die bronzenen Löwenmasken an romanischen Kirchenportalen. Ihr Anblick soll allen bösen Mächten den Eintritt in den heiligen Bezirk verwehren. Die Ringe, die sie zwischen den Zähnen halten und die gewöhnlich zum Anklopfen dienen, haben noch eine besondere Bedeutung. Wie die Tempel im Altertum, so boten auch die christlichen Kirchen Asyl. Wer nun auf der Flucht vor seinen Verfolgern diesen Ring ergriff, war gerettet.[10] Er stand damit im Bannkreis des Löwen, der mit seinem Blick den abwehrte, der den Gottesfrieden brechen wollte.

B. Der negative Aspekt

1. Der Löwe als Symbol des Todesrachens

Daniel, der Ratgeber des Königs Darius, wird auf Grund falscher Beschuldigungen durch seine Neider in die Löwengrube geworfen. Doch es geschieht ihm dort kein Leid (Dan. 6).

In der Katakomben-Zeit wird dieses Thema gerafft dargestellt: in der Mitte der betende Prophet mit der phrygischen Mütze in Orantenhaltung, rechts und links von ihm ein Löwe mit aufgesperrtem Rachen. Die uralte Triasform (s. S. 23): ein Mann zwischen zwei Tieren, wird hier zum existentiellen Glaubensmotiv.[11]

In der Zeit der ausgehenden Völkerwanderung kann die Szene einen völlig neuen Charakter annehmen. Auf den sog. Danielschnallen – bronzenen Gürtelschließen – kauert der Prophet tief geängstet am Boden, während sich die beiden Raubtiere hoch aufrichten, um über ihr Opfer herzufallen. Aus dem Glaubensmotiv entsteht das Bedrohungsmotiv.[12] (Vgl. Abb. 2)

Schließlich nehmen Bildform und Bildinhalt epische Breite an. An die Stelle der Angst tritt mehr und mehr das Gefühl der Geborgenheit mitten in der Bedrohung. Daniel kann gelassen unter den Löwen sitzen, die ihm Hände und Füße lecken,[13] ein Motiv, das im übrigen ebenfalls schon auf Danielschnallen, in strenger Triasform, auftaucht.

2. Der reißende Löwe als Symbol des Teufels

Nach dem biblischen Zeugnis ist der Teufel von Christus grundsätzlich besiegt. Doch hat er noch immer eine begrenzte Macht über die Menschen: „Seid nüchtern und wachet, denn euer Widersacher, der Teufel, geht umher wie ein brüllender Löwe und sucht, welchen er verschlinge." (1. Petr. 5, 8) Diese Spannung: Der Löwe ist bezwungen – doch hütet euch vor dem Löwen! beschäftigt vor allem die Kunst der Romanik.

a) Die Löwen der romanischen Portale. Meist kauern zwei Raubtiere rechts und links vom Eingang am Boden. Ihr Blick ist zornig, ihr Rachen geöffnet. In den Pranken halten sie ihr Opfer, ein Wild oder einen Menschen, oft einen unachtsamen gepanzerten „Ritter Christi". Besitzt das Portal einen Portikus, so müssen die Raubtiere dessen Säulen auf ihrem Rücken tragen und werden damit zu unfreiwilligen Dienern der Kirche. Wie eine Beschreibung dieses Löwenmotivs hört sich ein Mahnwort Isaaks von Antiochien aus dem 5. Jh. an: „Er (der Teufel) ist ein Löwe, den die (göttliche) Gerechtigkeit gefesselt hat und an ihren Pforten als Schreckmittel niederkauern läßt, damit er sich dessen bemächtige, der sich ihrem Joch entziehen will."[14, 15]

27. Satanischer Portallöwe, der zwar als Säulenträger der Kirche dienen muß, gleichzeitig aber mächtig genug ist, einen Unachtsamen zu reißen. Steinplastik, 12. Jh., Königslutter, Stiftskirche.

Ein Bildprogramm besonderer Art stellen die Löwen am Südportal des Domes von Modena aus dem 12. Jh. dar. Während die beiden Portallöwen ihre Beute verschlingen, thront hoch über ihnen auf dem Dach der Christuslöwe mit dem Kreuzesstab.

b) Christus als Sieger über den Löwen. Wie im Altertum der Herrscher den Fuß auf den unterjochten Feind setzt, so tritt Christus Löwen und Drachen, Symbole des Satans, unter seine Füße. Biblisch begründet wird dieses Triumphbild mit Psalm 91 (90), 13: „Über Schlange und Basilisk wirst du gehen und treten auf junge Löwen und Drachen".[16] Außer Christus selbst können in späterer Zeit auch Maria oder ein Apostelfürst auf die Untiere treten. Sogar Bischöfe haben diesen Psalm für sich in Anspruch genommen und damit ihrem Vorrang über Kaiser und Reich Ausdruck geben wollen.[17] (Vgl. Abb. 49)

Zum Prototyp des sieghaften Christus wird im Mittelalter Simson, der Löwenbezwinger (Richter 14, 5ff.). Der mit ungewöhnlicher Stärke ausgestattete Simson sitzt meist auf dem Löwen und reißt ihm den Rachen entzwei.[18]

C. Sonstige Bedeutungen des Löwen

1. Der Löwe als Attribut

Von den Heiligen, die einen Löwen zum Attribut haben, ist Hieronymus der bekannteste. Nach der Legende hat er ihm einen schmerzenden Dorn aus der Pranke gezogen. Seitdem begleitet er den Heiligen sanft wie ein Lamm auf Schritt und Tritt. Der Löwe wird auch einer der vier Kardinaltugenden, der fortitudo, der personifizierten Tapferkeit, zugeordnet. Sie zerreißt ihn, wie es einst David und Simson taten.[19] Im späten Mittelalter trägt sie zum Zeichen ihres Mutes das Löwenfell des Herakles.[20]

2. Der Löwe als weltliches Herrschersymbol

Es wird im Mittelalter am eindrücklichsten in dem Bronzelöwen vor der Burg Dankwarterode in Braunschweig verkörpert. Ihn ließ Heinrich der Löwe 1166 sich zum Denkmal und der Stadt zum Marktzeichen errichten. Er stellt die erste monumentale Freiplastik des Abendlandes nach der Antike dar. Er mag zugleich für all diejenigen Löwen stehen, die auf Wappen und Fahnen, auch auf Grabmälern, zu Füßen ihrer Herren, die fürstliche Macht symbolisieren.

„Ochs und Esel"

Einträchtig stehen die beiden Tiere an der Krippe des Christkindes. Doch ist dieses vertraute Bild keineswegs selbstverständlich. Der Ochse (biblisch = Rind) und der Esel haben zunächst ihre eigene ikonographische Geschichte.

1. Das Rind – der Stier – die Kuh

Der Stierkult ist uralt. Im Zweistromland finden sich bereits im 4. Jahrtausend v. Chr. Votivgaben in Gestalt von Stierplastiken. Sie weisen auf Fruchtbarkeitskulte hin. Noch bedeutender scheint seine Rolle im kretisch-mykenischen Bereich gewesen zu sein. Das läßt sich ablesen an den steinernen „Heiligen Hörnern", an den stiergestaltigen Spendegefäßen, an der Doppelaxt und an den Darstellungen des wohl kultischen Stierspiels, bei dem Athleten und Athletinnen über den Stier sprangen.

Unter den Stierkulten Ägyptens stand an erster Stelle die Verehrung des leibhaftigen Apis-Stiers in Memphis. Er mußte sich durch verschiedene körperliche Merkmale und bestimmte Eigenschaften auszeichnen. Fand sich ein solches Tier, so wurde es als Epiphanie des Gottes – in späterer Zeit des Osiris – in einem jubelnden Fest begrüßt. Sein Name Hpj (= der Eilende) erinnert an eine ursprüngliche Zeremonie, nach der man ihn über die Felder schweifen ließ, damit diese reiche Frucht brächten.

In Griechenland ist der Stier dem Poseidon und dem Dionysos verbunden. Als kostbare Opfergabe wird er aber auch andern Göttern, vor allem dem Zeus dargebracht, nachdem ein Goldschmied – so erzählt Homer im dritten Gesang der Odyssee – die Hörner des Tieres „mit Gold umgossen" hat.

In den ungezählten Mithras-Heiligtümern, die sich in der Zeit des römischen Reiches von Kleinasien bis nach Britannien erstreckten, befindet sich an zentraler Stelle das Bild des Stieres, den der sonnenhafte Gott Mithras tötet, damit aus seinem Leib und aus seinem Samen die Tier- und Pflanzenwelt erstehe.

Doch geht es beim Stierkult nicht nur um die Fruchtbarkeit des mächtigen Tieres, sondern auch um seine Beziehung zu den Sternen. Auf zahlreichen Bildwerken, die auf uns gekommen sind, wird der meist weiße Haarwirbel, den viele Stiere auf ihrer Stirn tragen, zum kosmischen Zeichen ausgebildet: zu einer Sonnenscheibe, zu einer Mondsichel oder einem Stern. Schließlich hat der Stier auch als Sternbild seinen Platz im Tierkreis gefunden.

Auch die Kuh hat mythische Bedeutung. Sie wird mit den Himmelsgöttinnen in Verbindung gebracht. Die sumerische Inanna nennt sich die „Wildkuh Enlils“ (s. S. 13), dessen Kulttier der Stier ist. In Ägypten kann die Nut kuhgestaltig dargestellt werden. In ihren Leib geht Abend für Abend die Sonne ein, um am Morgen wiedergeboren zu werden. Bisweilen wird auch Hathor als Kuh abgebildet. In ihrer menschlichen Gestalt trägt sie – später auch Isis – das mondsichelförmige Kuhgehörn auf dem Haupt, in dessen Mitte die Sonnenscheibe ruht.

In manchen Sagen und Legenden, die bis auf die Antike zurückgehen, wird in verschiedenen Variationen von einem Rind erzählt, das nach einem weiten Weg sich ermattet niederlegt. Auf eines Gottes oder Engels Geheiß wird hernach an dieser Stelle ein Heiligtum errichtet (s. Michael, S. 156).

In Griechenland finden sich an Altären, Metopen u. a. häufig Bukranien, Reliefs von Rinderschädeln bzw. Schädelskeletten. Sie sollten ursprünglich an die geopferten Tiere erinnern. In der hellenistisch-römischen Epoche werden sie, durch Girlanden miteinander verbunden, zum beliebten Friesornament.

Die Religion Israels steht in krassem Gegensatz zu allen Gestirn- und Fruchtbarkeitskulten, was z. B. der Bericht vom Tanz ums goldene Stierkalb (2. Mose 32) – eine Reminiszenz an den ägyptischen Apis-Stierkult – deutlich veranschaulicht.

Im Vorhof des Tempels trugen zwar zwölf bronzene Stiere das „Eherne Meer“, ein großes Wasserbecken, das zur kultischen Reinigung diente (1. Kön. 7). Es war ein Werk des Erzgießers Hiram aus Tyrus. Möglicherweise haben dadurch heidnische Fruchtbarkeitssymbole wenigstens formal Eingang gefunden. Grundsätzlich jedoch ist der Stier in Israel ausschließlich Opfertier. In dieser Eigenschaft wird er auch von den frühchristlichen Kirchenvätern als Sinnbild und Gleichnis des Judentums verstanden.

In der christlichen Kunst begegnen wir dem Stier

a) im Tetramorph (s. S. 164),

b) im Symbol des Evangelisten Lukas (s. S. 172),

c) in Bildwerken der Romanik:

Typologisch wird das „Eherne Meer" mit seinen zwölf Trägerstieren auf die Taufe bezogen. Auf dem Verduner Altar wird es der Taufe Christi gegenübergestellt; denn – so lautet die Umschrift –: „das Vorbild des Meeres und der Rinder ist ein Schattenbild des heiligen Bades".[1] Einmalig bleibt das bronzene Taufbecken, das Reiner v. Huy gestaltet hat.[2] Die zwölf Rinder, ursprünglich Sinnbild der zwölf Stämme Israels, werden nun auf die zwölf Apostel gedeutet.

Der Stier, auch ein Stierhaupt, findet sich unter anderen Unheil abwehrenden Tieren häufig an Außenwänden und Kapitellen romanischer Kirchen.

In Königslutter trägt ein Stierschädel am Apsisfries einen sternförmigen Haarwirbel auf der Stirn, ebenso wie seine frühen Artgenossen aus sumerischen, ägyptischen und kretisch-mykenischen Kulturkreisen. Dieses Sternenmal ist uns aber auch von den goldenen Stierköpfen aus dem Grab des Merowinger-Königs Childerich (gest. 482) überliefert, dessen Geschlecht sich nach der Sage von einem Stier herleitet. Die Beziehung des Stiers zur astralen Welt scheint also nicht nur in Vorderasien, sondern auch in Europa Geltung besessen zu haben, ja sie entspricht vermutlich einer allgemeinen Menschheitsvorstellung. So werden wir auch romanische Stierbilder überwiegend den hellen und positiven Tiersinnbildern zurechnen können.

2. Der Esel

Im antiken Mittelmeerraum gilt der Esel als ein nützliches, zugleich aber auch als ein verächtliches Tier. Er wird zum Sinnbild der Dummheit, der Geistesträgheit und der Störrigkeit. Will man jemand kränken, so nennt man ihn einen Esel (vgl. die Ohren des Midas).

Wenn man nun vom Volk Israel behauptet – wie es Tacitus tut[3] –, es verehre im Allerheiligsten einen Esel, so beleidigte man es damit zutiefst. Auch die rationale Erklärung des Tacitus konnte daran nichts ändern: Als nämlich die Israeliten beim Zug durch die

28. Die Ecclesia reitet auf dem Tetramorph (vgl. S. 173) von links an das Kreuz heran, von rechts naht die Synagoge auf einem Esel. Zeichnung nach dem Hortus Deliciarum, 12. Jh., der Herrad von Landsberg (vgl. S. 90).

Wüste einmal am Verschmachten gewesen wären, da seien es Wildesel gewesen, durch die sie auf Wasser gestoßen seien. Diese seien ihnen als Verkörperung des Gottes erschienen, der sie vom Tod erretten wollte.

Weil nun die Christen im römischen Reich zunächst für eine jüdische Sekte gehalten wurden, sagte man auch ihnen den Eselskult nach. „Höre ich doch“, sagt Caecilius zu dem Christen Oktavius, „daß die Christen den Kopf eines Esels, dieses verächtlichen Tieres, weihen und – ich weiß nicht, in welchem Wahn – verehren“.[4] Damit findet auch die Spottzeichnung eines römischen Legionärs auf dem Palatin (3. Jh.) ihre Erklärung. Sie stellt einen Gekreuzigten mit Eselskopf dar, zu dem ein Soldat in Orantenstellung emporschaut. Die Unterschrift lautet: „Alexaminos betet seinen Gott an“.[5]

Solche Unterstellungen haben sich die Christen energisch verbeten. Mit scharfer Zunge geht Tertullian zum Gegenangriff über: „Ihr dagegen könnt nicht leugnen, daß alles Zugvieh ..., ja ganze Maulesel von euch verehrt werden."[6] Andere Kirchenväter sehen Parallelen zwischen der sprichwörtlichen Geilheit des Esels, wie sie z. B. Apuleius im „Goldenen Esel" drastisch beschrieben hat, und den orgiastischen heidnischen Kulten. War der Esel doch Opfertier des ithyphallischen Gottes Priapos und Reittier des Dionysos, des Gottes des Weins und der Sinnenfreude. Somit wird für die Christen nun ihrerseits der Esel zum Sinnbild des Heidentums.

In der christlichen Kunst begegnen wir dem Esel seit der Romanik. In Darstellungen von Fabeln und der „verkehrten Welt" (s. S. 122) verkörpert er die bornierte Dummheit und Anmaßung. Weiter wird er zum Reittier der personifizierten geistlichen Trägheit[7] und der Synagoge. So zeigt ein Kreuzigungsbild im Hortus Deliciarum der Herrad von Landsberg aus dem 12. Jh. folgende Szene: Zum Kreuz reiten von rechts heran die gekrönte Ecclesia mit der Siegesfahne und dem Abendmahlskelch, mit welchem sie das Blut Christi auffängt; von links – bedeckten Auges, mit Opfermesser und Opfertier (Bock) und fallender Fahne, die Synagoge auf einem zusammenbrechenden Esel.[8] Sie hält eine Tafel in Händen mit den Worten: „Et ego nesciebam" = „Ich habe es nicht gewußt", über dem Esel steht: „Stultus et laxus" = „Töricht und schlaff". Dieses Motiv wiederholt sich im Bildtypus des „Lebenden Kreuzes", das im 15. Jh. entsteht.[9] So wird unter dem Zeichen des Esels nach eineinhalb Jahrtausenden das jüdische Volk wiederum verhöhnt, diesmal nicht von den Heiden, sondern von der christlichen Kirche. (Vgl. Abb. 28)

Im positiven Sinn wird der Esel dargestellt als Reittier des heidnischen Sehers Bileam, das im Gegensatz zu seinem Herrn die Erscheinung des Engels wahrnimmt (4. Mose 22, 21 f.)[10] sowie als Reittier Jesu beim Einzug in Jerusalem, das zum Gleichnis für die Demut des Erlösers wird (Matth. 21, 1–11). Der „Palmesel", sein hölzernes Abbild, auf Rädern, trägt einen lebensgroßen, segnenden Christus.[11] Er ist vom hohen Mittelalter an bei den Palmsonntagsprozessionen mitgeführt worden.

29. „Ochs und Esel“ als Zeugen der Geburt des Erlösers. Sarkophagdeckel, 4. Jh., Rom, Museo Pio Cristiano.

3. „Ochs und Esel“ vor der Krippe

a) In den Berichten von der Geburt Christi (Matth. 2 und Luk. 2) ist von einem Rind und einem Esel nirgends die Rede, auch nicht im apokryphen Protevangelium des Jakobus (s. S. 195). Lediglich im Pseudo-Matthäus werden sie erwähnt, der aber erst im 6./8. Jh. redigiert wurde. Trotzdem erscheinen die beiden Tiere bereits in frühester Zeit an der Krippe des Christuskindes. Dabei können sie ganz allein bei dem Kind sein, ohne Maria und ohne Joseph,[12] höchstens vielleicht mit einem Hirten, der bestätigend seine Rechte erhebt (Akklamation). Frage: Wo kommen diese beiden Tiere her und warum wird ihnen ein solches Gewicht zugemessen?

Die Kirchenväter, Ambrosius, Augustinus und andere haben, wie im Vorhergehenden gezeigt wurde, den Stier als Sinnbild des Judentums, den Esel als Sinnbild des Heidentums verstanden. Nun bezieht erstmals Origenes – wohl um der Krippe willen – die Prophetenstelle aus Jes. 1, 3 auf die Geburt Christi: „Ein Ochse (Rind) kennt seinen Herrn und ein Esel die Krippe seines Herrn ...“ Auch in Habakuk 3, 2 sieht man – freilich aufgrund einer fehlerhaften Übersetzung der Septuaginta – einen Hinweis auf die Geburt Jesu im Stall: „Inmitten der beiden Tiere wirst du erkannt“. Gregor von Nazianz schreibt dazu: „Zwischen dem jungen Stier, der an das (jüdische) Gesetz gespannt ist und dem Esel, der mit der Sünde des (heidnischen) Götzendienstes beladen ist,

30. „Ein Ochse kennt seinen Herrn und ein Esel die Krippe seines Herrn." Die wörtliche Wiedergabe von Jes. 1, 3 findet sich oft auf mittelalterlichen Bildwerken. Tafelgemälde, Dreikönigsaltar, Rogier van der Weyden, 1455–60, München, Alte Pinakothek (Ausschnitt).

liegt der Gottessohn, der sie von beiden Lasten befreit."[13] Aus diesem Grund sind „Ochs und Esel" ins Weihnachtsbild geraten. Die junge Kirche sieht in diesen Tieren eine Erfüllung alttestamentlicher Weissagungen. Typologisch-gleichnishaft stehen sie als die ersten Zeugen des Weihnachtsgeschehens an der Krippe, noch bevor die jüdischen Hirten vom Feld und die heidnischen Magier aus dem fernen Osten das Kind anbeten.

Diese Bildform ist nicht ausschließlich. Immer häufiger treten die beteiligten Menschen, vor allem Maria, die Gottesgebärerin, in den Vordergrund. Die beiden Tiere werden oft sehr klein dargestellt und treten mehr und mehr zurück. Doch ihre Gebärdensprache zeugt meist noch von ihrer ursprünglichen Bedeutung.[14]

b) Das 13. Jh. wird geprägt von der franziskanischen Mystik, die auch die ganze außermenschliche Kreatur umfaßt. Nun kommen „Ochs und Esel" wieder zu Ehren. Liebend, anbetend und dienend werden sie erst in der Literatur, dann in der bildenden Kunst neben Maria und Joseph, neben Hirten und Königen in die Weihnachtsgeschichte einbezogen.[15] Was ein Franziskaner in seinen „Meditationes de Vita Christi" schreibt, wird zum Andachtsbild: „Mit Maria und Joseph zusammen beugen (auch) Ochs und Esel die Knie und strecken die Schnauze in die Krippe, schnaufend ... als wüßten sie, daß das so ärmlich gewickelte Kind der Wärme bedürfe."[16]

c) Im späten Mittelalter entsteht noch eine dritte Variante: Während das „Öchslein" mit frommer Gebärde das Kind betrachtet, wirft der Esel brüllend seinen Kopf zurück, wobei sein Gebiß zum Vorschein kommt.[17]

Nach dem „Physiologus" stoßen die Wildesel in der Nacht der Wintersonnenwende zweimal einen lauten Schrei aus. Dieser Schrei soll ein Gleichnis sein für den Teufel, der sich in der Heiligen Nacht empört, weil mit dem Christuskind „der neue Tag" anbricht und „die Macht der Finsternis" gebrochen wird. Andere deuten den Eselsschrei auf das jüdische Volk, das sich gegen seinen Messias erhoben hat.

Waren bisher die beiden Tiere vor der Krippe Zeichen der Koinonia, der erkennenden, anbetenden und dienenden Gemeinschaft aller Gläubigen, so klafft nun zwischen ihnen der Riß, ein Zeichen aggressiver und antisemitischer Intoleranz.

Schließlich sind Ochs und Esel nur noch Zubehör des nächtlichen Stalles innerhalb einer idyllischen Weihnachtsszenerie.

Pelikan

Aus dem „Physiologus" erfahren wir: Die heranwachsenden Pelikan-Jungen schlagen ihre Eltern. Diese strafen und töten sie, was sie nachher bereuen. Am dritten Tag kommt der Vater, öffnet seine Brust und läßt Blut auf die toten Jungen fließen. Dadurch werden sie wieder zum Leben erweckt. Dazu die Interpretation:

„Es kam unser Heiland, öffnete seine Seite und vergoß Blut und Wasser zum Heil und zum ewigen Leben." (Vgl. Abb. 77)

Im Mittelalter bekommt diese Überlieferung eine neue Fassung. Wolfram von Eschenbach bringt sie im Parzival zum Ausdruck: „Ein Vogel, Pelikan genannt,/die Jungen sein gewaltig minnt:/ sobald er junge Brut gewinnt,/so zwingt ihn seiner Liebe Lust,/daß er sich selbst zerreißt die Brust,/sein Blut zu bieten der Jungen Munde/und selbst zu sterben dann zur Stunde ..."[1] Damit wird der Pelikan zum Sinnbild Christi im Heiligen Abendmahl.

Ein Fronleichnamsgebet von Thomas von Aquin aus dem 13. Jh. lautet: „Laß, Jesu, Herr und Heiland, teurer Pelikan,/von deinem Blut mich Sünder Reinigung empfahn."[2]

In dieser Ausprägung wird das Pelikan-Motiv seit dem 12. Jh. in der Kunst dargestellt, im Norden meist als selbständige Bildform,[3] in Italien häufig in Verbindung mit dem Kreuze Christi. Über dem Kruxifixus, an der Spitze des senkrechten Kreuzesbalkens, erblikken wir das Nest, in dem der Pelikan seine Jungen mit seinem Blut speist.[4]

Pfau

Der Pfau gilt in seiner indischen Heimat als Symbol der Sonne, der immerwährenden Jugend und der Unsterblichkeit. Phönizier brachten den schönen Vogel nach Samos. Dort wurde er der Samischen Hera geweiht. Später wurde er allgemein der Hera und ihrer römischen Entsprechung, der Juno, zugeordnet. Nach dem Indienzug Alexanders d. Gr. wird der Pfau im ganzen Mittelmeergebiet bekannt. Er wird zum repräsentativen Schmuck von Gärten und Palästen und zum dekorativen Element auf zahlreichen Wandbildern und Bodenmosaiken. Die Erneuerung seines herrlichen Gefieders läßt ihn in Rom zum Frühlingssymbol werden. Plinius gebraucht für diese jährliche Verwandlung das Wort renasci, Wiedergeborenwerden. Im Westen verbreitet sich die Meinung, daß sein Fleisch unverweslich sei. Aus diesem Grund spielt er bei der Apotheose der Kaiserin die gleiche Rolle wie der Adler (s. S. 34) bei der des Kaisers.

Augustinus, der den Dingen gern auf den Grund ging, hat sogar mit Pfauenfleisch experimentiert und es nach einem Jahr noch unverwest vorgefunden,[1] was vermutlich mehr dem trocknen Klima Nordafrikas als dem Pfau zuzuschreiben ist.

In der Literatur der Kirchenväter wird der Pfau kaum erwähnt, um so mehr wird er in der frühchristlichen Kunst dargestellt.

1. Sinnbild der Unsterblichkeit

Sehr häufig finden wir ihn auf Wandmalereien in Katakomben, auf Mosaiken in Kirchen und auf frühchristlichen Sarkophagen. Er ergeht sich im Paradiesesgarten, dessen Schönheit und ewigen Frühling er widerspiegelt. In S. Vitale, Ravenna (6. Jh.) erblicken wir vier Pfauen an den auslaufenden Enden des paradiesischen Kuppelmosaiks, in dessen Zenith das sieghafte Christuslamm erscheint. Wie die Engel, die das Lamm im Triumph erheben, stehen auch die Pfauen auf Sphärenkugeln, wobei sie ihr prächtiges Rad schlagen. Andere Pfauen stehen antithetisch zu beiden Seiten des

31. Zwei antithetische Pfauen am eucharistischen Weinstock mit dem Kreuz-Monogramm Christi. Marmorrelief, heute in die Chorschranke eingefügt, 6. Jh., Ravenna, S. Apollinare Nuovo.

Kreuzes, erlaben sich an den eucharistischen Früchten des Weinstocks oder am Wasser des Lebens und werden dabei, wie die Tauben, zum Bild der unsterblichen Seele.[2]

In der Romanik begegnen wir dem Pfau noch in diesem Sinnzusammenhang. Noch für Antonius von Padua (13. Jh.) ist die ikonographische Tradition lebendig, wenn er in einer Predigt sagt: „Bei der allgemeinen Auferstehung ... wird jener Pfau, der die Federn der Sterblichkeit abgelegt hat, die Unsterblichkeit erlangen."[3]

2. Vieldeutige Schönheit

Sein vieläugiges Gefieder bringt den Pfau in die Nähe der vieläugigen Cherubim (s. S. 162f.). So waren die metallenen liturgischen Cherub-Fächer der frühen Kirche mit Pfauenfedern besetzt.[4] Auch die pfauenäugigen Engelflügel des späten Mittelalters erinnern an die Cherubim.

Im Laufe der Zeit schwindet die positive symbolische Bewertung des Pfaus immer mehr, bis sie am Ende ins Negative umschlägt: „Der Pfau schleicht wie ein Dieb durchs Land, / hat Teufels Stimm' und Engels G'wand."[5]

So wird er zum Sinnbild der superbia, der Hoffart.[6] Er kann ihr als Helmzier dienen, seine Federn als Kopfschmuck. Endlich wird er zum Attribut der Eitelkeit.

Seiner dekorativen Schönheit wegen bleibt der Pfau aber auch weiterhin, besonders in der Renaissance, ein beliebtes Motiv der Malerei. Wo indes allegorisch-symbolische Bezüge noch lebendig sind, kann er auch eine superbe Kontrastfigur zur Demut Mariens werden.[7]

Phönix

Der Mythus dieses geheimnisvollen, unsterblichen Vogels stammt vermutlich aus Indien oder Arabien. Über Ägypten gelangte er wohl in die Welt der Griechen und Römer. Von ihm lesen wir in den Historien des Herodot, in den Metamorphosen Ovids, in der Naturgeschichte des Plinius und im „Physiologus"; Tacitus schreibt in seinen Annalen vom letzten Erscheinen des Phönix zur

Zeit des Tiberius. Diese legendären Berichte überlagern sich und differieren. Im Kern jedoch stimmen sie überein.

Folgende Lesart hat die spätere christliche Ikonographie geprägt: Es gibt nur einen einzigen Phönix, und dessen Heimat ist Indien. Wenn er 500 Jahre alt geworden ist (die Zeiträume sind verschieden überliefert), füllt er sein Gefieder mit dem Duft der köstlichsten Kräuter und macht sich aus dem fernen Land des Sonnenaufgangs auf, um nach dem Westen zu fliegen, nach Heliopolis, der ägyptischen „Sonnenstadt“. Hier läßt er sich nieder auf einem Scheiterhaufen von Rebenholz, den ein wissender Priester für ihn auf dem Altar des Sonnengottes bereitet hat. Nach einer anderen Version baut er sich auf einer hohen Palme (Palme = griechisch phoinix!) ein Nest. Sein Blick ist auf die Sonne gerichtet, die das Holz entzündet. Flügelschlagend entfacht er die Glut zum Feuer und läßt sich von ihm verzehren. Am dritten Tag erhebt er sich verjüngt aus der Asche in strahlendem Glanze. Er steigt empor in die Lüfte und kehrt heim, um nach weiteren 500 Jahren wieder zu erscheinen.

Der Phönix ist ein Licht- und Sonnensymbol; als solches wird er zugleich zum Sinnbild des aus der Todesnacht immer wieder neu erstehenden Lebens.

Im alten Ägypten, wo von der Selbstverbrennung des Phönix noch nicht die Rede war, glaubte man, daß dieser am Urbeginn in den Gluten des aufstrahlenden Sonnengottes erschienen sei. In der Gestalt des Benu (einer Reiherart), welcher die Sonnenscheibe auf seinem Haupt trägt, wird er zur Erscheinungsform des Gottes Re und später des Osiris.

Bei den Römern gilt das Hauptinteresse der regelmäßigen Wiederkehr des Phönix. Für sie wird er zum Symbol der Äonen, der Weltzeitalter und zugleich der Ewigkeit. Konkret wird er damit zum Sinnbild des periodisch sich erneuernden und ewig währenden römischen Reiches. So erscheint der Phönix auf römischen Münzen neben dem Kaiser, stelzbeinig und im Strahlenglanze auf der Sphärenkugel stehend. Die deutenden Umschriften lauten: aeternitas = Ewigkeit, saeculum (griechisch aion) = Zeitalter u. a.

Für die Kirchenväter ist der Phönix ebenfalls symbolisch von Bedeutung. Bischof Clemens von Rom nennt ihn ein „auffallendes Zeichen ..., durch das die erhabene Verheißung (der Auferstehung) veranschaulicht wird".[1] Und im griechischen „Physiologus" schreibt der christliche Interpret: „Wenn nun dieser Vogel die Macht hat, sich zu töten und wieder zu beleben, wie murren die unverständigen Leute über unseren Herrn Jesus Christus, wenn er sagt: ‚Ich habe Macht, mein Leben zu lassen, und ich habe Macht, es wieder zu nehmen'!"[2] (Joh. 10, 17 u. 18)

1. Der Phönix auf der Palme

a) Bei der traditio legis, der Übergabe des Gesetzes. Die traditio legis ist ein nachkonstantinischer Bildtypus, der sich häufig in der Mitte eines Sarkophagreliefs befindet. Christus als Weltenherrscher überreicht den beiden Hauptaposteln die rotuli, die Buchrollen, welche diese mit verhüllten Händen unter der Akklamation der übrigen Apostel ehrerbietig entgegennehmen. (Bisweilen erhält Petrus statt einer Buchrolle den Schlüssel.)

Fast immer ist die mittlere Szene von zwei fruchttragenden Palmen, Zeichen des Paradieses, eingerahmt. Auf einer der beiden sitzt der Phönix,[3] meist etwas plump aussehend, dem Hahn des Petrus nicht unähnlich. Seine Bedeutung ist hier wohl eindeutig: Der neue Äon ist angebrochen. Christus, „der Herr aller Herren", richtet sein ewiges Weltreich auf und beauftragt seine Bevollmächtigten.

Die traditio legis ist vermutlich erwachsen aus dem römischen Zeremoniell, bei dem der Kaiser unter Akklamation der Anwesenden einem neuen Statthalter die Berufungsurkunde zur Übernahme einer Provinz aushändigt.

b) Bei der Wiederkunft Christi. Diese Bildform begegnet uns auf Apsismosaiken in und um Rom vom 5. bis 9. Jh.

Christus schreitet am Anbruch des Jüngsten Tages auf den Morgenwolken heran. Auf einer Palme zu seiner Rechten steht in bunt schimmerndem Glanz ein feingliederiger, reiherähnlicher Phönix. Sein Strahlennimbus erscheint wie ein heller Stern am dunklen Himmel.[4]

Auch hier ist der Phönix – die römische Tradition wird wieder christlich interpretiert – ein Sinnbild des neuen Äon. Vermutlich klingt dabei auch seine Licht- und Unsterblichkeitssymbolik mit

32. Der Phönix auf der Palme zwischen den Strömen des Paradieses als Sinnbild des neuen, mit Christus angebrochenen Äons. Der Cherub wird die Pforte des Paradieses wieder freigeben (vgl. S. 167). Auf den Türmen des Himmlischen Jerusalem Petrus und Paulus. Apsismosaik (Ausschnitt), von Torriti im 13. Jh. nach frühchristlichem Vorbild erneuert, Rom, S. Giovanni in Laterano.

an. Christus erscheint am Morgen der neuen Welt Gottes als der „wahre Sonnengott“, der die Toten zum ewigen Leben erweckt.

c) An der Quelle des Lebens. Eine frühchristliche Legende aus dem 4. Jh. erzählt: Im fernen Osten, wo sich der Himmel öffnet, liegt ein Sonnenhain. Aus seiner Mitte quillt lebendiges Wasser. Dort wohnt der Phönix.[5] Diese Erzählung erinnert an den biblischen Paradiesesgarten, in dem die vier Paradiesesflüsse entspringen.

Den Phönix auf der Palme am Eingang des Paradieses, aus dem heraus die vier Flüsse strömen, finden wir unter dem Gemmenkreuz auf dem Apsismosaik der Lateranbasilika in Rom.[6]

2. Der Phönix in den Flammen des Scheiterhaufens

Das Mittelalter kennt ausschließlich dieses Motiv, das uns aus der Frühzeit nur ein einziges Mal überliefert ist.[7] Was die römischen Christen einst ergriff: Der neue Äon ist mit Christus erschienen, berührt die Gläubigen des Mittelalters in dieser Weise nicht mehr. Für sie steht im Vordergrund der Christus, der für die Welt sein Leben hingegeben hat und wieder auferstanden ist. Dies wird durch den sich verbrennenden und aus der Asche sich neu erhebenden Phönix eindrucksvoll vor Augen gestellt.[8] (Vgl. Abb. 77)

Schlange

Die Schlange, die plötzlich auftaucht, sich hoch aufrichtet, straff und glänzend, die ihr Gegenüber unverwandt ansieht, während die gespaltene Zunge zwischen den spitzen Zähnen vibriert, um dann lautlos zu verschwinden, als hätte die Erde sie aufgeschluckt, ist seit Urzeiten ein geheimnisumwittertes, symbolträchtiges Tier.

(1) Die Schlange als Lebenssymbol

Die Schlange, die in die Erde hineinkriecht und wieder aus ihr kommt, ist zum lebenzeugenden, phallischen Symbol geworden und daher mit der lebenhervorbringenden Erde (lateinisch terra, griechisch gaia) bzw. den großen Erdmüttern aufs engste verbunden. So ist z. B. die „Große Mutter" oder ihre Priesterin aus dem minoisch-kretischen Kulturkreis umwunden von Schlangen. Die Göttin hält sie in Händen, sie ringeln sich um ihre Arme, sie ballen sich an ihrem Schoß zusammen. So wird sie zum Urgrund des Lebens und der Fruchtbarkeit.

Die Verbindung von Schlange und Erde hat auch noch in die christliche Kunst hineingewirkt. Bis ins 13. Jh. kann man die personifizierte Terra (Erde) von Schlangen umgeben oder Schlangen säugend abgebildet sehen.[1] Theologen unterlegten dem Bild das Fluchwort Gottes: „Erde sollst du essen dein Leben lang" (1. Mos. 3, 14).

Auch die ersten Könige von Athen, Kekrops und Erechthonios, erdgeborene Heroen, sind Kinder der Gaia und schlangenleibig, ebenso wie die Giganten. Diese beziehen ihre Kraft aus der Erde, und nur der kann sie besiegen, der sie vom Boden abhebt.

(2) Die Schlange als Todessymbol
Die große Mutter gebiert und tötet. Diesen zweiten Aspekt veranschaulichen die Gorgonen, ebenfalls Nachkommen der Gaia. Sie sind schlangenumgürtet, aus ihrem Haupthaar züngeln Schlangen, der Blick ihrer Augen läßt zu Stein erstarren.

Auch losgelöst von den Muttergottheiten, d. h. als eigenständiges Symbol, verkörpert die Schlange beides, das Leben wie den Tod.

Daß die Schlange sich häutet, bedeutet Leben. Das Gilgamesch-Epos (sein Kern um 2400 v. Chr.) erzählt, wie Gilgamesch unter vielen Mühsalen das Lebenskraut erlangt.[2] Eine Schlange entwendet es heimlich, frißt davon, wirft ihre Haut ab und verjüngt sich. Seitdem ist sie im Besitz unvergänglichen Lebens und heilender Kräfte. Bei den Griechen wird sie zur Erscheinungsform und zum Attribut des Heilgottes Asklepios. Als heilige Schlange hat Sophokles einmal „den Gott" bei sich beherbergt, und in gleicher Gestalt hat man ihn bei einer Epidemie nach Rom geholt. Die sich um den Stab windende Schlange des Heilgottes ist bis zum heutigen Tag Sinnbild der Heilkunst geblieben. Im römischen Kulturkreis finden wir auf den Hausaltären, die den Laren gewidmet sind, zumindest *eine* Schlange. Ursprünglich symbolisiert sie die Zeugungskraft des Hausherrn, dann seinen Genius, seine Schutz- und Wirkungskraft.

Auch in unseren Märchen und Sagen erweist sich die Schlange als Seelentier. Mit der vertriebenen oder getöteten Hausschlange zieht das Glück von dannen. Das Kind muß sterben, wenn die Mutter seine Schlange erschlägt, so in Grimms Märchen von der „Unke", d. h. der Ringelnatter.[3] Schon im 9. Jh. erzählt Paulus Diakonus von einer Seelenschlange, die aus dem Munde des schlafenden Königs Guntram kroch, einen Bach überquerte, in einer Höhle verschwand, wieder zurückkehrte und sich auf dem gleichen Wege dem König wieder einverleibte. Erwacht, erzählte der König einen Traum, in dem er – in menschliche Dimensionen übertragen – den Weg der Seelenschlange mitvollzogen habe, der ihn zu einem großen Schatz führen sollte.[4]

Seltener zeigt sich die negative Seite der Schlange, also ihr tödlicher Aspekt.

Der trojanische Priester Laokoon wird mit seinen zwei Söhnen

33. Ein Grisaille-Medaillon, das sich als typologisches Wandbild innerhalb einer Verkündigungsdarstellung befindet. Es zeigt Eva, einer echsenartigen Schlange gegenüber, welche das Antlitz der Urmutter trägt. Tafelbild, Albrecht Bouts, 1452–1549, München, Alte Pinakothek.

von Schlangen angefallen, die auf Befehl des Apollon das Urteil an ihm vollstrecken. Im germanischen Mythos windet sich die das Meer versinnnbildlichende Midgardschlange um die Erdenwelt. In der Götterdämmerung wird sie sich gegen die Asen erheben, wird aber durch Thor der Vernichtung anheimfallen.

Zwei Geschichten des Alten Testaments sind für die christliche Schlangensymbolik von Bedeutung geworden: der Sündenfall und die „Eherne Schlange".

A. Der Sündenfall (1. Mos. 3, 1ff.)

„Und die Schlange war listiger als alle Tiere des Feldes. Sie sprach zum Weibe: Ja, sollte Gott gesagt haben, ihr dürft nicht essen ... Ihr werdet mitnichten sterben, sondern Gott weiß, welchen Tages ihr davon eßt, werden eure Augen aufgetan und ihr werdet sein wie Gott und wissen, was gut und böse ist."

Die Klugheit der Schlange zeigt sich in ihrem Angebot: Sie verspricht dem Menschen absolutes Wissen. Doch hinterlistig sät sie dabei Mißtrauen gegen Gott und verführt die Menschen zur Grundsünde, zur Hybris. Daß die Erkenntnisfähigkeit des Menschen mit der Wahrnehmung seiner Nacktheit beschrieben wird, mag eine Reminiszenz an den phallischen Aspekt der Schlange sein.

Das Verhängnis nimmt seinen Lauf. Gottes Fluch trifft die Schlange: „Auf deinem Bauche sollst du kriechen und Erde essen dein Leben lang." Staub ist nach babylonischer Vorstellung die Nahrung der Verstorbenen. Durch den Fluch wird die Schlange nicht nur ganz der Erde verhaftet, sondern auch der Unterwelt. Sie wird zum Symbol des Teufels und des Todes.

Am Ende spricht Gott ein rätselhaftes Wort: „Ich will Feindschaft setzen zwischen dir und dem Weibe, zwischen deinem Samen und ihrem Samen. Derselbe soll dir den Kopf zertreten und du wirst ihn in die Ferse stechen." Dieser Nachkomme Evas wird schon früh auf den künftigen Erlöser, Christus, gedeutet.

1. Die Schlange des Paradieses

Die Geschichte vom Sündenfall wurde zu allen Zeiten dargestellt. Dabei ist die Schlange, die sich um den Stamm des Baumes windet, kompositorisch meist die zentrale Gestalt. Im späten Mittelalter verwandelt sich der Kopf der Schlange häufig in ein Mädchenhaupt – auch mit Büste –, das Eva zum Verwechseln ähnlich sieht.[5] Dieses Bild geht nicht nur auf das damalige Bestreben zurück, alle Verführungskünste dem „Weibe" anzulasten, sondern auf eine äthiopische Adams-Legende, die wohl über Beda ins Abendland kam. Darin heißt es: „So fuhr der Satan, der häßlich ist von Gestalt und fürchten mußte, Eva zu mißfallen, in die Schlange und rief Eva beim Namen. Als sie sich umwandte, da sah sie in ihm ihr eigenes Bild".[6]

Bisweilen wird die Schlange auch echsen- oder drachenartig dargestellt. Die Vorstellung, daß sie vor ihrer Verfluchung anders ausgesehen habe, führte zu mancherlei Kuriositäten. So wird sie bisweilen hoch aufgerichtet, auf der Schwanzspitze stehend, wiedergegeben,[7] manchmal sogar als großes vierfüßiges Tier.[8]

2. Die Schlange, von Christus bezwungen

a) Der gekreuzigte Christus besiegt die Schlange. Das karolingische, gelegentlich auch das ottonische Kreuzigungsbild hat sich

34. Die Schlange, die Christus den tödlichen Biß beibrachte, windet sich besiegt unter dem Kreuz. Rechts vom Gekreuzigten Ecclesia mit der Siegesfahne, die das Blut des Erlösers mit dem Abendmahlskelch auffängt. Auf der andern Seite erscheint sie nochmals, wie sie der sitzenden Synagoge die Machtscheibe abverlangt. Der ganze Kosmos ist auf karolingischen Kreuzigungsdarstellungen in antiker Formsprache beteiligt: Sol (Sonne) und Luna (Mond), Mare (Meer) und Terra (Erde). Bildnachweis unter Abb. 35.

35. Die personifizierte, Schlangen säugende Terra (s. S. 100), ein Füllhorn mit der Linken haltend, blickt stumm zu Christus am Astkreuz, dem neuen Lebensbaum, empor. Elfenbein, 9. Jh., Vorderdeckel des Sakramentars Heinrichs II., München, Staatsbibliothek (Ausschnitte).

eng an den Wortlaut von 1. Mos. 3, 15 angeschlossen. Die Schlange windet sich dabei um den Fuß des Kreuzes und schnappt nach der Ferse Christi,[9] oder sie liegt mit zertretenem Kopf tot auf der Erde (vgl. Hiob 26, 12 und 13).

b) Der sieghafte Christus zertritt die Schlange (s. Löwe S. 85).

c) Christus als Schlangenvertilger, symbolhaft dargestellt z. B. unter dem Adler (s. S. 37) oder dem Hirsch (s. S. 68).

d) Michaels Kampf mit dem Drachen, „der alten Schlange": s. S. 150ff.

3. Schlangen als Sinnbild der Nichtigkeit, der Verwesung und der Höllenqualen

a) Als teuflische Kreaturen gehören die Schlangen zu vielen Höllenszenen des Weltgerichts, auf denen sie die Verdammten anfallen und quälen.[10]

b) Die Luxuria, die personifizierte Wollust, eine typische Gestalt der französischen und spanischen Romanik, entstammt der Vorstellungswelt der cluniazensischen Bewegung. Sie wird als nackte Frau dargestellt, deren Brüste von Schlangen und Kröten angefressen werden.[11]

c) „Frau Welt“ oder „Fürst der Welt“ sind Ausdruck der Sinnenfreude und Herrlichkeit dieser Erde, zugleich deren Nichtigkeit und Vergänglichkeit. Das Bild der „Frau Welt“ in seiner Ambivalenz hat als erster Walther von der Vogelweide in einem Gedicht gezeichnet.[12] Die Bildhauer der spätgotischen Kathedralen haben es von ihm übernommen.

Einladend, lächelnd und schön gekleidet ist Frau Welt anzusehen. Doch wer „dahinter sieht“, wird an ihr gewahr, was Konrad von Würzburg folgendermaßen beschreibt:[13] „Sie kehrte ihm (ihrem Liebhaber) den Rücken dar / der war in allen Enden gar / bestecket und behangen / mit Würmern und mit Schlangen / mit Kröten und mit Nattern . . .“.[14]

Häufiger wird ihr männliches Pendant dargestellt, der „Fürst der Welt“, ein eitler, herausgeputzter junger Herr, der sein Äußeres sicher und überlegen zur Schau stellt, während die Spuren des Todes und der Verwesung bereits seinen Rücken zeichnen. Als Verführer befindet er sich in Gesellschaft der fünf törichten Jungfrauen (Matth. 25, 1ff.) oder der personifizierten Wollust.[15]

B. Die Eherne Schlange, typologisch auf den Gekreuzigten gedeutet, als Heils- und Lebenszeichen (4. Mos. 21, 4ff.)

Die Geschichte von der Ehernen Schlange ist die zweite Erzählung, welche für die Ikonographie der Schlange bedeutsam wurde.

Das Volk Israel lehnt sich in der Wüste gegen Gott auf. Dieser schickt „feurige Schlangen“. Viele sterben durch ihren Biß. Andere flehen um Hilfe. „Da sprach Gott zu Mose: Mache dir eine eherne Schlange und richte sie auf zum Zeichen. Wer gebissen ist und sieht sie an, der soll leben.“

In zweifacher Weise zeigt sich die Schlange auch hier: Die rötlichen Wüstenschlangen werden zu todbringenden Gerichtsvollstreckern Gottes. Die eherne Schlange wird zum Heil- und Lebenssymbol.

Jesus bezieht das Zeichen der Ehernen Schlange ebenso auf sich wie das des Propheten Jona (s. S. 59f.): „Gleich wie Mose eine Schlange erhöht hat, also wird auch des Menschen Sohn erhöht werden, auf daß alle, die an ihn glauben, nicht verloren werden,

36. Zwei Männer in Gegenbewegung. Während der eine von einem schlangenähnlichen Tier in die Wange gebissen wird, hält der andere eine Ewigkeits-Schlange in der Linken. Kapitellrelief, 12. Jh., Freising, Domkrypta.

sondern das ewige Leben haben" (Joh. 3, 14). Ikonographisch hat die Eherne Schlange niemals die Bedeutung gewonnen wie der Fisch des Jona. Doch gehört sie zum festen Bestand der typologischen Bildreihen, wie wir sie aus Armenbibeln, von Speculum-Fenstern u. a. her kennen.[16]

C. Weitere Bedeutungen

1. Die Schlange (bisweilen auch in Gestalt eines Drachen) als Attribut der Prudentia, der personifizierten Klugheit[17]

Begründet wird diese Zuordnung durch ein Wort Jesu, der seine Jünger mahnt: „Seid klug wie die Schlangen und ohne Falsch wie die Tauben." (Matth. 10, 16)

2. Die Schlange als Bild des ewigen Kreises

In den Mythen der Menschheit erscheint vor der Scheidung von Himmel und Erde, von Männlichem und Weiblichem, von Bewußtem und Unbewußtem, ein uranfängliches, sich selbst erzeugendes und gebärendes und sich wieder verzehrendes Ganzes, ein dumpfer Kreislauf in sich selbst. Dieses Uranfängliche wird als kreisförmige Schlange (bisweilen auch Drache), die sich in den Schwanz beißt, dargestellt oder aber auch, von der Schlange abstrahiert, als reiner Kreis.

Zum Sinnbild der Ewigkeit wird die Kreis-Schlange in Ägypten, wo sie sich in der Zeit des Neuen Reiches um viele Särge schlingt.

Die Gnosis und unter ihrem Einfluß die Alchemie[18] haben das Symbol aufgenommen und damit die Entfaltung des Einen in Allem und die Rückkehr des Alles zu Einem umschrieben. Der christlichen Mystik ist dieses Bild zum Zeichen des in sich selbst Kreisenden und Ruhenden geworden, zum Bild der Ewigkeit, auch der Gottheit selbst. Meister Ekkehard schreibt: „Die Ewigkeit ist ein Fluß, verflossen in sich selbst." Und Hildegard von Bingen: „Die Gottheit ist in ihrem Vorwissen und Wirken ein makelloser Kreis." C. G. Jung sieht in diesem Uranfänglichen den Archetypus des Unbewußten und bezeichnet diesen mit „Uroberos", dem griechischen Wort für die „Ewigkeits-Schlange".

Vereinzelte Darstellungen des Schlangenrings finden sich im Abendland in allen Jahrhunderten.[19]

Sirene

Nach antiker Vorstellung gleichen Sirenen jungen Mädchen, die auf einer Insel hausen und durch ihren bezaubernden Gesang vorüberfahrende Seeleute ins Verderben locken.[1] Dargestellt werden sie als Vogelwesen mit weiblichem Oberkörper (oder nur mit Frauenkopf). In späterer Zeit wird ihr Todeslied abgemildert zur Totenklage. Schließlich werden sie zu Sängerinnen im Elysium. In dieser Wandlung finden sie sich auf manchen Grabmalen. Porphyrius, ein neuplatonischer Philosoph und Schüler Plotins aus dem 3. Jh. n. Chr., versteht die Sirenen als personifizierte „Begierden, die zur Sünde locken, welche ins Verderben führt". So gehen sie in die Vorstellungswelt des Christentums ein.

1. Die Vogelsirenen

Sie werden wie in der Antike abgebildet,[2] manchmal auch als Mädchen mit Vogelbeinen.[3] Sie haben sich jedoch in der abendländischen Kunst wenig eingebürgert.

2. Die Fischsirenen

Tödliche Bedrohung und sexuelle Verlockung hatten die Sirenen viel eher mit manchen der heimischen Wasserwesen gemein. Märchen und Sagen erzählen von ihnen. So stellt etwa Ran, ein gefährliches Meerweib der Nordsee, zusammen mit ihren neun Töchtern den Schiffern nach. Der älteste literarische Bericht stammt aus dem 9. Jh.[4] Ein Diakon, der im Auftrag des heiligen Gallus Fische fängt, erblickt auf einmal zwei dieser Wesen. Sie gleichen nackten Frauen, die ihre Scham zur Schau stellen. Sie beklagen den Tod der ihren, nämlich der Fische, und werfen mit Steinen nach dem Fischer.

Formal werden die Fischsirenen den Tritonenweibchen des Altertums angeglichen. Sie haben einen Frauenkörper, der von der

37. Doppelschwänzige Fisch-Sirenen an einem romanischen Taufbecken, deren verderbliche Macht durch das Wasser der Taufe gebrochen wird. Steinrelief, vermutlich 12. Jh., Ravello, Park Cimbrone.

Gürtellinie an in einen Fischschwanz übergeht.[5] In der Romanik werden sie gewöhnlich doppelschwänzig dargestellt. Meist halten sie die beiden Schwanzenden mit den Händen beiderseits empor, wodurch der Charakter des Verführerischen noch verstärkt wird.[6] Sie tragen langes, offenes Haar, das sie bisweilen kämmen, wie ihre späte Nachfahrin, die Heinesche Lorelei. Ihren „honigsüßen Gesang" – so die Odyssee – begleiten sie oft mit Musikinstrumenten.[7] Manchmal schwingen sie auch ein Netz, um damit die Unachtsamen einzufangen.[8] Allein oder mit anderen Mischwesen zusammen, die nach der Vorstellung des Mittelalters das Wasser bevölkern, können sie auch das Bedrohliche des Meeres,[9] des fernen Okeanos oder die Wildheit der Flüsse versinnbildlichen.

Die Sirenen werden vor allem in der Romanik häufig dargestellt. Doch noch im 16. Jh. zeichnet Urs Graf einer Soldatendirne eine Sirene auf den kecken Hut.[10]

Taube

Im Altertum ist die schnäbelnde und fruchtbare Taube den Göttinnen der Liebe zugeordnet, der Astarte, der Ischtar, der Aschera, der Aphrodite bzw. Venus. u. a.

Zugleich wird sie zu einer Metapher für die Geliebte. Im Hohen Lied 5, 2 nennt Salomon seine Sulamith „meine Schwester, meine Taube, meine Fromme", Beinamen, die in die marianische Brautmystik eingehen. Dabei klingt aber noch eine weitere Bedeutung an: Die Taube, die nach antiker Auffassung keine Galle besitzt, gilt als Sinnbild der Sanftmut, der Unschuld und der Frömmigkeit. „Seid ohne Falsch wie die Tauben", mahnt Jesus seine Jünger (Matth. 10, 16).

Für die christliche Ikonographie wurde jedoch von zentraler Bedeutung die Geschichte von der Taufe Jesu. „Und da Jesus getauft ward ... siehe, da tat sich der Himmel auf, und er sah den Geist Gottes wie eine Taube herabfahren und über sich kommen. Und siehe eine Stimme vom Himmel herab sprach: Dies ist mein lieber Sohn, an dem ich Wohlgefallen habe." (Matth. 3, 16ff.)

Die Erscheinungsform des Heiligen Geistes in Gestalt einer Taube kommt nur hier vor, sonst nirgends mehr in der Bibel. Das mag verwundern, weil wir es aus vielen Bildern anders kennen. Sie alle gehen jedoch nicht auf die Bibel, sondern auf einen Beschluß des Konzils von Nicäa (325) zurück. Dort wurde die Taube aus der Taufgeschichte Jesu zum gültigen Symbol des Heiligen Geistes erklärt. Von nun ab wurde es möglich, das Taubensymbol überall dort zu gebrauchen, wo man die Anwesenheit des Geistes Gottes anschaubar machen wollte. So kommt die Geisttaube nacheinander in die Verkündigung an Maria und in die Darstellungen von Pfingsten, dann in die Bilder von der Schöpfung und der Dreieinigkeit.

1. Die Taube als Symbol des Heiligen Geistes – die „Geisttaube"
Die Geisttaube ist weiß. Weiß ist die Farbe des ungeteilten Lichtes und somit der Gottheit und zugleich Sinnbild der Reinheit. Die Taube hat in der Regel einen Nimbus um ihr Haupt, häufig einen Kreuzesnimbus. Ihre Darstellungsform reicht von naturalistischem Realismus bis hin zu einer vergeistigten, fließenden Lichterscheinung, die gerade noch Taubenform erkennen läßt. In der ottonischen Ausdruckskunst kann sie auf den Bildern der Taufe Jesu die Gestalt eines herabstürzenden Adlers annehmen.

Das Bild der Taufe Jesu hat durch alle Zeiten seine Bedeutung behalten. Wir finden es bereits auf Sarkophagen, in Katakomben und frühchristlichen Baptisterien. Bisweilen wird die Bevollmächtigung Jesu zum Gesalbten (hebräisch Messias, griechisch Christos) sichtbar gemacht durch das Chrisma, das Salböl, das die herabkommende Taube auf das Haupt Jesu ausströmen läßt.[1] Auch das Mysterium der Dreieinigkeit wird im Taufbild häufig veranschaulicht: senkrecht von oben nach unten die weisende Hand Gottvaters, darunter die Geisttaube, darunter Jesus im Jordan.

Seit dem 5. Jh. kommt die Geisttaube auch in weiteren Darstellungen vor:

a) Das Verkündigungsbild (Luk. 1, 35). Die erste bekannte Darstellung der Taube bei der Verkündigung an Maria ist auf dem Triumphbogenmosaik von Maria Maggiore in Rom aus dem 5. Jh. zu sehen. Seltsamerweise bleibt sie für lange Zeit die einzige ihrer Art. Vielleicht war die Erinnerung an den Venus-Kult noch zu nahe. Erst nach 400 Jahren erscheint die Taube in diesem Zusammenhang wieder. Vom 11./12. Jh. an wird sie ein fester Bestandteil des Verkündigungsbildes.

b) Das Pfingstbild (Apg. 2, 1–13). Gottes Geist manifestiert sich in Sturm und Feuer. Dennoch hat man auch in die Pfingstdarstellungen die sanfte Geisttaube übernommen. Häufig wird sie zur Spenderin des Geistfeuers, das strahlenförmig auf die versammelten Apostel (und Maria) herabkommt.[2]

c) Die Schöpfung (1. Mos. 1, 1 u. 2). „Am Anfang schuf Gott Himmel und Erde. Und Finsternis lag über dem Urmeer, und der Geist Gottes schwebte über den Wassern." So beginnt die Bibel. Erst im hohen Mittelalter wird die Schöpfung in den Bildzyklen des Sechstagewerkes dargestellt und damit auch die mit ausgebreiteten Flügeln über der Urflut schwebende Geisttaube.[3] Diese eindrückliche Bildtradition und die fälschlicherweise lang geübte Praxis, 1. Mos. 1, 2 mit „brüten" statt mit „schweben" zu übersetzen, löst Assoziationen aus zu anderen Kosmogonien, in denen Vogelwesen die Welt erstehen lassen.[4]

d) Die Darstellung der Trinität. Unter den verschiedenen Bildformen der Dreieinigkeit hat diejenige eine besondere Bedeutung gewonnen, in welcher der Heilige Geist durch die Taube symbolisiert wird. Meist schwebt die Geisttaube zwischen Gottvater und Sohn. Bisweilen berührt sie mit der einen Flügelspitze den Mund Gottvaters, mit der anderen den Christi.[5] Damit soll der lang umkämpfte Passus aus dem nizänischen Glaubensbekenntnis sinnfällig ausgedrückt werden: „Ich glaube an den Heiligen Geist, der von

38. Die Taufe Jesu durch Johannes den Täufer. Betont ist die Bewegung von oben nach unten: Gottvater entläßt aus seiner Hand die Geisttaube, die in der Mächtigkeit eines Adlers auf den Sohn Gottes herabstößt und ihn mit Chrisma (Salböl) zum „Christus" salbt. Dieses trinitarische Geschehen wird erregt begleitet: im Himmel von den staunenden Engeln, im Kosmos von den personifizierten und mit Fackeln ausgestatteten Mächten, der Sonne und dem Mond sowie von aufquellenden Wolken, auf Erden vom Jordan, der sich – nach typologischer Auslegung von Jos. 3,13–16 und Ps. 114,3 (113,3) – angesichts des Erlösers hoch erhebt. Elfenbeinrelief auf dem Einband eines westdeutsch-lothringischen Evangeliars, 10. Jh., München, Staatsbibliothek.

dem Vater und dem Sohne ausgeht." Unbedingt gehört die Taube zum Bildtypus des Gnadenstuhls (s. S. 216), auch zur Thronbereitung (Etimasie)[6], soweit diese trinitarischen Charakter hat.

2. Die Taube als Sinnbild der Geistbegabung

a) Die sieben Geistesgaben. Die Entfaltung des einen Gottesgeistes in sieben Geistwirkungen hat man aus Jes. 11, 2 herausgelesen, einer Bibelstelle, der auch die Vorstellung vom Jesse-Baum (Wurzel Jesse) entstammt. „Es wird ein Reis aufgehen vom Stamme Isais (Jesse) und ein Zweig aus seiner Wurzel Frucht bringen; auf welchem wird ruhen der Geist des Herrn, der Geist der Weisheit und des Verstandes, der Geist des Rates und der Stärke, der Geist der Erkenntnis und der Furcht des Herrn." Diese Sechszahl wurde im hohen Mittelalter auf die heilige Zahl Sieben erhöht, indem man „Furcht des Herrn" in „Frömmigkeit" und „Gottesfurcht" aufteilte.

Diese sieben Gaben des Heiligen Geistes werden folgerichtig zuerst im Jesse-Baum dargestellt. Als sieben Tauben erscheinen sie an den Enden der verschiedenen Äste oder umgeben das Haupt Christi, der auf frühen Darstellungen den Wipfel des Jesse-Baumes einnimmt.[7] Später werden die sieben Geisttauben auch auf andere, verwandte Bildtypen übertragen, so z. B. auf den Löwenthron (s. S. 238).

b) Zwölf Tauben als Sinnbild der geisterfüllten Apostel. „Ein Kranz umschließt das Kreuz wie ein leuchtender Ring. Des Kranzes Kranz sind die Apostel, ihr Abbild der Chor der Tauben." So hat Paulinus, um 400 Bischof von Nola, das Apsismosaik seiner Kirche beschrieben.[8] Es ist leider nicht auf uns gekommen. Als Tauben sind die Apostel aber auch sonst dargestellt worden.[9]

c) Die Taube als Sinnbild der Geistbegabung von Heiligen. Ein immer wiederkehrendes Bildbeispiel dafür ist Gregor d. Gr., der von der Geisttaube inspiriert wird, ein Vorgang, den sein Diakon Petrus heimlich beobachtet.[10] Seltener findet man die Darstellung einer solchen Geistbegabung bei anderen Heiligen, wie z. B. auf einer Wandmalerei in St. Benedikt in Mals: Eine Taube nähert sich dem

39. Die zwölf Aposteltauben als Zeugen des Erlösers, dessen Kreuz zum Lebensbaum wird. Apsismosaik, Anfang 13. Jh., dem zerstörten frühchristlichen Mosaik der Unterkirche wohl weitgehend nachgebildet, Rom, S. Clemente (Ausschnitt).

Ohr des Kirchenpatrons, eine andere berührt seinen Mund, eine dritte schwebt herab. Hören und Reden, ja das ganze Wesen, ist vom Geist Gottes gewirkt.

d) Eine Taube in der Hand des Jesuskindes, das auf dem Schoß seiner Mutter sitzt, wird in der Gotik gern dargestellt. Man kann darin einen Hinweis auf die künftige Geisttaufe Jesu sehen.[11] Mit der Legende aus dem Arabischen Kindheits-Evangelium,[12] nach der das Jesuskind tönerne Vögel geformt und zum Leben erweckt hat, haben diese Bilder nichts zu tun.[13]

e) Die eucharistische Taube. Ein taubengestaltiges, emailliertes Bronzegefäß befindet sich noch in manchem Kirchenschatz.[14] Es hing einst von der Decke eines Ziboriumaltars herab und diente bis ins hohe Mittelalter zur Aufbewahrung der Hostien und in den Baptisterien des Salböls. Indirekt ist die eucharistische Taube ein Sinnbild der sakramentalen Geistbegabung.

3. Die Taube als Sinnbild des Friedens – die „Friedenstaube"

Neben der Taufe Jesu hat noch eine andere Geschichte die Taubensymbolik stark geprägt, die Erzählung von Noah in der Arche am Ende der Sintflut.

„Und (Noah) ließ abermals eine Taube fliegen ..., die kam zu ihm zur Abendzeit; und siehe ein Ölblatt hatte sie abgebrochen und trug's in ihrem Munde. Da merkte Noah, daß das Gewässer gefallen wäre auf Erden." (1. Mose 8, 10–11)

Im Gegensatz zum schwarzen Raben, der nicht mehr zurückkehrt, sondern sich am Aas der umgekommenen Lebewesen gütlich tut, kehrt die „fromme" Taube, die wie nach einer stillen Übereinkunft weiß dargestellt wird, zu Noah zurück. Sie hat einen Ölzweig im Schnabel, ebenfalls ein Symbol des Friedens.[15]

Noah, meist in einer stilisierten, oft nur angedeuteten Arche stehend, die Hand nach der Taube ausstreckend, gehört zu einem der häufigsten Motive der frühchristlichen Grabkunst.[16] Schon für sich allein ist diese Szene ein Bild der Hoffnung und des Friedens inmitten einer untergehenden Welt.

Seit apostolischer Zeit (1. Petr. 3, 20–21) aber wird das Zeichen des Noah vor allem als Prototyp der Taufe verstanden, als alttesta-

40. Mit betend erhobenen Händen empfängt Noah die Taube mit dem Ölzweig. Wandmalerei, Ende 3. Jh., Rom, Thrason-Katakombe.

mentliches Sinnbild der Rettung durch „Wasser und Geist" (Joh. 3, 5).

So schreibt Tertullian in seinem Buch „Über die Taufe": „Daß der Heilige Geist ... freudig vom Vater herabstieg ... das geschah damals, als er in Gestalt einer Taube auf den Herrn herabkam." Es folgt eine Charakterisierung der Taube als Symbol der Einfalt und Unschuld. „Wie nämlich nach den Wasserfluten der Sintflut, wodurch die alte Ruchlosigkeit hinweggespült wurde – um mich so auszudrücken: nach einer Taufe der Welt –, die Taube als ein Herold das Aufhören des göttlichen Zorns anzeigte, indem sie, aus der Arche entlassen, mit einem Ölzweig zurückkehrte, der auch bei den Heiden als Friedenszeichen angesteckt wird, so läßt jener Herold, jetzt geistig geworden ..., sich auf das Erdreich nieder, das ist (bei der Taufe) auf unser Fleisch."[17]

Die Taube (oft mit dem Ölzweig im Schnabel) wirkte als selbständiger Bildtypus weit über die Mauern der Kirche hinaus. Sie wurde als „Friedenstaube" zu einem Menschheitssymbol voll tiefer Sehnsucht.

4. Die Taube als Sinnbild der erlösten Seele

Die Vorstellung, daß die Seele eines Menschen nach dessen Tod als Tier, meist als Vogel, weiterlebt, ist sehr alt. Gerade der Vogel stellt in besonders eindrücklicher Weise die Sehnsucht des eingeengten und belasteten Menschen dar, nach dem Tode ganz frei, unbehindert und unbeschwert leben und schweben zu können. Das alte Märchen vom Machangelbaum erzählt, wie die Seele des getöteten Brüderleins sich als schöner Vogel über sein Grab erhebt und fortfliegt.[18] Und Paulus Diakonus berichtet von folgender langobardischer Sitte: „Wenn einer ... im Krieg oder sonstwo umgekommen war, so setzten seine Blutsverwandten auf ihren Grabstätten eine Stange, auf deren Spitze sie eine hölzerne Taube befestigten, die nach der Gegend hingewandt war, wo der Geliebte gestorben war, damit man ... wußte, wo der Tote seine Ruhestätte habe".[19]

Die Jenseitsvorstellung der alten Ägypter kennt den Seelenvogel Ba, der das Antlitz des Toten trägt und ungehindert die verschlossene Grabkammer verlassen und in sie wieder zurückkehren kann.

Nicht den Seelenvogel, wohl aber den Vogel als Sinnbild der befreiten Seele haben die ersten Christen aus den Psalmen gekannt. „Unsere Seele ist entronnen wie ein Vogel dem Netz der Vogelsteller; das Netz ist zerrissen und wir sind frei" (Ps. 124 (123), 7). Ähnlich schreibt Origenes: „Ich glaube nämlich, daß ... die, welche die Kraft des Heiligen Geistes empfangen haben und durch ihn geheiligt und mit seinen Gaben erfüllt werden, gleich ihm, der in Taubengestalt erschien, taubengleich werden. So können sie aus dem Gebiet des Irdischen und Sinnfälligen zum Himmel entfliegen, getragen von Flügeln des Heiligen Geistes."[20]

In der frühen christlichen Kunst werden unzählige Male Tauben abgebildet, am schönsten und vielfältigsten auf den Mosaiken und Sarkophagen Ravennas. Fröhlich bewegen sie sich im Paradiesesgarten, trinken vom sprudelnden Lebensbrunnen und erlaben sich an den Beeren des eucharistischen Weinstocks und an der Fülle der Früchte – alles Bilder der Ewigkeitshoffnung. Dabei werden unbefangen Gartenmotive der profanen römischen Kunst übernommen und theologisch gedeutet.

Die Vorstellung der Taube als Seelenvogel findet sich gelegentlich auch noch in späterer Zeit etwa dort, wo die in Gestalt einer

Taube entfliehende Seele eines sterbenden Heiligen von Gott mit beiden Händen in Empfang genommen wird.[21]

5. Die Taube als Attribut

a) verschiedener Heiliger, z. B. der Scholastika (ihr Bruder, der heilige Benedikt, soll die Seele seiner sterbenden Schwester als auffliegende Taube gesehen haben);[22]

b) manchmal auch der personifizierten Demut (Humilitas)[23].

6. Tauben als Armenopfer (Luk. 2, 24; 3. Mos. 12,8)
Auf Bildern von der Darstellung Jesu im Tempel sehen wir regelmäßig zwei Tauben, die, entweder in einem Körbchen oder in Händen gehalten, zum Altar gebracht werden. Sie sind das Dankopfer armer Leute und haben, direkt jedenfalls, keine symbolische Bedeutung.

Tierfabeln

Tiere wie Menschen handeln und reden zu lassen und in ihrem Verhalten zueinander den Zeitgenossen das ihrige zurückzuspiegeln, ist ein uralter Brauch. Die ältesten Fabeln in Keilschrift stammen aus dem 18. Jh. v. Chr. aus dem Zweistromland. Auch in Griechenland waren ihrer viele im Umlauf. In der Spätantike sind sie unter dem Namen des phrygischen Sklaven Äsop bekannt geworden.

Welche politische Brisanz diese oft harmlos erscheinenden Tiergeschichten hatten, zeigt ein Bekenntnis des Phädrus, eines Freigelassenen des Augustus, der die besonders sozialkritischen Fabeln des Äsop in lateinische Verse übertrug und sich damit den Zorn der Herrschenden zuzog. Er schreibt: „Wie es zur Fabeldichtung kam, das will ich kurz dir jetzt erklären. Furchtsam war der Sklavenstand. Frei sein Gefühl zu äußern, hatte man nicht den Mut. So wählte man für seine Not der Fabel Bild, und ihre Schnurren boten vor Schikanen Schutz."[1]

Die Sammlung des Äsop ist das ganze Mittelalter hindurch bis hinein in die Neuzeit, auch ihrer kräftigen moralischen Tendenz wegen, als „Schulbuch" verwendet worden.[2] Weitere Tiergeschichten wurden dazu ersonnen. Schließlich wurden sie zu ganzen Tierepen erweitert, wie etwa der „Reineke Fuchs" des Heinrich von Gleißen. Der englische Zisterzienser Odo von Ceritona stellt 1220 eine Fabelsammlung zu Predigtzwecken zusammen. Denn „die einfachen Gemüter werden mehr durch Beispiele bewegt als durch Äußerungen der Schriftstellen oder durch tiefsinnige Sentenzen", sagt sein Zeitgenosse, der Franzose Jakob von Vitry.[3] Dementsprechend sind auch die Bildprogramme der Dome zusammengestellt. In ihnen tauchen seit der Romanik die bekanntesten Tierfabeln auf. Der gierige Wolf und der schlaue, hinterhältige Fuchs sind darin die Hauptakteure. Die oft scharfe Kritik dieser satirischen Geschichten greift die Gesellschaft, die Herren, vor allem aber den Klerus an. Oft genug steckt der Bösewicht im geistlichen Habit.[4]

1. Der Wolf und der Kranich (nach Äsop)

„Ein Wolf verschlang einen Knochen, der ihm überzwerch im Hals steckte. Der Kranich mit dem langen Hals ward gerufen. Er stieß seinen Schnabel in den Schlund des Wolfes und zog das Bein heraus ... Als solches geschehen, forderte der Kranich den versprochenen Lohn. Was, schrie der Wolf, ist das nicht genug, daß dein Hals so tief in meinem Rachen gewesen und ich dich habe unverletzt von meinen Zähnen entschlüpfen lassen? Und du begehrst noch einen Lohn von mir?"[5]

Die Nutzanwendung nach Jakob von Vitry (13. Jh.): „So sind die elenden und undankbaren Reichen, die von der Arbeit der Armen leben und viele Wohltaten von ihnen empfangen und nichts außer Böses diesen für ihr Gutes wiedergeben, dem Wolfe ähnlich."

Schon auf der unteren Schmuckleiste des Teppichs von Bayeux (11. Jh.) ist zu sehen, wie der Kranich seinen Schnabel in den Schlund des Wolfes steckt.

2. Die Wolfsschule (eine Klosterdichtung)

Ein Wolf soll geistlich werden und geht nach Paris auf die Schule. Der Erfolg seines Vorhabens wird folgendermaßen geschildert: Da sprach der Meister Ilias / „du scheinst mir recht ein töricht Aas. / Sprich mir nach nochmals A B C!" / Wolf: „Ich hätte gerne

Lämmlein meh (mehr), / sein's Schafe oder Geißen." / Der Meister: „Sprich mir nach, wie wir's dich heißen: / Hebe an – A B C" / Der Wolf: „Mir ist nach einem Schafe weh."

Die Nutzanwendung von Odo von Ceritona (1220): „So tun es viele Mönche. Immer sagen sie: Widder, immer rufen sie nach gutem Wein, immer haben sie das Auge auf eine fette Speise und auf ihre Trinkschale." Und wenn gar – wie in Parma – ein Esel Lehrer der Wölfe ist, dann gilt: Nur ein Dummkopf glaubt, einen Wolf unterrichten zu können.

Immer wird der Wolfsscholar mit einem unsympathisch großen Maul voll scharfer, gebleckter Zähne dargestellt. Im Freiburger Münster wendet er sich trotz der drohenden Rute seines Lehrers einem Widder zu, der vertrauensvoll hinter ihm steht. Und schon hat er den Entsetzten gepackt.[6]

3. Das Begräbnis des Fuchses

Vom heimtückischen Fuchs, der sich tot stellt, erzählt schon der „Physiologus". In der Fabel wird die Geschichte bunt ausgemalt. Im Bilde sehen wir häufig nur die arglosen Hennen, welche den scheintoten Fuchs zu Grabe tragen,[7] bisweilen aber auch den ganzen feierlichen Leichenzug. Alle möglichen Tiere beteiligen sich an den Trauerzeremonien. Weder Priester noch Ministranten aus dem Tierreich, noch die nötigen liturgischen Geräte fehlen. Doch der Fuchs wartet nur auf den Augenblick, in dem man die Bahre ab-

41. Der genüßlich sich zusammenkuschelnde Fuchs wird von den einfältigen Hennen auf einer Bahre zum Friedhof getragen. Daneben steckt der hilfsbereite Kranich Kopf und Schnabel tief in den Rachen des grimmigen Wolfes. Steinrelief, 1130, Modena, Dom, Portale della Pescheria (Details vom Türsturz).

setzt. Dann wird er sich auf die vertrauensselige Gemeinde stürzen.

4. Die Gänsepredigt

„Wenn der Fuchs predigt, so hüte die Gänse", heißt ein Sprichwort, das nicht weniger bildhaft ist als eine Fabel. In mancherlei Variationen findet es sich im gesamten Abendland. In der Romanik, öfter aber in der Gotik, wird der scheinheilige Prediger Reineke Fuchs zum beliebten Thema der Steinmetzen und Bildschnitzer.[8]

5. Der musizierende Esel

Häufig begegnen wir einem Esel, der hingegeben dasitzt, vielleicht mit der Brille auf der Nase, und Harfe spielt oder sonst Musik macht.[9] Solche Bildwerke stellen einen Protest dar gegen anmaßende Dummheit und Unfähigkeit. „... das past wi der esel zum lautenschlagen. Wenn solche unfletige geister von göttlichen dingen reden, so gemanet mich eben, als keme ein esel über eine harpfen und wolt uns was sonderliche machen." (Alberus, 16. Jh.)[10]

6. Die verkehrte Welt

Neben den Tierfabeln mit ihrem moralischen Gehalt und den Tiermärchen mit ihren mythischen Elementen steht die ebenfalls bis ins 3. Jahrtausend zurückgehende Vorstellung von der „Verkehrten Welt".

Seit Urzeiten haben sich Menschen ausgedacht, wie es wohl wäre, wenn einmal alle Verhältnisse auf den Kopf gestellt würden.

Wie wäre es, wenn Hund und Löwe Tisch und Krug herbeitrügen, die Gazelle den Wein servierte, andere Tiere Musik machten, so wie es auf dem Schallkasten einer Leier aus Ur in Chaldäa zu sehen ist?

Wie wäre es, wenn, wie im alten Ägypten, die Schwalbe auf einer Leiter den Feigenbaum erklömme, in dessen Krone sich bereits das Nilpferd wohlig wiegt, wenn der Löwe mit dem Steinbock Brett spielte, wenn Schwein und Nilpferd Bier brauten, die Mäusedame sich von der Katze frisieren ließe und ein Kater fürsorglich die kleinen Entchen hüten würde?

Wie wäre es, wenn, wie im christlichen Mittelalter, der Ochse den Metzger schlachtete,[11] der Hase zur Jagd das Horn bliese, den Hund hetzte und den Jäger fesselte[12] oder wenn der Fuchs aufspielte und der Mensch nach seiner Pfeife tanzen würde?[13]

Man kann diese Motive nicht allein von der Freude am Grotesken ableiten. In der Literatur der ausgehenden Antike z. B. wird die „Verkehrte Welt“ gelegentlich zum Ausdruck des völlig Undenkbaren, wie in den Hirtenliedern Theokrits und Vergils. Wenn da etwa Daphnis, der Freund, nicht mehr zurückkehrte, dann mag der Wolf vor den Schafen fliehen, die Eiche goldene Äpfel tragen und die Eule den Schwan im Gesang überflügeln (8. Ekloge Vergils). Im Hintergrund der oben erwähnten Bilder mögen jedoch vor allem tiefere, zumeist sozialkritische Aspekte stehen: urmenschliche Sehnsüchte nach ausgleichender Gerechtigkeit, geheime Schuldgefühle und Sühnebedürfnisse, vielleicht auch Urängste vor einer späten Rache der versklavten Kreatur.

42. *Die verkehrte Welt: Zwei wild gewordene Hasen fesseln einen Jäger, um ihn als Jagdbeute heimzuschleppen. Darunter rechts ein Bedrohungsmotiv, ein menschliches Haupt, von zwei Drachen bedrängt (vgl. Abb. 2). Außenrelief, 12. Jh., Königslutter, Stiftskirche, Apsisfries.*

Zweiter Teil
Engeldarstellungen

Einführung

Engelartige Wesen zwischen Göttern und Menschen kennen die Mythen aller Kulturkreise des Altertums. Von den Göttern werden sie ausgesandt; sie treten mit Menschen in Verbindung und überbringen ihnen eine Botschaft (z. B. Hermes und Iris im griechischen Raum). Sie erweisen sich als Schutzgeister (wie die persischen Fravashis). Als Wächter verwehren sie den Menschen den Eintritt in geheime Bezirke der Götter (im Gilgamesch-Epos bewacht Sabithu den Göttergarten und das Mischwesen Chumbabas den Götterberg). Sie kündigen den Tod an (in Ägypten die Gesandten des Osiris, in Babylon Ereshkigals). Sie geleiten die Verstorbenen oder die Gefallenen ins Jenseits (Hermes in Griechenland, die Walküren im Norden).

Überirdische, engelähnliche Wesen kennt auch die griechische Philosophie. Sie lösen als weltallbewegende und -erhaltende Kräfte die alten, verblassenden Naturgottheiten ab. Im persönlichen Bereich werden Schutzgeister wirksam, so der Genius der Römer oder der Daimon der Griechen, wie ihn Sokrates verstand.

1. Die christliche Engelvorstellung

a) Sie wurzelt vor allem in der Bibel. Sowohl im Alten wie im Neuen Testament ist viel von Engeln die Rede. Wir hören vom „Engel des Herrn", von Erzengeln und Engelfürsten, von verschiedenen Engelgruppen und – summarisch – von der „Menge der himmlischen Heerscharen". Auch Gott selbst wird „Herr Zebaoth" genannt, d. h. Herr der himmlischen Heerscharen.

b) Beschrieben werden die Engel als überirdische Wesen. Im bedingungslosen Gehorsam stehen sie als „dienstbare Geister" und „starke Helden" Gott zur Verfügung. Ausgestattet sind sie mit tiefen Einsichten und großen Vollmachten.

c) Die Dienste der Engel sind vielfältig. Sie sind Gottes Boten. Das sagt schon ihr Name: Engel = griechisch angelos, lateinisch angelus. Weiter hören wir von Schutzengeln einzelner Menschen wie ganzer Völker, von Engeln, die die Seelen der Verstorbenen geleiten, die kämpfen um die Ehre Gottes, die seine Gerichte vollstrecken, die am Jüngsten Tag in Erscheinung treten, endlich von Engeln, die in ewigem Lobpreis vor Gottes Thron stehen.

d) Über das Aussehen der Engel wird verschieden berichtet. Engel können in menschlicher Gestalt erscheinen. Oft ist ihr Anblick aber auch erschreckend. Sie können leuchten wie Erz, glänzen wie ein Blitz, lodern wie eine Flamme. Bisweilen nehmen sie kosmische Dimensionen an. Ihre Kleider werden als „weiß wie der Schnee" beschrieben. Von Flügeln, die wir für das typische Kennzeichen der Engel halten, ist in der Bibel nur bei Seraphim und Cherubim die Rede.

e) Die Bibel kennt keine systematische Engellehre. Dagegen findet man sie im Spätjudentum und in der Gnosis reich ausgeprägt. Das bleibt nicht ohne Einfluß auf die frühchristliche Kirche. Schon Paulus setzt sich mit einer Engellehre, die Christus zu verdrängen scheint, im Kolosser-Brief kritisch auseinander. Die Kirchenväter kommen je nach ihrem theologischen Standort zu verschiedenen Ergebnissen. Bei vielen von ihnen werden die Aufgabenbereiche der Engel umfassend gesehen; sie erstrecken sich auf das ganze Universum, auf Jahreszeiten, Elemente und sonstige Naturerscheinungen, auf die Welt der Menschen, der Tiere und der Pflanzen, auf Zeugung, Wachstum u. a. m. Clemens von Alexandrien schreibt die griechischen Philosophien der Einwirkung von Engeln zu, und Augustinus spricht in seinem „Gottesstaat" von „guten Göttern, die wir unsererseits als heilige Engel ... bezeichnen, seien es Throne oder Herrschaften, Fürstentümer oder Gewalten ..."[1] (s. auch S. 188f.).

Die entscheidendsten und weittragendsten Impulse gehen von Dionysius dem Areopagiten aus (s. S. 308), der um 500 sein Werk „Hierarchia coelestis" (Von der himmlischen Hierarchie) schreibt. In ihr entwirft er auf Grund biblischer und neuplatonischer Vorstellungen das großartige Bild einer reichgegliederten Engelhierarchie im Himmel, der spiegelgleich die kirchliche auf Erden entspricht mit all ihren Ämtern und Diensten. Gregor d. Gr. setzt sich damit auseinander (s. S. 141). Im Mittelalter wird vor allem, wenn auch leicht abgewandelt, das Lehrsystem des Areopagiten in Theologie, Dichtung und bildender Kunst weiter tradiert.

f) In der christlichen Kunst, vor allem des Ostens, begegnen uns häufig Gestalten mit Flügeln, die trotz ihres Erscheinungsbildes nicht den Engeln im eigentlichen Sinn des Wortes zuzurechnen sind.

(1) Johannes der Täufer wird in der Ostkirche häufig geflügelt dargestellt. Dies geht zurück auf das Neue Testament. Jesus zitiert (Matth. 11, 10) eine Weissagung des Propheten Maleachi (3, 1), die er in seinem Vorläufer, dem Täufer Johannes, erfüllt sieht: „Siehe, ich sende meinen Engel (Boten) vor dir her, der deinen Weg vor dir bereiten soll." Das hebräische „Maleach" sowie das griechische „angelos" können gleicherweise mit Bote wie mit Engel übersetzt werden.

(2) Auch das Apokalyptische Weib trägt oft Flügel. Nach Offb. 12, 14 hat Gott sie ihr verliehen zur Flucht in die Wüste, um sie vor dem Drachen zu retten. Wird Maria mit dieser Himmelserscheinung identifiziert (s. S. 224f.), so kann auch sie auf Illustrationen zur Apokalypse mit Flügeln abgebildet werden.

(3) Christus selbst wird auf Ikonen als der „Engel (Bote) des großen Ratschlusses" mit Flügeln ausgestattet, nachdem „er uns von allem Botschaft gebracht hat, was er von seinem Vater gehört hatte" (Dionysius Areopagita, Himmlische Hierarchie 4, 3). Diesem Motiv liegt die jüdisch-gnostische Vorstellung zugrunde, daß alle göttliche Offenbarung durch Vermittlung der Engel erfolgt (vgl. Apg. 7, 53).

(4) Auch Heilige, deren Leben bzw. Lehre als „engelgleich" bezeichnet wurde, können geflügelt dargestellt werden.

2. Das Engelbild im Wandel der Jahrhunderte

Jede Zeit bildete sich die ihr entsprechende Engelvorstellung aus, die sich dann auch in der Ikonographie abzeichnet.

a) Die frühe Christenheit. Der Männerengel: Die Künstler der ersten Epoche stellen nach biblischen Berichten die Engel als Männer dar. Flügel haben sie keine. Dadurch wird eine unerwünschte Anpassung an die Bildtradition der außerchristlichen Umwelt mit ihren geflügelten, meist sehr weiblichen Genien, Niken und Göttinnen vermieden. Erst unter dem Einfluß Tertullians[2] setzt sich der Gedanke durch, daß auch Engel, wie alle Geschöpfe im Luftraum, Flügel haben. In der christlichen Kunst findet der geflügelte Engel jedoch erst 200 Jahre später Eingang, dann aber, von einigen Aus-

43. Der heidnische Prophet Bileam wird hier nicht von einem Meuchelmörder überfallen, sondern von einem robusten, bärtigen und flügellosen Männerengel in römischer Tracht gestellt (4. Mos. 22, 21ff.). Wandmalerei, 4. Jh., Rom, Neue Katakombe an der Via Latina.

nahmen in der Gotik und Renaissance abgesehen, endgültig und für alle Zeiten, ungeachtet aller sonstigen Veränderungen, die das Engelbild erfährt.

Auf frühen Bildern sind Engel häufig von irdischen Männern nicht zu unterscheiden und nur aus dem Zusammenhang der dargestellten Geschichte zu erkennen. Bisweilen sind sie bärtig.[3] Sie tragen die antike Tracht, die weiße Tunika, mit den beiden purpurnen Würdestreifen, den römischen Clavi, darüber das Pallium als Obergewand und an den Füßen Sandalen. Diese Kleidung bleibt bis ins hohe Mittelalter hinein das eigentliche Engelsgewand.

Mehr und mehr wird ihre Gestalt durch Größe und Würde hervorgehoben. Seit dem 5. Jh. erhalten sie mächtige Flügel, dazu den Nimbus um ihre Häupter als Zeichen ihrer Lichtgestalt.[4]

Im byzantinischen Einflußbereich finden sich einige Abweichungen. Dort haben die Engel von Anfang an Flügel, dazu sind ihre Gesichter weicher und nehmen bisweilen fast weibliche Züge an. Sie tragen ein Band (taenia) im Haar, dessen Enden auf beiden Seiten ausschwingen. Häufig werden sie – besonders wenn sie durch ihre Stellung hervorragen – mit prunkvoller byzantinischer Hoftracht ausgestattet. Das ist der ausdrückliche Wunsch des Kaisers, den er trotz Einspruch seiner Theologen durchsetzt. Über der weißen Tunika mit Goldclavi tragen sie dann das Pallium aus kostbarem, gemustertem Goldbrokat und an den Füßen Zeremonialschuhe. Oft werden sie mit dem kaiserlichen Ornat ausgezeichnet, dem Purpurmantel und – in späterer Zeit – mit dem edelsteinbesetzten Prunkgewand. Sie stehen auf Podesten. Diese zeichenhafte Erhöhung hat sich durch die Jahrhunderte hindurch, auch im Westen, erhalten. In ihrer Eigenschaft als Sendboten halten sie einen Stab, oft einen Kreuzstab, in der Rechten, als Engelfürsten häufig das Labarum, das römische Feldzeichen, mit dem Dreimalheilig (lateinisch sanctus oder griechisch hagios) als Inschrift.[5]

44. Michael (auf der anderen Seite des Triumphbogens Gabriel) in byzantinischer Hoftracht, als Wächter des Altarraums. Mosaik, 6. Jh., Classe bei Ravenna, S. Apollinare.

b) Das Mittelalter. Südlich der Alpen bleibt das Engelbild weithin der byzantinischen Tradition verpflichtet. Im Norden dagegen löst man sich allmählich davon. Nach der etwas weicheren und antikisierenden Epoche der karolingischen Renaissance[6] werden Gestalten und Gebärden dynamischer und ausdrucksstärker. Einen Höhepunkt erreicht die Darstellung der Engel in der Buchmalerei der Reichenau.[7]

Diese Kunst erinnert an die altsächsische Helianddichtung aus dem 9. Jh. Ein Beispiel aus der Hirtenverkündigung des Heliand zeigt die geistige Verwandtschaft zur entsprechenden Miniatur im Perikopenbuch Heinrichs II: „Sie sahen, wie die Finsternis in der Luft sich zerließ, und das Licht Gottes brach wonnig durch die Wolken, die Wärter dort im Feld umfangend. Da fürchteten sich in ihrem Mut die Männer. Sie sahen den mächtigen Gottesengel kommen, und gegen sie gewandt, befahl er den Feldhirten: Fürchtet nicht für Euch ein Leid von dem Lichte. Liebes soll ich Euch in Wahrheit sagen und sehr Erwünschtes künden von mächtiger Kraft, Krist ist geboren in derselbigen Nacht."[8]

Seit dem 13. Jh. ist das Engelbild in ständigem Wandel begriffen. Theologische Strömungen, die franziskanische Mystik und die durch diese angeregte Volksfrömmigkeit, ein neues Marienideal, dazu die sich ankündigende Renaissance und der Zeitgeschmack, prägen auch die Engelvorstellung immer wieder neu und lassen sie an der Fülle und Vielfalt menschlicher Erscheinungsformen teilhaben. So werden sie z. B. als Lobsänger Gottes mit allen erdenklichen Musikinstrumenten ausgestattet. Ritterengel, Priesterengel, Mädchenengel, Kinderengel, die Putten und schließlich die geflügelten Engelsköpfchen lösen sich ab, überlagern sich oder bestehen gleichzeitig nebeneinander. Ebenso wandeln sich auch spezifische Engelmerkmale wie Größe und Körperlichkeit, Flügel und Tracht.

(1) Der ritterliche Engel. Unter dem Eindruck der seit dem 12. Jh. aufblühenden ritterlich-höfischen Kultur wird die Engelhierarchie auch zum ritterlichen Stand in Beziehung gesetzt.

„Wie die Ritter eines irdischen Königs etliche alle Zeit an seinem Hofe wohnen und ihm Gesellen sind zum Lob und Trost, etliche beschirmen seine Städte und Burgen, etliche kämpfen wider seine Feinde, also auch die Engel, die Ritter Christi."[9]

45. Engel, ritterlicher Typus, Steinplastik vom sog. Josefsmeister, 13. Jh., Reims, Kathedrale, linkes Westportal.

Dieser neue Aspekt bringt einen neuen Bildtypus hervor, der sich vor allem an den gotischen Kathedralen Frankreichs findet. Der Engel gleicht sowohl in seiner unbefangenen, lebensfrohen Schönheit wie auch in seinem gesammelten Ernst dem Idealbild des jungen Ritters. Oft trägt er auch die höfische Kleidung: über dem fußlangen Gewand den übergeworfenen Mantel, der von einem Tassel zusammengehalten wird.[10] Häufig verzichtet der Künstler auf Flügel. Der Erzengel Michael, schon immer ein Streiter Gottes, wird jetzt sehr oft in voller Rüstung oder im Kettenhemd dargestellt[11] (s. auch Fürstentümer, S. 145). Die gleiche Vorstellung eines Fürstenhofes mag auch den flügellosen jungen Engeln zugrundeliegen, die sich Ende des 15. Jh. in Italien wie Edelknaben um Maria scharen.[12]

(2) Der priesterliche Engel. Die von Dionysius Areopagita (s. S. 128) beschriebene Spiegelgleichheit der Engelhierarchie im Himmel mit der kirchlichen Hierarchie auf Erden findet im Norden ihren bildlichen Ausdruck darin, daß seit dem 13. Jh. Engel häufig in liturgische Gewänder gekleidet sind. Das bisher als zeitlos empfundene

antike, weiße Engelsgewand wird nun zur Albe, dem priesterlichen Untergewand, das mit dem Zingulum gegürtet wird. Sie wird durch das weich geschlungene und in den Halsausschnitt eingesteckte Schultertuch, das Amikt, vervollständigt. Die Albe der Priester ist, wie der Name sagt, immer weiß, die der Engel kann auch farbig sein.[13] (Vgl. Abb. 65)

(3) Der Frauen- bzw. Mädchenengel. Ohne daß eine adäquate Strömung in der zeitgenössischen Literatur diesen einschneidenden Wandel vorbereitet hätte, nimmt das Engelbild weibliche Züge an. Diese ikonographische Neuorientierung nimmt im Westen bei Giotto und seinen Zeitgenossen ihren Anfang. Der Ursprung dieses Phänomens dürfte wohl im Wandel des Marienbildes zu suchen sein. An die Stelle der hieratisch-fernen Gottesgebärerin, der thronenden Theotokos, tritt die menschlich nahe Himmelsbraut und -königin. Es ist nur folgerichtig, wenn diese sich nun mit einem ihr gemäßen Hofstaat umgibt: „Und das ist der herrlich Hof, in dem das himmlische Heer wohnt, in dem mich (Maria) miteinander loben das Morgengestirn und alle jubilierenden Kinder Gottes. – Hier sieht man fröhliche Blicke wechseln, Harfen und Geigen, Singen und Springen, Tanzen und Reihen und immerwährende ganze Freude ..." (Aus dem „Büchlein der ewigen Weisheit" von Heinrich Seuse, 14. Jh.)[14]

Bildtypus: Die weiblichen Engel werden mit viel Schönheit ausgestattet. Ihre Flügel werden farbiger, ihre Gewänder prächtig, ja modisch, Blumen tragen sie in Händen oder im Haar.[15] Besonders eifrig musizieren sie. Der herbe Ernst, der in der Regel die Männerengel auszeichnete, wird abgelöst von paradiesischer Freude.

Diese Mädchenengel bleiben jedoch nicht auf das Hofgesinde der Maria beschränkt, auch nicht auf diese Zeitepoche; sie prägen von nun an im wesentlichen die Engelikonographie bis zum heutigen Tag.

Im 14. Jh. nehmen wir noch zwei weitere Wandlungen wahr:

(a) Die Engel werden häufig sehr klein dargestellt.[16] Bilden sie, die ihrer Größe nach weit hinter den zentralen, heiligen Gestalten zurücktreten, einen Übergang zu den Kinderengeln? Zeichnet sich eine Verniedlichung des Engelbildes ab? Vielleicht weist dieses Phänomen noch in eine andere Richtung: Treten bisher die Engel in der Regel als einzelne, sehr betonte und ehrfurchtgebietende Gestalten der jenseitigen Welt auf, so erscheinen sie jetzt auf den Bildern in großer Menge. Sie drängen sich z. B. um die Krippe und singen und spielen dem Kind; in Schmerz und Erregung umfliegen sie das Kreuz. Es scheint, als ob diese kleiner gewordenen Engel widerspiegeln, was die Gläubigen in der Nachfolge des Franz von Assisi an Freude und Schmerz empfunden haben, wenn sie sich meditierend in die heiligen Geschichten versenkten.

(b) Weiter zeigt sich die Neigung, die Leiblichkeit der Engel zu verflüchtigen. Das gilt vor allem für die fliegenden Engel. Nur mehr Haupt und Oberkörper besitzen feste Konturen, während der übrige Leib sich in eine kleine Wolke aufzulösen scheint – so bei Giotto und seiner Schule.[17] Bei Stefan Lochner und der Kölner Malerschule[18] geht die Gestalt in einen flatternden Gewandzipfel über. Es läßt sich nicht eindeutig sagen, ob hierbei die Geistleiblichkeit der Engel zum Ausdruck kommen oder ob unter dem Einfluß der Mystik das Leibliche hinter der Spiritualität zurücktreten soll.

(4) Der Kinderengel. Eine weitere einschneidende Wandlung vollzieht sich im 15. Jh. Aus den ritterlichen „Gesellen des Königs" werden die Spielgesellen des königlichen Kindes,[19] des „Jungcherre Christus", wie Berthold von Regensburg sich ausdrückt.[20]

„Ein jegelich engel schient also gestalter als ein kint in jaren vieren in der jugende", heißt es im jüngeren Titurel.[21] Und in seinem „Buch von der heiligen Lebine" gedenkt der Mystiker Giselher von Statheren der bethlehemitischen Kinder, die auf Befehl des Königs Herodes ermordet wurden: „Si hant aber nu den trôst des ewigen lîbes (Lebens) un sint des (Christ)kintes spilgenosse worden dâ ze himele."[22]

Wie sehr diese Verkindlichung der Engel Ausdruck der gefühlsbetonten, mystischen Frömmigkeit der Zeit ist, zeigt sich in der Selbstbiographie Seuses. Er erzählt im 11. Kapitel, daß ein „wohlsingender Knab" einem frommen Jüngling ein Körbchen roter Beeren bringt von „seinem Freund und Himmelsherrn Jesus Christus".[23]

Diese zierlichen Kinderengel mit ihren farbigen Flügeln haben bisweilen etwas Vogelähnliches an sich. Im 15./16. Jh. können En-

46. Vogelengel, die Zinke blasend. Holzschnitzerei, Englischer Gruß, Detail, Veit Stoß, 1517/18, Nürnberg, St. Lorenz.

gel auch tatsächlich wie Vögel am ganzen Leib gefiedert, ja auch vogelgestaltig dargestellt werden.[24]

Die Vorstellung des Vogels als Bote ist uralt. So verwundert es nicht, wenn auch der Engelbote mit einem Vogel verglichen wird. In einem Lied aus dem 16. Jh., das die Verkündigung an Maria besingt, heißt es z. B.: „Es flog ein Vogel leise zu einer Jungfrau rein nach eines Engels Weise wohl in ihr Klauselein ...“

(5) Der Putto (lateinisch puttus = der kleine Knabe). Während der Kinderengel auf das nördliche Abendland beschränkt bleibt, entsteht in der italienischen Frührenaissance – zum ersten Mal bei Donatello – unter dem Eindruck der wiederentdeckten Antike der Bildtypus der kleinen, nackten, oft recht übermütigen und schelmischen Engelputti, teils mit, teils ohne Flügel. Sie verrichten die üblichen Engeldienste, ins Verspielte abgewandelt, mit dem gleichen Eifer wie ihre antiken Vorfahren, die Amoretten. Die Putten sind bald im ganzen Abendland daheim. Aus den Bildwerken der Renaissance, des Barocks und des Rokoko sind sie nicht wegzudenken. Für die Künstler waren die Putti eine willkommene Mög-

lichkeit, das neuentdeckte nackte Kind in allen Phasen seiner spielerischen Bewegungen zu beobachten und im Bild festzuhalten.[25]

(6) Die geflügelten Engelsköpfchen. Selbst Putten sind noch reduzierbar. Übrig bleiben Engelsköpfchen mit zwei neckischen Flügelchen. Wenn sie in großen Scharen auftreten, bilden sie gleichsam weiße Wolkenfelder am blauen Himmel.[26] Dabei haben sie formgeschichtlich eine bedeutsame Ahnenreihe. Sie leiten sich von den Cherubim und Seraphim (s. S. 168) ab, die man seit dem 13. Jh. auch im italienischen Bereich als körperlose Flügelwesen darzustellen begann.

Engelschöpfung

Über die Herkunft der Engel gibt die Bibel keinen Aufschluß. Umso mehr Gedanken machen sich seit der frühen Christenheit die Theologen. Die einen nehmen an, daß die Engel vor der Erschaffung der Welt, die andern, daß sie als Lichtwesen – zusammen mit dem Licht am ersten Schöpfungstag – ins Leben gerufen wurden. Danach sollen sie einen jauchzenden Lobpreis auf Gott angestimmt haben. Man berief sich dabei auf die Frage Gottes an den hadernden Hiob (38,7): „Wo warst du, als mich die Morgensterne lobten und jauchzten alle Kinder Gottes?"

Darstellung: Die Erschaffung der Engel wird meist innerhalb der Schöpfungszyklen zu Beginn des Sechstagewerks dargestellt. Wenig ins Auge fallend, umgeben die Engel bzw. die Engelchöre den Creator und beten ihn an.[1] Eine dramatischere Bildform läßt die Engel zugleich mit dem aufstrahlenden Licht hervorbrechen.[2] Selten wird die Erschaffung der Engel *vor* der Weltschöpfung dargestellt.[3] (Vgl. Abb. 47 und 67)

Engelsturz

Von einem Engelsturz, ähnlich dem Sündenfall der Menschen, hören wir im Alten Testament ebenfalls nichts, es sei denn, wir zögen die dunkle, mythische Stelle aus 1. Mose 6, 1–4 heran, nach der sich Engel mit irdischen Frauen vermischt haben. Für das Spätjudentum jedoch wie für die frühe Christenheit gehörte die Vorstellung vom Aufruhr und Sturz eines Teiles der Engel zum unbestrittenen Glaubensgut. Sie erwächst aus der Frage nach dem Ursprung des Bösen.

Im Neuen Testament deuten zwei Stellen darauf hin: Judasbrief V. 6, sowie 2. Petrusbrief, 2,4: „Gott hat die Engel, die gesündigt haben, nicht verschont, sondern hat sie mit Ketten der Finsternis zur Hölle gestoßen."

Häufig wird der Engelsfall mit dem Michaelskampf (s. S. 150f.) identifiziert.

Die Versuche, den Sturz der Engel zu begründen, gehen in zwei Richtungen:

(1) Die Hybris (Überheblichkeit) ergreift *vor* der Erschaffung der Welt den höchsten der Engel, Luzifer. Er kann es nicht ertragen, unter Gott stehen zu müssen. Der Erzengel Michael schlägt die Rebellion nieder. Die aufrührerischen Engel stürzen in die Tiefe, die Hölle wird ihr neuer Aufenthalt, die Erde wird ihr diabolischer Wirkungsbereich. „Es werde Licht!" – damit werden die lichten Engel geschaffen. „Und Gott schied das Licht von der Finsternis" – damit vollzieht sich ihre Scheidung (1. Mose 1). Wolfram von Eschenbach schildert dies im Parzival (Kp. 9): „Bedenkt, was Luzifer errang / mitsamt den Kampfgenossen sein. / Sie waren unschuldsvoll und rein / Herrgott, woher kam Haß und Neid / in sie bei ihrem langen Streit / davon die Hölle ward ihr Lohn? / ... Die hehren Himmelskreaturen / durch Neid und Zorn zur Hölle fuhren. / Als Luzifer zur Höll entschwand / mit seiner Schar – der Mensch entstand." Mit diesen Worten warnt der Einsiedler Trevrizent seinen Neffen Parzival vor der Auflehnung gegen Gott.

(2) Die zweite Version: Der Fall der Engel geschieht *nach* Vollendung der Schöpfung. Das Ärgernis für Luzifer ist der präexistente Christus (s. Logos), der die Züge des aus Erde gemachten Menschen trägt und den er als göttlich verehren soll. Nach seinem Fall beschließt er, den Menschen, das Ebenbild Gottes, zunichte zu machen. „Eritis sicut Deus" – „Ihr werdet sein wie Gott" (1. Mose 3,5). Mit diesem hybriden Versprechen reißt er ihn in seinen Sturz mit hinein.

47. Erschaffung und Sturz der Engel. Links oben: die Dreieinigkeit geht mit sich zu Rate. Darunter: Erschaffung der Engel, die je eine Triade repräsentieren (vgl. S. 142). Rechts oben: Empörung und Verzweiflung der von Luzifer – als Seraph mit Krone und Spruchband – verführten Engel. Darunter: ihr Sturz in den Höllen-Ketos-Rachen (vgl. S. 60) und ihre Verwandlung in schwarze Teufel. Miniatur aus der Bilderbibel von Guiard des Moulins, Paris, um 1410, Brüssel, Bibl. Royale (Ausschnitt).

Dem Engelfürsten legte man ein Wort, als späte Klage, in den Mund, das Jesaja (14, 11–15) im Blick auf Babylons Fall gesprochen hatte: „Wie bist du vom Himmel gefallen, du schöner Morgenstern! Wie dachtest du doch in deinem Herzen: Ich will in den Himmel steigen und meinen Thron über die Sterne Gottes erheben. Ich will über die hohen Wolken fahren und gleich sein dem Allerhöchsten! Ja, zur Hölle fuhrst du, zur tiefsten Grube." Aufgrund dieser Bibelstelle wurde dem Anführer des Aufruhrs gegen Gott der Name Luzifer = Morgenstern = Lichtträger beigelegt. Der Lichtträger wird zum „Fürsten der Finsternis".

Darstellung: Der Engelsturz wird sowohl im Michaels- als auch in Schöpfungszyklen – hier zusammen mit der Erschaffung der Engel

– dargestellt (s. Anm. 1). Verbunden mit dem Michaelskampf kann es zu einer eigenen Bildform kommen.[4]

Vor dem Sturz: Luzifer trägt, manchmal seraphgestaltig, Krone, Szepter und Machtscheibe zum Zeichen seiner hohen Stellung in der Engelhierarchie. Ein Schriftband mit der oben zitierten Stelle aus Jes. 14, 13 gibt den Grund seines Falles an: „Ascendam in caelum ...“[5]

Der Sturz: Auf manchen Bildern werden die abgefallenen Engel wie magnetisch in die Tiefe gezogen, auf anderen verjagen Michael und seine Mitstreiter die Empörer mit Schwert und Lanze von ihren Thronen und stürzen sie durch die Wolken hinab auf die Erde. Im Fall verlieren sie meist ihre helle Engelsgestalt und werden zu dunklen Teufeln.[6] Ihr Sturz endet im Rachen der Hölle, deren Flammen aus der Erde herausschlagen. Ihre Throne im Himmel stehen leer oder werden zerbrochen.[7]

Engelhierarchie (Engelchöre)

Die Bibel kennt verschiedene Engelgruppen bzw. -chöre. Im Alten Testament hören wir von Cherubim, Seraphim und Erzengeln, im Neuen Testament auch von Thronen, Herrschaften, Fürstentümern, Gewalten und Kräften. Diese seltsamen Namen bezeichnen Engelwesen, deren Machtbereiche sich auf Himmels- und Erdenwelt erstrecken. Bereits im 4. Jh. bekommen diese Engelordnungen einen Platz in den eucharistischen Hochgebeten. „Durch ihn (Christus) preisen die Engel deine Majestät, beten die Herrschaften dich an, verehren dich zitternd die Mächte. Die Himmel und Himmelsgewalten und die seligen Seraphim feiern dich jubelnd im Chor: Heilig, heilig, heilig ist der Herr Zebaoth, alle Lande sind seiner Ehre voll ...“[1]

Im 5. Jh. schreibt der vom Neuplatonismus stark geprägte Theologe und Mystiker Dionysius Areopagita (s. S. 128) sein Werk über die Hierarchie der Engel, die „Hierarchia coelestis“. Er sucht den tieferen Sinn der biblischen Chöre zu erschließen. Dabei bedient er sich der zeitgenössischen Zahlensymbolik. Die heilige Drei wird zur Schlüsselzahl. Die Hierarchie der Engel sieht er aufgegliedert in drei Triaden, die ihrerseits wieder in je drei –

zusammen neun Chöre – unterteilt sind. Die erste und ranghöchste Triade umfaßt „Seraphim“, „Cherubim“ und „Throne“, Engel, die anbetend um Gottes Thron verweilen und in die das Urlicht unmittelbar einströmt. Diese geben das Licht der Erkenntnis und Liebe Gottes weiter an die drei Chöre der mittleren Triade, die „Herrschaften“, „Mächte“ und „Gewalten“, die es weitervermitteln an die unterste Triade, die „Fürstentümer“, „Erzengel“ und „Engel“. Diese sind dazu bestimmt, das Gotteslicht der kirchlichen Hierarchie anzuvertrauen, die – den Engeln spiegelgleich – das Licht der Offenbarung in Wort, Sakrament und dienender Liebe an die Menschen auszuteilen berufen ist. Am Ende der Tage aber holen die Engel das Gotteslicht in den erleuchteten und erlösten Menschen wieder heim, das dann in das göttliche Urlicht zurückströmt.

Auch Gregor der Große befaßte sich mit der Engellehre. Als Römer dachte er praktischer als der Grieche Dionysius. Er sah in den biblischen Engelchören Gemeinschaften, die von Gott mit spezifischen Aufgaben betraut sind. Die erste Hauptgruppe bilden die Seraphim und Cherubim, die kontemplativ und lobpreisend Gottes Thron umgeben. Die zweite Gruppe umfaßt fünf aktive Engelchöre, die bis ins Kosmische hinein wirken. Die Erzengel und die Engel bilden die dritte Gruppe; sie wenden sich direkt den Menschen zu.[2]

Dante, der zunächst mit der Lehre Gregors sympathisierte, bekannte sich später zu Dionysius. In seiner Divina Commedia bemerkt er dazu: „Um die Betrachtung dieser Ordnungen / bemühte Dionysius sich so heiß, / daß er, wie ich, sie euch bezeichnen konnte. / Gregorius zwar entfernte sich von ihm / und mußte, als er hier im Himmel dann / die Augen auftat, lachen über sich.“[3]

Der Areopagite findet im 13. Jh. in Jakobus Voragine einen handfesten Interpreten. In dessen weit verbreiteter „Legenda Aurea“ ergänzt und bereichert er die spirituelle Beschreibung der mittleren und unteren Triade aus den Schriften der Kirchenväter, vor allem aber Gregors des Großen, und macht sie damit darstellbar. Viele der folgenden Kennzeichen der einzelnen Chöre gehen auf diese Überarbeitung zurück.[4]

Darstellung: Bei der Ikonographie der Engelchöre wird meist frei verfahren. Eine einheitliche Norm für charakteristische Kennzeichen der einzelnen Engelchöre wie Kleidung, Farbe, Attribute u. a. ist nicht zustandegekommen.

An folgenden allgemeinen Merkmalen kann man Engelchöre erkennen:

(1) Häufig werden die einzelnen Chöre nur durch einen oder zwei Engel vertreten.[5] Erst dem späteren Mittelalter ist es vorbehalten, die Chöre in Engelgruppen darzustellen.[6]

(2) Engelchöre gruppieren sich um eine feste Mitte, wie z. B. um die Dreifaltigkeit, um Gottvater, um Christus, besonders häufig um Maria, die „Königin der Engel". Bei dieser Anordnung ergeben sich oft reizvolle geometrische Formen wie Rechtecke, Quadrate, Kreise, geschwungene Arkaden u. a., die wie ein Gehäuse die einzelnen Chöre umfassen. (Vgl. Abb. 63)

(3) Manchmal werden die Engelchöre namentlich bezeichnet (lateinisch oder griechisch).

(4) Eine Aufgliederung vieler Engel in drei größere bzw. neun kleinere Gruppen zeigt, daß es sich hier um Engeltriaden bzw. um Chöre handelt, auch wenn diese weiter keine besonderen Kennzeichen aufweisen.[7]

(5) Sind auf einem Bild deutlich abgegrenzte Engelchöre dargestellt, die vom Dreierschema abweichen – dies kann vor allem in Sakramentaren oder Missalen der Fall sein – so wird sich der Künstler nach der Zahl der Chöre gerichtet haben, die in den ortsüblichen liturgischen Hochgebeten namentlich genannt werden.[8]

(6) Erscheinen auf einem Bild mit Engelchören zusätzlich einzelne Engel, z. B. als Träger der Mandorla Christi, so sind sie nicht als weiterer Chor zu zählen.

Ikonographische Anmerkungen zur himmlischen Hierarchie

a) Die erste und ranghöchste Triade. Die Engel der drei obersten Chöre sind in komptemplativer Beschauung anbetend und lobpreisend um Gottes Thron versammelt:

Erster Chor: die Seraphim (s. S. 167), d. h. „die in der Liebe Gottes Brennenden". Merkmale und Attribute: sechs-, später vier-, auch zweiflügelig. Die ihrem Wesen entsprechende Farbe ist rot. Häufig mit Sanctus-Blatt, Weihrauchfaß und Musikinstrumenten.

Zweiter Chor: die Cherubim (s. S. 160), d. h. „die mit der Fülle

48. Die Engelhierarchie. Um die Sphäre des göttlichen Lichts bewegen sich je zwei Vertreter der Engelchöre von beiden Seiten auf Christus zu, der umgeben ist von Seraphim und Cherubim (Flügelwesen). Die Chöre sind namentlich ausgewiesen und in ihrer Eigenart durch Gewandung, Attribute und Gebärden näher charakterisiert. Abweichend von der allgemeinen Vorstellung treiben die ,,Virtutes" Teufel aus, was Aufgabe der ,,Potestates" ist. Kuppelmosaik, 1250–60, Florenz, Baptisterium (Ausschnitt).

der Erkenntnis Gottes Ausgestatteten". Merkmale und Attribute: vier-, auch zwei- und sechsflügelig. Die ihrem Wesen entsprechende Farbe ist blau. Häufig mit Büchern oder mit dem Sanctus-Blatt der Seraphim.

Beide Chöre können auch als reine Flügelwesen dargestellt werden. Die rote, bzw. blaue Farbe ihrer Flügel und Kleider kann sich bisweilen auf ihre Hautfarbe (Incarnat) erstrecken. Im späten Mittelalter werden beide Chöre häufig jeweils in einer leuchtend blauen bzw. roten Gloriole zusammengefaßt. (Weitere Attribute vgl. S. 170.)

Dritter Chor: die Throne (griechisch thronoi, lateinisch throni). Merkmale und Attribute: kostbare Gewänder, Herrschaftsinsignien wie Krone, Schwert, Szepter, Machtscheibe, Reichsapfel. Im byzantinischen Einflußbereich können sie auch als geflügelte bzw. feurige Räder dargestellt werden (s. Cherubim S. 162).

b) Die zweite Triade. Die Engel dieser mittleren Triade sind mit umfassenden, auch kosmischen Aufgaben betraut.

Erster Chor: Die Herrschaften (griechisch kyriotetes, lateinisch dominationes). Sie gebieten den niederen Engeln und weisen ihnen ihre Aufgaben zu. Merkmale und Attribute: häufig mit Lilienstab (Gerichtsstab), auch mit Kreuzesfahne.

Zweiter Chor: Die Kräfte oder Mächte (griechisch dynameis, lateinisch virtutes). Sie sind einerseits Assistenten Gottes bei seiner immerwährenden Schöpfertätigkeit, zum anderen haben sie Vollmacht, Wunder zu wirken und zu heilen. Merkmale und Attribute: bisweilen mit Baum, Strauch, Tieren oder mit Salb- bzw. Apothekergefäß; auch dargestellt beim Heilen von Kranken.

Engel dieser *beiden Chöre* tragen meist prächtige Gewänder oder priesterliche Tracht.

Dritter Chor: Die Gewalten (griechisch exusiai, lateinisch potestates). Ihr Dienst besteht in der Abwehr des Bösen. Sie haben Macht, böse Gewalten und Geister zu bannen. Merkmale und Attribute: häufig in Rüstung, mit Helm, Lanze, Schild, Schwert und Fahne, evtl. auch mit Ketten zum Binden der Dämonen. Bisweilen dargestellt beim Austreiben von Dämonen.

c) Die dritte Triade. Die Engel der untersten Chöre sind den Menschen zugewandt.

Erster Chor: Die Fürstentümer (griechisch archai, lateinisch principatus). Ihre Verantwortung erstreckt sich über Länder und Völker. Merkmale und Attribute: bisweilen in Rüstung mit Schild, Kreuzesfahne und Szepter, evtl. auch mit Palmzweig als Zeichen des Sieges.

Zweiter Chor: Die Erzengel (griechisch archangeloi, lateinisch archangeli). Ihr Aufgabengebiet erstreckt sich auf einzelne Städte, dazu sind sie Verkünder der vera summa, der höchsten Wahrheit. Merkmale und Attribute: geöffnete Buchrolle, evtl. auch Stadttor oder Mauermodell. (Weitere Attribute der einzelnen Erzengel s. dort.)

Dritter Chor: Die Engel (griechisch angeloi, lateinisch angeli). Sie stehen als Schutzengel den einzelnen Menschen bei und lehren sie die vera minima, die schlichten Wahrheiten. Merkmale und Attribute: meist einfache Engelgewänder. Mit geschlossenen Schriftrollen, auch mit liturgischen Geräten und Musikinstrumenten. Meist dargestellt als zur Erde Eilende.[9]

Die vera summa bedeuten nach Legenda Aurea die großen Dinge, die vielen Menschen zu ihrem Heil mitgeteilt werden, die vera minima dagegen kleine Dinge, die den einzelnen Menschen von ihren Engeln übermittelt werden.[10]

Als Wertskala hat sich diese Anordnung der Chöre, besonders hinsichtlich der Erzengel, nicht durchsetzen können. Allgemein genießt Michael die höchste Verehrung, nachdem er schließlich beinahe alle Eigenschaften und Aufgaben sämtlicher Chöre in sich vereint.

d) Der zehnte Chor. Wir sahen, daß die Engelhierarchie aufgebaut ist auf der heiligen Drei, mit drei Triaden und neun Chören.

Nun wird aber im hohen Mittelalter die Neun mehr und mehr abgewertet. Umso mehr gewinnt die Zehn an Bedeutung. Sie wird zu einem Sinnbild der Vollkommenheit. Das wirkt sich auch auf die Engelhierarchie aus. Die ursprünglich zehn Engelchöre, so glaubt man, seien durch den Abfall Luzifers auf neun verringert worden. Die leerstehenden Plätze seien noch vorhanden und würden von Gott wieder aufgefüllt durch die Heiligen und Seligen.[11]

„Gott helfe uns dor (dazu) / hin in den zehnten Chor, / daraus den Höllenmohr (den schwarzen Teufel) / sein Falschheit versto-ßen hat / und der noch den Guten offenstaht.“[12] So singt Hartmann von Aue im 12. Jh. in einem Kreuzfahrerlied.

Der Thron Luzifers, des Allerhochmütigsten, soll nach der Vision eines Franziskaners dem Allerdemütigsten vorbehalten sein, dem Heiligen Franz.[13]

Zum Schluß sei auf Dantes Göttliche Komödie verwiesen, wo der Dichter im 28. Gesang des Paradieses die Engelchöre erschaut, die um Gott als ihre leuchtende Mitte kreisen.[14]

Die Erzengel

Erzengel (griechisch archangeloi, lateinisch archangeli) sind nach der vorherrschenden Tradition die vornehmsten und ranghöchsten Engel, die Engelfürsten.

Nach der alttestamentlichen (apokryphen) Schrift „Tobias“ (12, 15) sind es sieben an der Zahl, die „vor Gott stehen“, seiner Sonderaufträge gewärtig. Entsprechend werden auch die „sieben Geister, die da sind vor Seinem Thron“ aus Offb. 1, 4 und 5, 6 häufig als Umschreibung der Erzengel gedeutet.

Als einzige der himmlischen Wesen tragen die Erzengel eigene Namen. Drei davon kennen wir aus der Bibel: Michael (s. S. 147), Gabriel (s. S. 155) und Raphael (s. S. 156), einen vierten: Uriel (s. S. 158), aus den außerkanonischen Büchern des 4. Esra (4, 1) und Henoch (9, 1 ff.). Aufgrund rabbinisch-apokrypher Quellen werden auch die Namen der drei übrigen Erzengel ergänzt. Die Kirche wendet sich dagegen, jedoch mit geringem Erfolg.[1] Besonders Uriel tritt in Schrift und Bild – meist zusammen mit den drei biblischen Erzengeln – immer wieder in Erscheinung. Ein frühes jüdisches Gebet lautet: „Zu meiner Rechten Michael, zu meiner Linken Gabriel, vor mir Uriel, hinter mir Raphael und über meinem Haupte die Gegenwart Gottes“.[2] Ähnliche Formulierungen finden sich in der frühmittelalterlichen christlichen Gebetsliteratur.

Der Dienst der Erzengel gilt in gleicher Weise Gott und den Menschen, den einzelnen wie ganzen Völkern. Deshalb greifen sie auch aktiv in die Heils- und Weltgeschichte ein.

49. In der Mitte Christus Victor, der sieghafte Christus. Er tritt nach Ps. 91 (90), 13 Löwe und Drache, Schlange und Basilisk (dieser hier von der Norm abweichend, vgl. S. 46) unter seine Füße. (Vgl. S. 85.) Christus ist flankiert von zwei Engelfürsten mit Heroldsstab, in denen man Michael und Gabriel erblicken darf. Darüber erheben zwei fliegende Engel das Gemmenkreuz im Clipeus. (Vgl. S. 192.) Einbanddeckel des Lorscher Evangeliars, Elfenbein, Anfang 9. Jh., Hofschule Karls des Großen, Rom, Biblioteca Apostolica Vaticana (Ausschnitt).

Darstellung. Die Erzengel werden dargestellt im üblichen weißen Engelsgewand, häufiger jedoch in der kostbaren Kleidung des byzantinischen Hofes, ja sogar im kaiserlichen Ornat (s. S. 131). Bisweilen tragen sie auch die Rüstung eines römischen Feldherrn mit Tunika, Chlamys und Stiefeln. Ihre Vollmacht wird durch Herrscherinsignien bezeichnet: die Sphärenkugel, später den Reichsapfel mit dem Kreuz, die Machtscheibe (Diskus), den langen Herrscherstab, das Szepter, den Heroldsstab und schließlich das Labarum (s. S. 131).[3]

Nicht immer sind die Erzengel eindeutig als solche zu erkennen, besonders wenn sie das schlichte weiße Gewand tragen. Falls keine Inschrift Auskunft gibt, kann man bisweilen nur von der Größe, der Haltung und der Funktion her auf ihren hohen Rang schließen.

Der Kult der Erzengel hat sich nennenswert nur in der Ostkirche entwickelt. Dort werden auch alle sieben zusammen dargestellt in der Synaxis, der Versammlung der Erzengel.

Von früh an werden die Erzengel zu zweit oder zu viert abgebildet. Bei zweien handelt es sich immer um die beiden Chorführer, Michael und Gabriel. Als Thronassistenten umgeben sie – nach byzantinischem Zeremoniell – in strenger Symmetrie den Thron Christi (oder seiner Mutter); als Fürsten geleiten sie ihren König, bzw. ihre Königin; sie verehren Christus den Allherrscher (griechisch Pantokrator), den Gekreuzigten, auch dessen Symbole, wie etwa den bereiteten Thron (die Etimasie) oder das Kreuz; und sie wachen in seinem irdischen Heiligtum, dem Gotteshaus.[4] (Vgl. Abb. 24)

Seit dem 11. Jh. werden vor allem im Norden die drei biblischen Erzengel miteinander dargestellt. In einer Inschrift auf dem Basler Antependium werden sie zum ersten Mal durch ihre Namen nicht nur bezeichnet, sondern auch charakterisiert.[5] Im späten Mittelalter führen sie dann meist ihre Attribute mit sich, an denen sie eindeutig zu erkennen sind.[6]

In gemeinsamen Aktionen werden die Erzengel kaum je dargestellt. Jeder von ihnen hat seinen spezifischen Auftrag. Ihn auszuführen ist Sache jedes einzelnen Engelfürsten.

Erzengel Michael

Michael ist der Anführer der Erzengel, die profilierteste und hintergründigste Engelgestalt überhaupt.

Sein Name (hebräisch) Michael = „Wer ist wie Gott?" ist eine Kampfansage. Sie gilt Luzifer (s. S. 138).

Nach der Bibel ist Michael:
der Schutzengel Israels und der „vornehmste Fürst", der für Gottes Volk kämpft und dessen Sache vertritt (Dan. 10, 13),
der Kämpfer gegen den Satan (Offb. 12, 7ff.),
der Engel des Weltgerichts, der am Ende der Zeiten für das Volk Gottes einsteht (Dan. 12, 1 u. 2).

Seit der frühen Christenheit steht der Erzengel Michael in höchstem Ansehen. Irenäus nennt ihn den „Führer der himmlischen Heerscharen", Origenes den „Engel der christlichen Völker", Alkuin den „höchsten in der Himmelsburg", Rabanus Maurus „die Zierde der heiligen Engel Christi".[7]

Daran änderte sich auch nichts, als der Mystiker Dionysius (s. S. 128), dem die kontemplativen Engel näher stehen, den kämpferischen Erzengel der niedersten Triade zuteilte. Anders denken die jungen christlichen Völker. Für sie ist Michael der starke Mann, dessen Schutz sie sich anvertrauen können.

So ist es verständlich, daß sich bald viele Legenden um die Gestalt dieses Engelfürsten ranken, daß auf ihn uralte Lokalmythen übertragen werden, daß er häufig das Erbe vorchristlicher Gottheiten übernimmt. Viele der ihm geweihten Gotteshäuser[8] werden über alten – oft auf der Höhe gelegenen – Kultstätten errichtet. Auf dem Konzil von Mainz 813 wird auf Veranlassung Ludwigs des Frommen das Fest Michaels auf den Herbstbeginn gelegt, auf die Woche, die vordem dem Kult Wotans galt.

Die Verehrung des Erzengels Michael ist auf mannigfache Weise im Bewußtsein des Volkes verankert.

1. Michael als Schutzherr der Christenheit

Der Erzengel und Hüter Israels ist nun zum Schutzherrn der Kirche geworden. Ihre Sache führt er.

Von den christlichen Völkern wird er als mächtiger Schutzpatron in Anspruch genommen. Sie sehen in ihm ihren Bannerträger und Mitstreiter. Auf Fahnen wird sein Bild in der Schlacht vorangetragen. Entscheidende Siege werden ihm zugesprochen. Eine Lanze mit seinem Bild, kurzweg der „Engel" genannt, ist das Feldzeichen der Deutschen im siegreichen Kampf gegen die Ungarn auf dem Lechfeld 955. In Gebeten und Liedern wird er angerufen: „Unüberwindlich starker Held, St. Michael! Komm uns zu Hilf, zieh mit zu Feld! Hilf uns hie kämpfen, die Feinde dämpfen, St. Michael!" – so singt man noch im 17. Jahrhundert.

Nicht nur im irdischen Kampf wird Michael angerufen, auch im geistlichen: „Michael führt der Engel Schar, / ein hoher Fürst ist er fürwahr; / unter seim Fähnlein schweben / all Engel, streiten Tag und Nacht / wider des Teufels List und Macht / und seim Mord widerstreben."[9]

Auch die Gotteshäuser stehen unter seinem Schutz. Die Westwerke der karolingischen Kirchen besaßen vermutlich alle ein Michaelsheiligtum. Die dämonengefährdete Westseite der Gotteshäuser trägt häufig das Bild Michaels.[10]

2. Michael, der Kämpfer gegen den Satan

Der Satan erscheint vor der Zeit in der Gestalt Luzifers (s. Engelsturz, S. 137) und am Ende der Zeit in der Gestalt des apokalyptischen Drachen.

Der siegreiche Kampf des lichten, tapferen Helden gegen den finsteren, zerstörerischen Drachen gehört zu den Urmythen der Menschheit.

Der Held kann ein Gott sein. So kämpft der babylonische Marduk gegen den Chaosdrachen, die Tiamat. Der ägyptische Sonnengott Re tötet am Neujahrstag die Apophisschlange, die sich der Sonnenbarke in den Weg stellt. Apollon vernichtet die Pythonschlange. Die Götter haben ihr irdisches Abbild in den Heroen, z. B. in Perseus, der Andromeda vom Drachen befreit, in Herakles, der die siebenköpfige Hydra tötet, oder in Siegfried, der den Fafnir erschlägt. Diese wiederum haben in den Heiligen Nachfolger erhalten, der bekannteste unter ihnen ist der Drachentöter St. Georg.

Von kosmischer Größe ist der Drachenkampf Michaels. Er wird zum verbindlichen Bild und Zeichen der letzten, entscheidenden

50. Michael, weit ausschreitend, bezwingt mit machtvoller Gebärde den Drachen. Der Hl. Laurentius mit der Palme des Märtyrers weist auf den sieghaften Erzengel hin. Tympanonrelief, um 1170, Erwitte, St. Laurentius, Südportal.

Auseinandersetzung Gottes mit seinem Widersacher. „Und es erhob sich ein Streit im Himmel: Michael und seine Engel stritten mit dem Drachen, und der Drache stritt und seine Engel. Und diese siegten nicht, auch ward ihre Stätte nicht mehr gefunden im Himmel. Und es ward ausgeworfen der große Drache, die alte Schlange, die da heißt der Teufel und Satanas, der die ganze Welt verführt und ward geworfen auf die Erde und seine Engel wurden auch dahin geworfen" (Offbg. 12, 7–9).

Darstellung. Bildtypus: Michael im antiken Engelgewand, später in voller Ritterrüstung, schwingt sein Schwert gegen den Drachen oder stößt ihm die Kreuzeslanze in den Rachen oder setzt gelassen seinen Fuß auf den besiegten Feind.[11]

Diesen erregenden Kampf zeigen die illustrierten Apokalypsen, die seit dem 9. Jh. entstehen.[12]

Seit dem 10. Jh., erstmals schon vereinzelt um 800, wird im Westen der Drachenkampf zu einem Hauptthema der Michaelsdarstellungen, auch der christlichen Kunst überhaupt. Er löst sich aus dem Zusammenhang der apokalyptischen Vision heraus und wird zum überragenden, selbständigen Bildtypus, zum sieghaften Symbol des Kampfes zwischen Licht und Finsternis.

3. Michael als Seelengeleiter (Psychopompos)

Die Vorstellung, daß die Seelen der Verstorbenen durch Tiere, Götter oder andere Wesenheiten ins Jenseits hinübergeleitet werden, reicht in die Frühzeit der Menschheit zurück. Der bekannteste Psychopompos ist Hermes: „Winkend führt er sie an. So folgen sie schwirrenden Flugs" (Odyssee, 24. Kap.; vgl. auch die Sage von Orpheus und Eurydike).

Im Neuen Testamtent wird Luk. 16 das Gleichnis vom reichen Mann und vom armen Lazarus berichtet. In ihm tragen Engel die Seele des verstorbenen Lazarus in Abrahams Schoß, d. h. sie geleiten den Verstorbenen in die Gemeinschaft der Glaubensväter. Bereits im 5. Jh. wird dieses Seelengeleit dem Erzengel Michael zugeschrieben. „Michael ist in besonderer Weise von Gott die Macht gegeben über die Seelen der Christenmenschen, die aus diesem Leben scheiden, daß er sie herausnimmt und in die erhabene Ruhe des Paradieses hineinführt."[13]

So werden Friedhofskapellen und Carner (Häuser für Totengebeine) Michael geweiht, die Totenbahre wird zu „St. Michaels Roß", der Verstorbene schläft „St. Michaels Schlaf". In einem alten, heute noch gebräuchlichen Offertorium der Seelenmesse betet die Gemeinde: „Bannerträger St. Michael, geleite sie (die Seele) in das heilige Licht."

Darstellung: Sonderbarerweise sieht man Michael in dieser Eigenschaft selten abgebildet;[14] meist sind es einfache Engel, welche die kleinen „Seelichen" in einem Tuch zum Himmel tragen. (Vgl. Engeldienste, S. 187.) Häufig dagegen findet man Inschriften zu seinen Bildern, wie etwa am Marinus-Schrein von 1183: „Princeps aetherius, exime nos" = Fürst aus der ätherischen Himmelswelt, entrücke uns![15]

4. Michael als Seelenwäger

Auch das Symbol der Waage ist sehr alt. In Rom ist sie Attribut der personifizierten Gerechtigkeit, der Justitia, und somit Sinnbild des gerechten Gerichtes. Nach der Ilias (22, 709f.) wird Leben oder Tod der Heroen durch die Schicksalswaage bestimmt: „Da spannte der Vater (Zeus) die beiden goldenen Schalen und legte in sie die beiden Lose des hinstreckenden Todes, jenes des Achilleus und jenes des Rossebändigers Hektor." Die Vorstellung aber, daß die guten und bösen Taten eines Verstorbenen im Waagegericht festgestellt werden, besteht schon seit dem 3./2. Jt. v. Chr. in Ägypten. Inmitten eines Totengerichtes wägt der schakalköpfige Totengott Anubis das Herz des Abgeschiedenen gegen die Maat (Gerechtigkeit) ab, deren Symbol eine Feder ist.

Auch das Alte Testament gebraucht das Bild der Waage. „Der Herr wägt die Geister" (Spr. 16). „Sie wiegen weniger als nichts, soviel ihrer ist" (Ps. 62 (61), 1). Zum dichtesten Gleichnis wird diese Vorstellung in Belsazars nächtlichem Mahl (Daniel 5). Dort erscheint auf der Wand das furchterregende „Tekel", nach Daniels Deutung: „Du bist auf der Waage *gewogen* und zu leicht befunden worden."

Im christlichen Bereich findet sich die Vorstellung vom Wägen der Seelen nach dem Tode erstmals in einer jüdisch-christlichen apokryphen Schrift des 2. Jh., dem sog. Testament Abrahams. Bezeichnenderweise ist es in Ägypten entstanden. Bei seiner Fahrt ins Jenseits sieht er einen Engel mit einer Waage in der Hand, in der „die guten und die bösen Werke in der Gerechtigkeit Gottes" gewogen werden.

Die Erwartung der Seelenwägung am Jüngsten Tag wird immer mehr zum Allgemeingut. Es wird darüber gepredigt, und man sieht sie in ungezählten Bildern vor Augen.

Darstellung: Seit dem 12. Jh. beginnt man in die Weltgerichtsdarstellung das Waagegericht einzufügen. Es wird immer von einem Engel vollzogen,[16] mit der Zeit jedoch ausschließlich von Michael, dem „Engel des Weltgerichts".[17]

Er steht in der Mitte des Bildes, direkt unter dem Weltenrichter. Blick und Gebärden sind gelassen. Häufig trägt er das Priestergewand oder den Panzer. Er hält in der einen Hand die Waage, in der anderen meist die Lanze.

Das Wägen selbst wird verschieden dargestellt:

a) In der einen Schale kniet die arme Seele, während die andere

Schale beschwert ist mit ihren Sünden, etwa in Form von Schuldscheinen bzw. -büchern, von Steinen, von Kerbhölzern oder von kleinen Teufeln, die sich darin eingenistet oder an sie gehängt haben.[18]

b) Es werden nur die Taten gewogen. In der einen Schale liegen die guten, in der anderen die bösen Werke. Die Seele kann voller Angst und Erwartung dabei stehen. Ein typisches Beispiel dafür ist die Seelenwägung Heinrichs des Heiligen. Die von Teufeln herabgezogene Schale seiner Schuld schnellt hoch, als der Hl. Laurentius in die andere einen Abendmahlskelch legt. Es ist das kostbare Gefäß, das Heinrich dem Dom von Eichstätt gestiftet hatte.[19]

c) Im späten Mittelalter findet sich häufig in beiden Waagschalen je eine kleine, nackte Gestalt, eine fromme, kniende und eine verzweifelt schreiende.[20] Nach einer Inschrift auf dem Beauner Altar des Roger van der Weyden symbolisiert die eine Gestalt die Tugenden (virtutes), die andere die Sünden (peccata) eines und desselben Menschen.

d) Häufig entbrennt um die Seele ein Kampf. Voll Eifer schleppen Teufel immer mehr belastendes Material herbei. Sie hängen sich schließlich selbst an die Waagschale, um das Gewicht zu fälschen, oder sie suchen die Seele mit Gewalt herabzuziehen. Engel aber trösten die „arme Seele“ und halten sie fest. Auch Michael greift mitunter ein mit Schwert oder Lanze.[21]

e) Eine entscheidende Hilfe im Gericht bedeutet der Heilsguß. Ein Engel – oder Michael selbst – gießt aus einem Abendmahlsgefäß Christi Blut in die Schale des hart geprüften Menschen zum Zeichen dessen, daß die Gnade schwerer wiegt als alle Schuld.[22]

Auch als Seelenwäger wird Michael zum selbständigen Bildtypus.[23] Die Waage wird, wie der Drache, zu seinem Attribut.

Neben diesen fünf wichtigen Bildformen gibt es noch eine Reihe anderer Michaelsdarstellungen:

a) Viele biblische Engelerscheinungen kämpferischen Charakters werden auf Michael übertragen. So kann es jetzt Michael sein, der mit dem feurigen Schwert das Paradiesestor bewacht, der mit Jakob am Jabok ringt,[24] der dem Josua vor der Schlacht erscheint,[25] der das Heer des Sanherib vernichtet.

b) Andere Bilder entstammen den Apokryphen: Michael lehrt

51. Michael, in voller Rüstung, als Seelenwäger im Jüngsten Gericht. Im Hintergrund kämpfen Engel mit den Teufeln um die Seelen der Auferstandenen. Tafelgemälde, Hans Memling, um 1471 für die Marienkirche in Danzig gemalt, heute im Museum der Stadt (Ausschnitt).

Adam die Feldarbeit,[26] er übergibt Seth ein Zweiglein vom Lebensbaum, er kämpft mit dem Teufel um den Leichnam des Mose (Judas-Brief Vers 9, nach apokryphen Quellen), er schlägt dem Mann, der die Bahre der Gottesmutter umstürzen will, die Hände ab,[27] u. a.

c) Weitere Bildmotive entnimmt man den vielen Legenden, die sich um Michael und seine Kultstätten gebildet haben:

(1) Das Michaelion in Connae (Phrygien). Zwei Flüsse, die von den Bergen herabstürzen und sich vereinen, drohen das Michaels-Heiligtum zu zerstören. Der Erzengel erscheint. Er schlägt mit der Lanze auf das Fundament des Gotteshauses. Der Felsen zerbirst. Der Fluß stürzt in den Felsspalt, das Heiligtum ist gerettet.[28] (In

Connae befand sich einst eine Heilquelle, die Michael geweiht war.)

(2) Das Michaels-Heiligtum auf dem Monte Gargano, Apulien. (Hier faßte der Michaelskult 491 zum erstenmal im Westen Fuß.)

Ein Herr sucht seinen entlaufenen Stier und findet ihn vor einer Höhle. Er schießt auf ihn, doch der Pfeil kehrt zurück und trifft ihn selbst. Dem Bischof erscheint in der Nacht Michael. Er spricht zu ihm: „Ihr sollt wissen, daß jener Mensch durch meinen Willen von seinem Pfeil ist getroffen worden, denn ich bin Michael, der Erzengel, und es hat mir gefallen, an diesem Ort auf Erden zu wohnen ... und dieses Ortes Hüter und Wächter zu sein."[29] Etwas später wird erzählt: „In derselben Höhle entspringt ein klares Wasser ... davon werden mancherlei Gebrechen geheilt." Und in einem Lied der deutschen Michaelspilger heißt es: „Wöllent ihr hören gerne / von Sankt Michaels wunn / in Gargon ist er gesessen / drei meilen im meeresgrund."

52. Die Stierlegende vom Monte San Angelo. Vierteiliges Antependium aus Holz von einem Michaelsaltar, Meister von Llucà, um 1200, Katalanisches Museum, Barcelona (Ausschnitt).

So entsteht einer der bedeutendsten Wallfahrtsorte, das Höhlenheiligtum von Monte San Angelo. Otto III. hat von Rom aus eine Sühnewallfahrt dorthin unternommen, und Heinrich II. soll dort in der Nacht eine Engelmesse erlebt haben. Vielleicht weist die oben erwähnte Stierlegende zurück in die vorchristliche Zeit. Damals soll sich in der Kulthöhle ein Mithrasheiligtum befunden haben.[30]

(3) Das Michaelsheiligtum Mont-Saint-Michel (Normandie). Der latinisierte, keltische Name der Felseninsel hieß mons tumbae = Berg des Grabes. Hierher sollen die Toten auf unsichtbaren Schiffen vom Festland herübergebracht worden sein. Im Jahre 700 erscheint der Erzengel Michael dem Bischof von Avranches. Der Seelengeleiter bestimmt auch diesen Ort zu seiner Kultstätte.[31] Nun wird der Berg zum Mons Sancti Michaelis in periculo maris = zum Berg St. Michaels in Seenot. Der Engelfürst läßt auf der wasserlosen Insel einen Quell entspringen. An seinem Fest zieht sich das Meer zweimal zurück, so daß die Pilger trockenen Fußes ihren Weg nehmen können.

Es fällt auf, daß der Erzengel an den drei bedeutendsten Heiligtümern und Wallfahrtsorten mit Wasser in Verbindung gebracht wird. Die Vermutung liegt nahe, daß die Gestalt des Engelfürsten auch eine Wassergottheit in sich aufgenommen hat.

(4) Die Engelsburg. Eine Legende aus dem 6. Jh. berichtet: In Rom wütet die Pest. Papst Gregor d. Gr. zieht an der Spitze einer Bittprozession mit dem Volk durch die heimgesuchte Stadt. Da erscheint über dem Grabmal des Hadrian der Erzengel Michael. Er steckt sein Schwert in die Scheide. Damit erlischt die Pest. Aus dem Hadriansgrab wird die Engelsburg.

Erzengel Gabriel

Gabriel (hebräisch = Stärke Gottes) ist der eigentliche Herold Gottes, der Engel der Verkündigung, der Überbringer der bedeutendsten heilsgeschichtlichen Botschaften:

Er kündet Maria die Geburt Christi an (Luk. 1, 26ff.) und dem

Priester Zacharias die seines Sohnes Johannes, des späteren Täufers (Luk. 1, 5ff.). Nach der Legende sagt er dem Christuskind die Passion voraus und Maria ihren Heimgang (s. S. 217). Im Alten Testament deutet der „Mann Gabriel" dem Propheten Daniel (9, 21) die ihm zuteil gewordenen Visionen. Im Islam nimmt er den hervorragendsten Platz unter den Engeln ein. Von ihm soll Mohammed seine Offenbarungen erhalten haben.

Darstellung: Im Unterschied zum Erzengel Michael hat sich Gabriel dem Bewußtsein der Christenheit vor allem in *einer* Szene eingeprägt: in der Verkündigung an Maria. Seit der Katakombenmalerei wird er ungezählte Male in der Rolle des Gottesboten dargestellt, schreitend und fliegend, stürmend und schwebend, weisend und deutend, vollmächtig stehend oder demütig kniend. Seine Haltung spiegelt die Marienverehrung der jeweiligen Zeit wider.

Gabriel trägt den Boten- oder Kreuzesstab, im späten Mittelalter auch den Lilienzweig als Symbol der Reinheit Mariens oder einen Ölzweig als Zeichen des Friedens. Seine Gestalt wie seine Tracht sind dem allgemeinen Wandel des Engelbildes unterworfen. Gabriel bleibt aber wie Michael von der Verniedlichung im großen und ganzen verschont. Vom 15. Jh. an trägt der Erzengel häufig die Priesterkleidung.

Als zur gleichen Zeit die Verkündigung an Maria gelegentlich im verschlüsselten Bild der Einhornjagd (s. S. 50) symbolisch dargestellt wird, tritt Gabriel als Jäger auf, mit Hifthorn, Lanze und Jagdhunden.

Einige Male wurde der Verkündigung an Maria auch die Aussendung Gabriels durch Gottvater im Himmel vorangestellt, verbunden mit seiner Rückkehr nach vollbrachtem Auftrag. Giotto hat 1307 die erste Szene in einer genialen Komposition in der Arenakapelle von Padua gemalt.

Erzengel Raphael

Von Raphael (hebräisch = Gott hat geheilt) erzählt das kleine alttestamentliche apokryphe Buch Tobias. In der Gestalt eines Reisegefährten beschützt er den jungen Tobias auf dessen gefahrvoller

53. Während im Hintergrund ein Cherub Eva und Adam aus dem Paradies vertreibt, bringt der Erzengel Gabriel (hier als demütig sich neigender Mädchenengel, vgl. S. 134) Maria als der neuen Eva (vgl. S. 235) die Botschaft von dem kommenden Erlöser. In einem Lichtstrahl, der von der Hand Gottes ausgeht, schwebt die Geisttaube auf Maria zu, während eine Schwalbe den geistlichen Frühling der Welt ankündigt. Tafelbild, Schule des Fra Angelico, 15. Jh., Madrid, Prado-Museum.

Reise. Er lehrt ihn eine Arznei aus der Leber eines Fisches zu gewinnen, die seinen blinden Vater heilen wird. Er bannt einen Dämon und „bindet ihn in die Wüste, fern in Ägypten". Erst nach der Rückkehr gibt er sich zu erkennen: „Ich bin Raphael, einer von den sieben Engeln, die wir vor dem Herrn stehen ... Und nun ist's Zeit, daß ich zu dem wieder hingehe, der mich gesandt hat."

Als dritter in der Reihe der Erzengel wird Raphael als Herr der heilenden Kräfte, als Exorzist, vor allem aber als Prototyp des Schutzengels verehrt.

Darstellung: Außer in den mittelalterlichen Illustrationen zur Tobiasgeschichte wird Raphael nur gelegentlich dargestellt. Im 15. Jh. wird er in Italien zum Schutzpatron der Reisenden und der Apotheker. Seitdem genießt er dort hohe Verehrung und wird vielfach abgebildet: als Begleiter des oft sehr kindlichen Tobias, mit Wanderstab, -schuhen und -tasche, mit einer Salbenbüchse, bisweilen auch mit einem Fisch.[32]

Erzengel Uriel

Sein Name Uriel (hebräisch = Licht Gottes) wird später als „Feuer Gottes" interpretiert (Isidor von Sevilla).

Uriel wird in den nichtkanonischen Büchern des Alten Testaments (Henoch und 4. Esra) und in anderen apokryphen Schriften genannt.

Darstellung: Uriel, der vierte der sieben Erzengel, ist auf Bildern des byzantinischen Einflußbereichs öfter zu finden als nördlich der Alpen.[33]

Mit einem eigenen, klar umrissenen Auftrag, wie ihn Michael, Gabriel und Raphael haben, wird er nicht betraut. Nach einem altslavischen Text aus dem 9. Jh. sehen ihn manche in dem Engel, der den Johannesknaben in die Wüste führt, ein in Italien häufiges Motiv.[34]

Cherubim

Der Name Cherub (hebräisch; Mehrzahl Cherubim) wird interpretiert mit „Fülle der Erkenntnis (Gottes)".

Der Wortstamm von cherub ist verwandt mit dem assyrisch-babylonischen ilu karibu, einer Mittlergestalt, welche die Gebete der Menschen vor die Gottheit bringt.

Weiter ist er in einer Reihe von Namen enthalten, die in der Umwelt des Alten Testaments und darüber hinaus Mischwesen bezeichnen, deren Art und Funktion in vieler Hinsicht übereinstimmen: mit dem indischen garuda, welcher Krishna als Thronwagen dient; mit dem griechischen gryps und dem lateinischen gryphus, einem Wächter reicher Goldschätze, Throne, Grabmäler und heiliger Bezirke; mit dem deutschen Greif, u. a. einem Hüter von geweihten Stätten.

Als Mischwesen sind sie zu diesen Diensten besonders geeignet, da sie die physischen und psychischen Kräfte der Tiere in sich vereinen, aus denen sie gebildet sind.

Im Alten Testament ist von den Cherubim oder Cheruben als von Engeln die Rede. Ihr Aufgabengebiet ist weithin identisch mit dem der oben genannten Mischwesen.

1. Mose 3 bewachen sie den Zugang zum Garten Eden mit dem feurigen Schwert.

2. Mose 25 wird der Gnadenthron auf der Bundeslade im Allerheiligsten beschrieben, der kunstvoll von zwei aus Gold getriebenen Cherubim gebildet wird. Deshalb kann es 1. Sam. 4, 4 heißen, daß der Herr Zebaoth „über den Cherubim sitzt".[1] Diese Vorstellung wird noch erweitert in der Gewitterschilderung von Ps. 18 (17), 8ff.: „Gott neigte den Himmel und fuhr herab, und Dunkel war unter seinen Füßen. Und er fuhr auf dem Cherub und flog daher; er schwebte auf den Fittichen des Windes."

Am großartigsten werden Gestalt und Wesen der Cherubim in der Berufungsvision des Hesekiel (Ezechiel) Kap. 1 beschrieben. Durch sie wurde ihre Ikonographie entscheidend geprägt:

„Als ich unter den Verbannten am Flusse Kebar war (um 590 v. Chr. während der babylonischen Gefangenschaft), da öffnete sich mir die Lichtwelt Gottes, und ich schaute Gesichte, die Gott mir zeigte. Das war es, was ich schaute: Ein Sturmwind brach vom Norden her ein, eine mächtige Wolke und ein loderndes Feuer. Mitten aus dem Feuer erschien etwas, das glich vier Lebewesen, die anzusehen waren wie Menschengestalten. Jedes hatte vier Gesichter und jedes hatte vier Flügel. Ihre Beine standen wie Säulen, wie Stierfüße und funkelten wie blinkendes Erz. Menschenhände hatten sie unter ihren Flügeln. Ein Menschengesicht und ein Löwengesicht schauten nach der rechten Seite bei den Vieren, und ein Stiergesicht und ein Adlerkopf schauten nach links. Ihre Flügel reckten sich nach oben, je zwei berührten sich und zwei bedeckten ihre Leiber. Und mitten aus den Gestalten glühte es, wie brennende Kohlen glühen, und die Glut fuhr wie

Fackeln hin und her zwischen den Lebewesen, und aus der Glut fuhren Blitze. Und wieder schaute ich: da war bei jedem der vier Wesen auf der Erde ein Rad. Die Räder schimmerten wie das Glänzen eines Topas, und sie waren so gemacht, daß immer ein Rad im anderen war. Wohin der Geist sie trieb, dahin fuhren sie. Und die Räder hoben sich mit ihnen empor, denn in den Rädern war der Geist der Tiergestalten. ... Und der ganze Leib der Cherubim, Rücken, Hände, Flügel, und die Räder waren voller Augen um und um ...

Über den Häuptern der vier Wesen war etwas wie ein kristallenes Gewölbe, ein blinkender Himmel ausgebreitet. Und unter dem Gewölbe waren ihre Flügel waagrecht ausgespannt, einer am anderen, und je zwei bedeckten ihre Körper. Und ich hörte das Rauschen ihrer Flügel wie das Rauschen großer Wasser, wie die Stimme des Allmächtigen. Über dem Himmelsgewölbe glänzte etwas wie ein Saphir. Es war ein Thron, und auf dem Thron saß einer, der aussah wie ein Mensch. Er glänzte oben wie Weißgold und unten wie Feuer. Wie ein Regenbogen leuchtete es um ihn her, wie der Bogen, der am Regentag in den Wolken steht. So schaute ich die Herrlichkeit des Herrn, und ich fiel auf mein Angesicht und hörte die Stimme eines Redenden: ..."[2]

Wir erfahren aus diesem Bericht über die Cherubim folgendes:

a) Es sind vierflügelige Mischwesen. Sie vereinen in sich die Geistigkeit des Menschen, die Machtfülle des Löwen, die unerschöpfliche Lebenskraft des Stieres, den Höhenflug und Scharfblick des Adlers. (Ihre Formelemente sind assyrisch-babylonischen Ursprungs.)

b) Die Cherubim sind in Wesen und Funktion äußerst spannungsgeladen. Es sind einerseits dynamische Engelwesen. Sie sind der ruhelose Thronwagen Gottes, und ihre geheimnisvollen Räder überwinden alle Dimensionen. Andererseits kommt ein statisches Element hinzu: die Vierzahl sowohl der Wesen selbst als auch ihrer Gesichter, Flügel und Räder weist sie – nach uralter mythologischer Vorstellung – aus als Repräsentanten der vier Weltecken, die das Himmelsgewölbe tragen.

c) Die vielen Augen sind wohl zunächst – wie bei dem vieläugigen Argus – Organe der Wachsamkeit. Ihre spätere theologische Deutung ist geistiger. Dies zeigt sich in der altspanischen, mozarabischen Liturgie des 6./7. Jh.: „Laßt uns mit den lobsingenden Chören jener vier Wesen, die getragen sind von sechsfacher Flügelgewalt und innen und außen ein einziges Schauen, den Sang des neuen Liedes singen, preisen und rufen: Heilig, heilig, heilig ist der Herr Zebaoth, alle Lande sind seiner Ehre voll . . .“[3] So deutet auch der jüdisch-alexandrinische Philosoph Philo, ein Zeitgenosse Jesu, den Namen Cherub, indem er ihn interpretiert als „Fülle der Erkenntnis“. Diese vertiefte Gotteserkenntnis ist die Eigenschaft, die von Dionysius Areopagita als der eigentliche Wesenszug der Cherubim herausgestellt wird (s. S. 128).

Darstellung: Eine Vision ist kaum in Worte zu fassen, noch viel weniger in die Formsprache der bildenden Kunst. Je zurückhaltender sich die Künstler deshalb anfangs ausdrückten, desto mehr kamen sie der Dynamik dieser geheimnisvollen Schau nahe. Je mehr sie sich später einer naturalistischen oder ornamentalen Formsprache bedienten, desto weiter entfernten sie sich von ihr.

Aus den möglichen Varianten haben sich einige Bildformen herauskristallisiert mit häufig wiederkehrenden Merkmalen: mit vier (sechs oder zwei, selten auch zehn) Flügeln, einer Vielzahl von Augen, ausgereckten Händen und nackten Beinen, einfachen oder

54. Das klassische Bild zweier tetramorpher Cherubim in byzantinischer Manier, hier irrtümlich als Seraphim bezeichnet (vgl. S. 170). Zeichnung nach dem Hortus Deliciarum, 12. Jh., der Herrad von Landsberg.

einander durchdringenden Rädern, augenbesetzt, auch mit Feuerflammen, im Mittelalter bisweilen geflügelt.

Die Bildformen

1. Der Cherub als Tetramorph (Viergestalt): als vierköpfiges oder viergesichtiges Mischwesen

Grundform A: mächtige, ausgebreitete Flügel, in deren Mitte die vier Häupter.[4]

Grundform B: ein vierflügeliges Engelwesen; um sein menschliches Haupt (mit Nimbus) sind die Köpfe von Stier, Adler und Löwe angeordnet.[5]

Grundform C: Körper eines Löwen mit Häuptern (bzw. Gesichtern) und evtl. auch Füßen der vier Lebewesen.

Der Tetramorph ist im byzantinischen Einflußbereich weit mehr beheimatet als im Norden.[6]

2. Der Cherub als Flügelwesen

Die Flügel sind meist gekreuzt. Der Körper tritt hinter ihnen zurück. Bisweilen wird auch auf die Hände und Beine verzichtet, so daß nur das menschliche Gesicht bleibt. Damit wird der Cherub zum reinen Flügelwesen. (Im Westen erstmals im Kuppelmosaik des Baptisteriums von Florenz.[7] Vgl. Abb. 48.)

3. Der Cherub als Engel

In dieser vertrauten Gestalt trifft man ihn – in der Regel mit vier Flügeln – im Norden an. Meist weist er sich durch das Rad aus, auf dem er zu stehen pflegt.[8]

Dem Wandel des Engelbildes kann sich auch der Cherub nicht entziehen. Aus dem Cherub-Engel werden Kinderengel,[9] aus dem Flügelwesen kleine, vogelartige Geschöpfe und zuletzt geflügelte Engelköpfe, häufig in Gloriolen.[10]

4. Das Cherub-Rad

Der Cherub kann auch durch ein Rad allein symbolisiert werden.

5. Die Farbe des Cherub

Weil die geistige Erkenntnis in der Farbensymbolik des Mittel-

55. Christus fährt zum Himmel auf. Er steht in einem mandorlaförmigen Clipeus, in der Linken die offene Schriftrolle haltend, mit der Rechten die Zurückbleibenden segnend. Sein Thronwagen ist ein mächtiger Cherub in Gestalt eines Tetramorphen, dessen Räder Flammen sprühen. Andere Engel halten den Clipeus oder tragen in verhüllten Händen Purpur und Krone. Buchmalerei, Rabula-Evangeliar, syrisch, 586, Florenz, Bibl. Laurenziana (Ausschnitt).

alters mit Blau ausgedrückt wird, werden Gewand, Flügel und nicht selten auch die Hautfarbe der Cherubim häufig in Blau gehalten.[11]

6. Die Augen des Cherub
kehren im späten Mittelalter wieder in den Pfauenaugen vieler Engelsflügel.

Der Wirkungsbereich der Cherubim

1. Die Cherubim im Dienst des thronenden Christus

a) Die Cherubim sind auf den frühchristlichen Darstellungen noch von der Dynamik der Hesekiel-Vision geprägt. Sie tragen, gleichsam als Thronwagen, den erhöhten Herrn stürmisch aufwärts (s. Anm. 4 und Engeldienste S. 192).

Bald werden sie in dieser Eigenschaft von den vier Evangelistensymbolen (s. S. 175) abgelöst. Sie sind es, die künftig eine untrennbare Einheit mit der Maiestas bilden.

b) Trotz dieser ikonographischen Entwicklung sieht man die Cherubim auch weiterhin noch vor Christus, bzw. seinem „Bereiteten Thron“ (Etimasie) stehen, meist im Gestus kontemplativer Anbetung.[12]

c) Häufig trifft man im Mittelalter die Cherubim in der Nähe des Gekreuzigten bzw. des Kreuzes an. Wenn sie hier, gleichsam am Thron der Erniedrigung, wachen oder das aufrecht stehende Kreuz halten und tragen,[13] wird ihr ursprünglicher Auftrag noch einmal erkennbar.

56. Zwei sechsflügelige Cherubim halten ein Astkreuz (Lebensbaum), über dem der Weltenherrscher thront. Zwei andere Engel schwingen Weihrauchkessel und bringen Leidenswerkzeuge, Lanze und Nägel, herbei. Bronzearbeit, 12. Jh., Verona, St. Zeno, Hauptportal.

2. Die Cherubim als Wächter

a) Nach 1. Mose 3, 24 bewacht der Cherub den Garten Eden oder „lagert" in dessen Tor.[14] Entgegen dem biblischen Bericht treibt er Adam und Eva mit dem feurigen Schwert aus dem Paradies. Meist wird dabei seine blaue Farbe mit dem Rot vertauscht, das hier in negativer Bedeutung den flammenden göttlichen Zorn symbolisiert.[15] Das Gegenbild – es gehört ursprünglich zur Weltgerichtsdarstellung der Ostkirche – zeigt Petrus, der eilends mit seinem Schlüssel die Paradiesespforte öffnet. Der Cherub erhebt sich und gibt das Tor frei für den ersten Erlösten, den gläubigen Schächer.[16] (Vgl. Abb. 53)

b) Auch der metallene liturgische Fächer, das Flabellum, dessen eine Seite oft mit einem Cherub geschmückt ist und der deshalb auch einfach „Cherub" genannt wird, hat eine abwehrende Funktion. Mit ihm wird der eucharistische Kelch vor Verunreinigungen durch Ungeziefer bewahrt, das als Kreatur des Beelzebub (des Herrn der Fliegen) gilt.

Seraphim

Seraph (hebräisch, Mehrzahl Seraphim) ist ursprünglich der Name einer als geflügelt vorgestellten Wüstenschlange (4. Mose 21, 6; Jes. 14, 29). Er ist stammverwandt mit dem Verb sarap = brennen. Das Glänzende, Leuchtende und Blitzende dürfte für beide, Schlange wie Engel, das verbindende Element gewesen sein.

Dionysius übersetzt Seraph mit „Entflammer" und „Erglüher" und sieht diese Engel des ersten Chores brennend in der Liebe Gottes.

Wie die Cherubim erscheinen auch die Seraphim in einer Berufungsvision, in der des Propheten Jesaja (Kp. 6):

„Des Jahres, da der König Hosia starb, sah ich den Herrn sitzen auf einem hohen erhabenen Thron, der Saum seines Gewandes füllte den Tempel. Seraphim standen um ihn her, ein jeder von ihnen hatte sechs Flügel. Mit zweien deckten sie ihr Antlitz, mit zweien deckten sie ihren Leib und mit zweien flogen sie. Einer rief dem anderen zu und sprach: Heilig, heilig, heilig ist der Herr Zebaoth – die Himmel sind seiner Ehre voll. Die Türangeln aber bebten in den Pfosten von der Stimme der Rufenden, und das Haus füllte sich mit Rauch. Da rief ich: Weh mir, ich vergehe, denn ich bin unreiner Lippen und ich wohne unter einem Volk mit unreinen Lippen – denn ich habe den König, den Herrn Zebaoth gesehen. Da flog der Seraphim einer zu mir und hatte eine glühende Kohle in der Hand, die er mit der Zange vom Altar nahm. Er rührte meinen Mund an und sprach: Siehe, hiermit sind deine Lippen berührt, daß deine Missetat von dir genommen werde und deine Sünde versöhnt sei. Und ich hörte die Stimme des Herrn, der da sprach: Wen soll ich senden? Wer will unser Bote sein? – Ich aber sprach: Hier bin ich, sende mich!“[17]

Darstellung
Die den Seraphim eigenen Merkmale sind:

a) sechs Flügel (zwei zum Fliegen und vier zum Bedecken des Gesichts und des Leibes als Zeichen der Ehrfurcht);

b) der Sanctus-Ruf, das Dreimal Heilig (griechisch hagios, lateinisch sanctus), das meist auf einer Schriftrolle, auch auf dem Labarum steht;

c) bisweilen auch ein Weihrauchgefäß;

d) die Farbe: Ihrem Namen entsprechend werden die Seraphim in einem brennenden Rot dargestellt, das nach mittelalterlicher Farbsymbolik die Liebe ausdrückt.

Die Seraphim werden dargestellt wie die Cherubim (s. S. 164):

a) als Flügelwesen (im Unterschied zu den Cherubim kann ihr Gesicht, durch zwei Flügel bedeckt, rhombenförmig erscheinen oder fast verschwinden);[18]

b) als sechsflügelige Engel, gelegentlich auch vier- oder zweiflügelig;[19]

c) auch als Kinderengel (s. S. 135).

Der Dienst der Seraphim
Dem Wesen der Seraphim entspricht die Anbetung und Kontemplation.

Ihre Darstellung in der Himmelsphäre gleicht der der Cherubim (s. S. 165f.).

Im irdischen Bereich sieht man sie im späten Mittelalter in vielfacher Weise auf Bildern der Christgeburt. Bei der Verkündigung

57. Zwei sechsflügelige Seraphim, den thronenden Christus in der Mandorla verehrend. Tympanonrelief, 12. Jh., Perrecy-les-Forges (Burgund), St. Pierre et St. Paul, Narthex (Vorhalle).

können sie das Christuskind vom Himmel herabtragen,[20] oder an der Krippe knien, in den Anblick des menschgewordenen Gottes versunken.[21] Ihr Rot erscheint in diesem Zusammenhang wie ein Widerschein der Liebe Gottes, die in diesem Kind erschienen ist. Ihre Verbindung zur Menschwerdung Christi geht wohl auf die Abendmahlsliturgie zurück, in der auf das dreifache Heilig unmittelbar folgt: „Gelobet sei, der da kommt im Namen des Herrn."

Eine Seraph-Vision mystischer Art ist die Erscheinung des Gekreuzigten in Gestalt eines fliegenden Seraphs, die dem Hl. Franz 1224 auf dem Monte Alverna widerfuhr und durch die er die Wundmale Christi empfing, der dichtester Ausdruck „brennender Gottesliebe". Der stigmatisierte Franz wird zum „Seraphicus".

Seraphim und Cherubim

Beide von Visionären geschaut und beschrieben, beide in nächster Nähe Gottes, beide in den liturgischen Hochgebeten schon seit der frühen Christenheit miteinander genannt, werden sie im Bild oft gemeinsam dargestellt.[22] Beide bilden vom 15. Jh. an bald kleinere, bald größere Engelgruppen, oder sie leuchten auf in der Mandorla Christi oder in vielfältigen Gloriolen. Durch ihre Farben Blau und Rot geben sie sich als die beiden obersten Chöre zu erkennen.

Ihre Erscheinungsformen gleichen sich einander an. Selbst ihre spezifischen Merkmale werden nicht selten ausgetauscht, so z. B. die Zahl der Flügel, die Augen, das Sanctus-Blatt, manchmal auch das Rad oder die Farbe.[23]

Evangelistensymbole

Weil sich die Evangelistensymbole im wesentlichen von dem Urbild der Cherubim herleiten, sollen sie an dieser Stelle besprochen werden.

„Es gibt ... vier Evangelien. Da es nun vier Weltgegenden gibt, in denen wir wohnen, und vier hauptsächliche Winde und da die Kirche verbreitet ist über die ganze Erde, der Kirche Säule jedoch das Evangelium und der Geist des Lebens ist, so muß diese Kirche folgerichtig vier Säulen besitzen, welche nach allen Seiten hin Festigkeit geben und die Menschen beleben. Daraus ergibt sich, daß das lebenschaffende, über den Cherubim thronende, alles umfassende Wort (Logos = Christus) uns ein viergestaltiges Evangelium gab, das von *einem* Geist zusammengehalten wird. Die Cherubim haben vier Gesichter, und diese ihre Gesichter sind die Abbilder der Heilsrichtung des Sohnes Gottes."[1]

Dies schreibt im 2. Jh. der Kirchenvater Irenäus von Lyon. Er verbindet dabei erstmals die Vierzahl der Evangelisten mit dem großen Rhythmus der Weltenzahl Vier, in welcher seit Urzeiten die Menschheit Ordnung und Maß der Erde und des Kosmos erblickte.

Weiter vergleicht er die Evangelien mit den Cherubim. Wie diese sind es vier an der Zahl. Wie diese tragen sie als geistliche Pfeiler das Weltgebäude. Wie diese führt sie ihr Weg ruhlos hinein in die Welt. Wie diese besitzen sie vier Gesichter. Sie spiegeln ihre vierfache Botschaft wider: das menschliche Gesicht die Menschwerdung Christi, das Löwengesicht seine allüberwindende Macht, das Stiergesicht seinen Opfertod und das Adlergesicht die Ausgießung des Heiligen Geistes aus der Höhe.

Nun bleiben aber Irenäus und andere Theologen mit ihm bei dieser allgemeinen Feststellung nicht stehen. Sie möchten, daß jeder einzelne der Evangelisten sein spezifisches „Gesicht" erhält. Da die Cherubim aber alle viergesichtig sind, läßt sich dieses Postulat von den Cherubim nicht ableiten. Aus dieser Verlegenheit hilft nun eine neutestamentliche Vision aus der Offenbarung des Johannes (4, 6–8): „Um den Thron (waren) vier Lebewesen ... Und das erste war gleich einem Löwen, und das andere Wesen war gleich einem Stier, und das dritte hatte ein Antlitz wie ein Mensch, und das vierte Wesen war gleich einem fliegenden Adler. Und ein jegliches der vier Lebewesen hatte sechs Flügel, und sie waren außen herum und inwendig voller Augen und hatten keine Ruhe Tag und Nacht und sprachen: Heilig, heilig, heilig ist Gott, der Herr, der Allmächtige, der da war und der da ist und der da kommt." (Luther übersetzt das griechische Wort für Lebewesen mit „Tier".)

Die Verwandtschaft dieser Vision mit Hes. 1 und Jes. 6 liegt auf der Hand (s. S. 161, 167). Und doch ist hier etwas anders: Bei den vier Lebewesen handelt es sich nicht mehr um die bekannten, gleichgestalteten Tetramorphen (s. S. 164), sondern um vier grundverschiedene, geflügelte Kreaturen, einen Menschen, einen Löwen, einen Stier und einen Adler.

Diese werden nun zu Symbolen der einzelnen Evangelisten. Das Problem der Zuordnung wurde zunächst verschieden gelöst. Schließlich einigte man sich auf die Meinung des Hieronymus, welche durch die kommentierte Vulgata weite Verbreitung gefunden hatte. Die Begründung seiner Zusammenstellungen glaubte man dem 1. Kap. der jeweiligen Evangelien entnehmen zu können:

Der *Mensch* wird dem Matthäus zugeschrieben, denn Matthäus 1 bringt den Stammbaum Jesu; der *Löwe* dem Markus, denn die Bußpredigt des Täufers Johannes in Markus 1 wird dem Brüllen eines Löwen verglichen; der (Opfer-)*Stier* dem Lukas, denn Lukas 1 beginnt mit dem Opfer des Priesters Zacharias; der *Adler* dem Johannes, denn der Johannes-Prolog zeigt, daß dieser Evangelist „höher fliegt als die anderen".

Diese äußerliche Zuordnung der Symbole wird vertieft durch die christologische Deutung der vier Wesen. Sie werden, nun von

Gregor d. Gr. angeregt, zu Sinnbildern für folgende vier entscheidende Heilsereignisse des Neuen Testaments:

der Mensch des Matthäus für die Menschwerdung Christi,
der Stier des Lukas für den Opfertod Christi,
der Löwe des Markus für die Auferstehung Christi,
der Adler des Johannes für die Himmelfahrt Christi.

Vor allem in den hochmittelalterlichen Handschriften erfahren diese Deutungen in Bild und Wort eine starke Ausprägung: „Ihr Menschen glaubt den Schriften des Menschen Matthäus, damit der, von dem er berichtet, der Mensch Jesus, euch den Lohn erteile".[2] „Stark ist der Löwe. Der Herr durchschreitet den Abgrund des Todes. Stark und voll Macht sind die Taten, die Markus bestaunt und berichtet".[3] „Wegen des Todes Christi führt Lukas das Bild des Jungstiers".[4] „Johannes wird gebildet als ein Adler, da er höher fliegt als die anderen alle, wenn er von Christi Gottheit schreibt".[5]

Die Symbole sagen also nichts aus über die Verfasser der Evangelien, sondern über Christus, den sie verkünden. Nur der Adler des Johannes betont gleichzeitig auch die besondere, geisterfüllte Schreibweise dieses Evangelisten.

Darstellung: Überaus reich und vielgestaltig entfaltet sich durch die Jahrhunderte hindurch das Bild der Evangelistensymbole, besonders ausdrucksstark in der frühchristlichen Kunst bis zum hohen Mittelalter.

Vollgültig vertreten sie als eigenständige Symbole ihre Evangelisten, z. B. auf der Titelseite ihres Evangeliums. Das gilt vornehmlich für die irische Buchmalerei. Deren Art zu abstrahieren – ein keltisches Erbe – verleiht ihnen dort einen geradezu heraldischen Charakter.[6]

Miteinander sieht man sie, temperamentvoll z. B. in den Kanonbögen karolingischer Codices, ihr Wesen treiben. Sie tanzen und spielen oder necken sich, kurz, sie erinnern an lustige Drolerien.[7] Doch bleibt das die Ausnahme. In der Regel stellen sie, streng im Ausdruck und geschlossen in der Komposition, die Einheit des vierfältigen Evangeliums dar. Bald gehören sie zu den häufigst dargestellten Symbolen.

1. Die Bildform der Evangelistensymbole

Dargestellt werden, nach der Offenbarung des Johannes, die vier Wesen geflügelt: als Mensch, Löwe, Stier und Adler. (Der geflügelte Mensch des Matthäus-Symbols wird fälschlicherweise oft als Engel bezeichnet.) Die Zahl der Flügel schwankt zwischen zwei und sechs, manchmal fehlen sie auch. Bisweilen sind sie mit Augen besetzt. Als typisches Merkmal tragen die vier Wesen ein reichgeschmücktes Evangelienbuch bzw. eine Buchrolle vor sich her.

In Anlehnung an die Cherubim werden die Evangelistensymbole bisweilen auch zu Mischwesen. So wenn jedes einzelne von ihnen mit dem Wirbelrad der Hesekielvision zu einem Körper verschmolzen wird;[8] oder wenn jedes der vier „Tiere" als Tetramorph viergesichtig dargestellt wird;[9] oder wenn das Matthäussymbol, der Mensch, die Krallen, Pfoten und Klauen der anderen Symbole wie einen Schurz umgehängt hat.[10] Diese seltenen Formen erlöschen wieder.

Anders der löwengestaltige Tetramorph mit den Häuptern und Füßen der übrigen Symbole. Er versinnbildlicht die Einheit der vier Evangelien. Ihm begegnen wir als Reittier der Ecclesia bis ins späte Mittelalter (s. S. 89f.).

Eine weitere Abwandlung stellen die anthropomorphen Evangelistensymbole dar. Sie haben menschliche Gestalt, sind bekleidet und tragen ihr Evangelium in Händen. Nur durch ihre verschiedenen Häupter, einen Menschen-, Adler-, Stier- und Löwenkopf, sind sie als Evangelistensymbole erkennbar. Das gibt ihnen das seltsame Aussehen ägyptischer Götter, z. B. des falkenköpfigen Horus, wenngleich ein Zusammenhang mit ihnen nicht nachweisbar ist. In dieser Zwiegestalt werden die Evangelistensymbole vom 7. Jh. an (zuerst in Spanien, im fränkischen Reich und in Irland) bis ins späte Mittelalter hinein, wenn auch nicht häufig, dargestellt.[11]

2. Die Evangelistensymbole im Bezugsfeld Christi

a) Die Darstellungen der frühen Kirche, wie wir sie vornehmlich von den Mosaiken des 5. bis 8. Jh. her kennen, schließen eng an die Offenbarung des Johannes an. Ihre Mitte ist meist der in den Wolken wiederkommende Herr, auch ein Christussymbol wie Kreuz, Lamm oder Thron. Um ihn her oder ihm zur Seite tauchen aus dem gestirnten Nachthimmel oder aus den rot aufleuchtenden

Morgenwolken des letzten Weltentages die vier Wesen geheimnisvoll auf, bald in wahrhaft kosmischer Größe,[12] bald in überirdischem Glanz.

b) Im frühen und hohen Mittelalter wird dieses Thema in vielfältiger Weise aufgenommen, besonders in der Buchmalerei. In der Mitte der Buchseite erscheint Christus, ein Christussymbol oder ein Christuszeichen. Um ihn her gruppieren sich die Symbole der Evangelisten. Dabei entstehen oft strenge, geometrische Figuren, meist in der Form eines Kreuzes bzw. Schrägkreuzes; bisweilen erinnern sie an ein Mandala.

c) In der Zeit der Romanik und der Frühgotik gewinnt dieses Thema eine außerordentliche Bedeutung. Es beherrscht zahlreiche Tympana über den Portalen und viele Apsiden im Innern der Dome.

58. Als riesenhafte kosmische Wesen tauchen die vier Evangelistensymbole aus den Wolken auf, zu beiden Seiten des Gemmenkreuzes. Darunter thront Christus inmitten einer Stoa als Lehrer der Apostel. Apsismosaik, 5. Jh., Rom, S. Pudenziana (Ausschnitt).

59. Bewegt umgeben die Evangelistensymbole den thronenden Christus in der Mandorla. Tympanonrelief, 12. Jh., Chartres, Portail Royal.

Christus in der Mandorla, auf dem Regenbogen thronend, ist umgeben von den vier Evangelistensymbolen, die meist gleich den Cherubim von Unruhe ergriffen sind. Wie diese tragen sie die Mandorla und werden so gleichsam zum Thronsitz Christi.[13] Wie diese führen sie Christus, nach außen gewandt, in stürmischem Fluge mit sich, einer Quadriga (Viergespann) gleichend.[14]

In Italien begegnen wir den vier Evangelistensymbolen häufig an der Westfassade der Kirchen, wo sie in quadratischer Anordnung das Radfenster, ein Sinnbild des Christuslichtes, umgeben.[15]

d) Wie die Cherubim, so werden auch die Evangelistensymbole seit dem 8. Jh. mit dem Kreuz Christi in Verbindung gebracht. Sie gruppieren sich um den Schnittpunkt des Kreuzes oder haben ihren Platz in den ausgebuchteten Kreuzesenden.[16] Bei metallenen Standkreuzen können ihre Figuren mit den vier Füßen vereinigt werden.

Diese Übung geht wohl zurück auf die kosmische Deutung des Kreuzes durch die Kirchenväter, die im Mittelalter noch lebendig war: Das Kreuz wird zum Heilszeichen, da es von einem Mittelpunkt ausgehend die ganze Welt umfaßt. „(Des Kreuzes) Form schon Kunde bringt, / mit den Armen es umschlingt / die vier Enden dieser Welt.“ (Aus dem 12. Jh.)[17]

60. Im Bogenfeld (Lünette) über dem Bild des Evangelisten Lukas befindet sich sein Symbol, der geflügelte Opfer-Stier. Er hat die Evangelienrolle ausgebreitet und blickt als Zeuge auf das sich opfernde Christuslamm im Kreuzesclipeus. Das Haupt zurückgewendet, die Augen geschlossen, bricht es sterbend zusammen. Autorenbild des Lukas, 1020, Evangeliar aus dem Bamberger Domschatz, München, Bayr. Staatsbibl. (Ausschnitt).

3. Die Evangelistensymbole im Bezugsfeld der Evangelisten

In der Frühzeit selten, im Mittelalter häufig, werden die Symbole zusammen mit den Evangelisten selbst dargestellt.

a) Die Evangelistensymbole als Inspiratoren: In dieser Eigenschaft kommen sie über die Evangelisten, raunen ihnen die Botschaft zu, flüstern sie ihnen ins Ohr, posaunen sie aus, halten sie ihnen auf Spruchbändern vor Augen. Diese ihrerseits sind ergriffen, blicken auf und lauschen aufmerksam in gespannter Bereitschaft, das Vernommene niederzuschreiben. Die Evangelistensymbole werden so zu Vermittlern zwischen dem himmlischen Auftraggeber und dessen irdischen Boten.[18] (Die im Altertum übliche Darstellung der Muse, die den Autor inspiriert, hat gewiß diesen Bildtypus mit beeinflußt.)

b) Die Evangelistensymbole als Deuter: Sehr eindrucksvoll sind diejenigen Miniaturen, auf denen die Evangelistensymbole, oft in der Arkadenlünette über den großen Evangelistenbildern, zu Deutern der vier wesentlichen Heilsereignisse des Neuen Testaments werden. Da kann etwa der Stier des Lukas den Gekreuzigten auf seinem Haupt tragen,[19] der Löwe des Markus zum Zeugen der Auferstehung werden und hinter dem Johannes-Adler die Christussonne aufgehen.[20]

c) Die Evangelistensymbole als Attribute: Sie werden, mehr Kennzeichen als Symbole, ohne innere Beziehung ihrem Evangelisten beigefügt.[21]

d) Die Evangelistensymbole als Handlanger der Evangelisten: Im späten Mittelalter halten sie ihren „Herren“ häufig die Buchrolle oder das Tintenfaß hin, lassen sich als Schreibpult gebrauchen oder leisten ihnen sonstige niedrige Dienste.[22]

4. Die Evanglistensymbole im Bezugsfeld der Allegorien

a) In den im Mittelalter so beliebten Allegorien haben auch die Evangelistensymbole ihren Platz. Vom 12. Jh. an sind sie häufig Begleiter der Ecclesia, der Kirche. Zusammengefaßt im Tetramorph werden sie zu ihrem Reittier,[23] getrennt zu Zugtieren an ihrem Wagen, ja zu dessen Rädern. (In Dantes Göttlicher Komödie, Fegfeuer, 9. Gesang, gehen sie vor dem Wagen der Kirche her.) Damit soll ausgedrückt werden: Die Kirche ruht auf dem Zeugnis der Evangelisten, und nur von ihnen wird sie in Bewegung gesetzt.

b) Die Evangelistensymbole in anthropomorpher Gestalt werden tätig an der „Hostienmühle“. Sie lassen etwa Spruchbänder in den Trichter gleiten. Die Worte der Evangelien werden zu Hostien, die ein Speisekelch auffängt. In diesem erscheint leibhaftig das Christuskind, das Brot des Lebens. Diese Allegorie soll die Wandlung bei der Eucharistie versinnbildlichen.[24] (Vgl. Abb. 61)

c) Die vier Gesichter der Symbole können als Brunnenmasken am Becken des „Lebens- oder Gnadenbrunnens“ dienen. Durch sie hindurch strömt die heilbringende Flut in die Welt.[25]

5. Die Vierzahl der Evangelistensymbole

a) Im Mittelalter hatte man ein großes Interesse an der Zahlensymbolik und infolgedessen auch an der Zusammenstellung von entsprechenden Zahlengruppen, welche dann gern in Bildkompositionen dargestellt wurden. Daß es gerade vier Evangelisten gibt, nicht weniger und nicht mehr, wurde als bedeutsam empfunden. Denn Vier ist die Zahl der Welt wie des Menschen.

So werden die Evangelistensymbole mit den vier Paradiesesflüssen identifiziert. Dem Fels der Kirche „entströmen tosend vier Quellen – die Evangelisten, Christi lebendige Ströme“. So schreibt

61. Die vier Evangelistensymbole Johannes (S. 178), Lukas und Markus (links) und Matthäus (rechts) schütten Hostien in die mystische Mühle, ein allegorisches Bild für die Wandlung der Elemente in der Messe. Schlüsselfelder Fenster, 1400, Nürnberg, St. Lorenz, Chor.

Paulinus von Nola. Häufig werden beide miteinander dargestellt, wobei die Personifikationen der vier Flüsse ihre Amphoren ausschütten.

Weiter werden die Symbole der Evangelisten in Beziehung gesetzt zu den vier großen Propheten, den vier Kirchenvätern, den vier Kardinaltugenden, den vier Elementen, den vier Hauptwinden, den vier Jahreszeiten u. a. m.[26]

b) Selten werden die Evangelistensymbole als einzelne abgebildet, so der Markuslöwe mit dem Buch, der als Stadtwappen Venedigs allerorts den Ruhm der mächtigen Seestadt vor Augen führen soll, und der Adler des Johannes, der zum Träger zahlreicher Lesepulte wurde.[27]

Vermutlich soll der Adler an die Inspiration des Gotteswortes, die in dem „Hauptevangelium“ des Johannes besonders deutlich wird, erinnern. Zum anderen ist der Adler immer zugleich auch ein Christussymbol, eindeutig dann, wenn er die teuflische Schlange in seinen Fängen hält (s. Adler, S. 40).

Engeldienste

Der Verfasser des Hebräer-Briefes nennt (1, 14) die Engel „dienstbare (wörtlich: liturgische) Geister, ausgesandt zum Dienst (wörtlich: zur Diakonie) um deretwillen, die ererben sollen die Seligkeit". Damit wird prägnant Grund und Ziel allen Wirkens der Engel zusammengefaßt. Beschrieben werden diese Dienste in zahlreichen Geschichten des Alten und Neuen Testaments.

Viele dieser Erzählungen werden schon früh im Bild dargestellt, manche breit ausgemalt. Weil man sich keine Phase der Heilsgeschichte ohne die Mitwirkung der Engel vorstellen kann, finden wir Engel oft auch dort am Werk, wo von ihnen in der biblischen Erzählung nicht ausdrücklich die Rede ist, wie z. B. an der Krippe, bei der Flucht nach Ägypten, bei der Kreuzigung Jesu. Der Phantasie sind keine Grenzen gesetzt. Dabei entstehen Bildformen, die vom Erhabenen bis zum Spielerischen reichen, von den feierlichen Assistenten am Throne Christi in der Frühzeit bis hin zu den diensteifrigen Kinderengeln und Putten des späten Mittelalters, die sich um Maria mit dem Jesuskind scharen, die singen und musizieren, das Badewasser richten und Windeln trocknen, Blumen pflücken, Kränze binden und süße Früchte herbeibringen.

Eine Erweiterung besonderer Art erhält das Thema der Engeldienste durch die mystisch-spekulative Theologie des Dionysius Areopagita (s. S. 128). Seine These von der Spiegelgleichheit der Engelhierarchie im Himmel mit der kirchlichen Hierarchie auf Erden führt zu der Entsprechung des himmlischen und irdischen Gottesdienstes, der Liturgie und der Dienste, die dabei verrichtet werden. Was die Diener der Kirche im Gottesdienst vollbringen, das vollziehen auch die Engel mit. So wird für die Gläubigen der Dienst der Engel vorstellbar und darstellbar am Kirchenportal, am Lesepult, am Altar und dort, wo die Sängerknaben stehen.

62. Der Engel mit dem Lilienstab (oder Schwert?) und erhobener Rechten wacht an der Eingangspforte. Seine abwehrende Kraft wird sichtbar an drei ornamentalen Bögen, die sich über ihm wölben: mit Unheil bannendem Geflecht, mit Leben symbolisierendem Blattwerk und – im Scheitel des dritten Bogens – mit dem Bedrohungsmotiv, das umgeben ist von apotropäischen, positiven und negativen Tieren. Steinrelief, 12. Jh., Schloß Tirol b. Meran, Tor des Palas.

A. Die diakonischen Aufgaben der Engel im Gottesdienst

1. Der Dienst des Ostiariers, des Türhüters

„Ostiarier haben die Vollmacht, sowohl die Guten einzulassen als auch die Unwürdigen zurückzuweisen.“ (Amalarius von Metz)[1]

Ostiarier-Engel sind Wächter des Gotteshauses, das auf Erden das Himmlische Jerusalem versinnbildlicht.

Darstellung: Sie stehen am Kircheneingang,[2] sie bewachen den Altarraum[3] und bewahren die Heiligtümer.[4] Wir erblicken sie an den Außenfassaden[5] sowie hoch oben auf den Dächern.[6] Für die Türhüter-Engel tritt oft Michael ein, Prototyp dessen, der dem Bösen wehrt.

In der Ostkirche sind es Michael und Gabriel, die häufig am Eingang eines Gotteshauses Wache halten. Michael läßt nach dem

„Malerbuch vom Berg Athos“ auf einem Schriftblatt den Eintretenden wissen: „Ich bin Gottes Streiter und trage das Schwert; und die mit Furcht eintreten, bewahre ich und verteidige ich, für sie kämpfe ich und schütze sie. Die aber mit unreinem Herzen eintreten, schlage ich unbarmherzig mit dem Schwert.“

Auch die Posaunenengel auf den Türmen wurden nicht nur als Ankündiger des Jüngsten Tages verstanden, sondern auch als „Wächter auf der Mauer“.[7] Von ihnen erhoffte man einen starken Schutz für die Stadt: „Die Wächter uns bedeuten fein, daß Gottes Engel sollen Wächter sein über die Kirch' und unsere Stadt“, heißt es in einer alten Reutlinger Stadtchronik. (Vgl. Abb. 65)

Biblische Vorbilder des Ostiarier-Engels sind außer Michael: der Cherub vor der Paradiespforte (s. S. 167) sowie die Engel auf den zwölf Toren des himmlischen Jerusalem (Offb. 21, 10–13).[8]

2. Der Dienst der Akoluthen, der Lichtträger

Sie gehen vor dem Priester her, tragen die brennenden Kerzen und stellen sie auf den Altar.

Engel sind Lichtwesen (s. S. 128 und S. 137). Deshalb haben sie eine besondere Nähe zu diesem Dienst.

Darstellung: Schon seit dem 6. Jh. begegnen wir Engeln auf Ampeln, Lampen und Leuchtern. Seit dem 11. Jh. erscheinen die kerzentragenden Engel und die Leuchterengel in vielen Variationen.[9]

3. Der Dienst der Lektoren

Den Lektoren sind die gottesdienstlichen Bücher anvertraut; sie tragen das Evangelienbuch, lesen daraus vor oder halten es dem Priester zum Lesen hin.

Engel als Träger und Vermittler des göttlichen Wortes anzusehen, ist alte rabbinische Überlieferung. „Ihr habt das Gesetz durch Vermittlung der Engel empfangen“ (Apg. 7, 53). Johannes sieht „einen Engel fliegen mitten durch den Himmel, der hatte ein ewiges Evangelium“ (Offb. 14, 6).

Darstellung: Engel-Lektoren tragen geöffnete Bücher oder halten Buchrollen in Händen.[10] Am eindrucksvollsten ist ein Engel aus dem Echternacher Codex, der das Evangelium des Matthäus vor sich hält, ein riesiges, geöffnetes Buch, das fast die ganze Gestalt verdeckt.[11] (Vgl. Abb. 82)

4. Der Dienst der schola cantorum, der Kantorei
Die Kantorei besteht in der Regel aus Schülern, den Sängerknaben. Hauptaufgabe dieses Chores ist das Singen der Liturgie im Wechsel mit dem Priester.

Zum Gotteslob rufen schon die Psalmen auf, und zwar Menschen und Engel, Himmel und Erde, die ganze Kreatur: „Halleluja! Lobet im Himmel den Herrn! Lobet ihn in der Höhe! Lobet ihn alle seine Engel! Lobet ihn all sein Heer! Lobet ihn Sonne und Mond! Lobet ihn ihr leuchtenden Sterne! ... Lobet ihn alle Völker ... Halleluja!" (Aus Psalm 148 (147))

Im 13. Jh., als der „Troubadour Gottes", der heilige Franz, seinen Sonnengesang anstimmt, als die Marienverehrung ihren Höhepunkt erreicht und gleichzeitig die Minnesänger von Hof zu Hof ziehen, kommt das Lied zu hohen Ehren, vor allem in der musica sacra.

Luther hat das über zweihundert Jahre später sehr schön ausgedrückt: „Wer sich die Musik erkiest, / hat ein himmlisch Gut gewonnen;/denn ihr erster Ursprung ist/von dem Himmel her gekommen,/weil die lieben Engelein/selber Musikanten sein."

So findet die schola cantorum, verbunden mit dem Sang und Klang der Fürstenhöfe (s. S. 132, 134, 246), ihre Entsprechung im cantus angelorum.

Darstellung: Die männlichen Engel der früheren Epochen bliesen lediglich die Posaunen des Jüngsten Gerichts. Harfen, Geigen und andere Instrumente überließen sie dem Psalmensänger König David und seiner Kapelle[12] sowie den 24 Ältesten, die sich um den Weltenrichter scharen.[13] Im Umbruch des 13. Jh. erscheinen nun die lieblichen Mädchenengel und Kinderengel, vornehmlich als der Hofstaat der bräutlichen Himmelskönigin Maria. Die Künstler werden nicht müde, die himmlischen Musikanten mit allen nur erdenklichen Instrumenten auszustatten und in immer neuen Abwandlungen abzubilden: von dem stillen Saitenspiel einiger Englein an der Krippe oder im Rosengarten der Maria[14] bis zu der brausenden Sphärenmusik der Glorienbilder.[15]

5. Der diakonische Dienst der Engel bei der Eucharistiefeier
Die Diakone bringen die Opfergaben in den „heiligen Gefäßen" zum Altar und assistieren dem Priester bei der Messe.

„Wo Christus ist", sagt Ambrosius, „da sind auch die Engel". Das gilt besonders für die Feier der Eucharistie. Seit den Tagen der Urchristenheit stimmt hier die Gemeinde „mit den tausendmal tausend Engeln, Erzengeln, Thronen, Gewalten und Mächten" ein in das dreimal Heilig der Seraphim, und im römischen Meßkanon betet der Priester: „Deine heiligen Engel mögen dieses Opfer auf deinen himmlischen Altar emportragen vor das Angesicht deiner göttlichen Majestät."

Darstellung: Die Engel-Diakone tragen, wie ihre irdischen Abbilder, Kelch, Patene und Meßbuch und verrichten wie sie die entsprechenden Dienste. Darüber hinaus geleiten sie während der Wandlung Christus vom Himmel herab zum irdischen Altar.[16] Andere Engel können mit Kerzen heranfliegen, das Weihrauchfaß schwingen, Weihwasser sprengen u. a. m.

Viele Beziehungen werden hergestellt zwischen den eucharistischen Gaben und den Engeln. Engel verehren die Hostie auf dem Altar, im Sakramentshaus oder in der Monstranz.[17] Engel können auf typologischen Bildzyklen das Manna gleich weißen, runden Hostien vom Himmel herabschütten (2. Mose 16), wobei dieses „Engelbrot" zum Prototyp für die eucharistische Speise wird.[18] Engel fangen in Kelchen das Blut des Gekreuzigten auf,[19] was bis zum hohen Mittelalter Vorrecht der personifizierten Kirche war, und stellen es der Gemeinde im Reliquiar vor Augen.

Die Nähe der Engel zu den Abendmahlsgaben wird zur Nähe zum Opfertod Christi. Engel tragen die Leidenswerkzeuge herbei,[20] sie verehren die Christussymbole und bringen dem Kreuz ihre Huldigung dar. Es ist „das Kreuz des Herrn Christus, das die Engel, die Bürger (des Himmels) pflegen, verherrlichen, umdrängen, verehren, anbeten ..."[21]

Auch dann, wenn Engel bei der Kreuzabnahme, der Beweinung oder Grablegung Christi – bisweilen auch bei der Christgeburt – ihren Schmerz bekunden, besteht eine Beziehung zum Sakrament des Altars. Ihren tiefsten Ausdruck findet die Verbindung der Eucharistie mit dem Dienst der Engel in einem selbständigen Bildtypus, der Engel-Pietà. Hier sind es – anstelle der Maria – die Engel, welche den Schmerzensmann stützen und heben, um ihn, als das wahre Opfer, Gottvater und der Gemeinde zugleich darzustellen.[22]

63. Der Dienst der Engel bei der Messe auf Erden, begleitet von der Anbetung der neun Engelchöre im Himmel. Mettener Sammelhandschrift, 1414–15, München, Bayr. Staatsbibl. (Ausschnitt).

B. Die Schutzengel

Der Vorstellung, daß ein Mensch seinen Engel hat als Begleiter, als Warner, als Tröster, als Beistand in Gefahr, Versuchung und Todesnot, als Geleiter in den ewigen Frieden, begegnen wir in der Bibel immer wieder. In Ps. 91 (90), 11 wird der Dienst des Schutzengels beschrieben: „Er hat seinen Engeln befohlen über dir, daß sie dich behüten auf allen deinen Wegen." Der Prototyp des Schutzengels ist der Erzengel Raphael (s. S. 158).

Darstellung: Dienend, geleitend und schützend sieht man die Engel im Mittelalter vor allem Märtyrern und Heiligen zur Seite

64. Petrus wird wie ein Träumender von seinem Schutzengel aus dem Gefängnis geführt (Apg. 12,1–11). Kapitellrelief, 12. Jh., Vezelay (Burgund), Kirche.

stehen,[23] seltener den übrigen Gläubigen, denn diese halten sich in Dingen des täglichen Lebens mehr an ihre Schutzheiligen. Anders steht es beim Sterben. Da sind es die Schutzengel, die dem Abscheidenden beistehen,[24] dem Teufel wehren, die Seele in den Himmel tragen,[25] die Toten beweinen und die Gräber hüten.[26] Seit dem ausgehenden Mittelalter erfreuen sich die Schutzengel immer größerer Beliebtheit, wobei ihrer Fürsorge vor allem die Kinder anvertraut werden.

Zu einer Abwertung der Engelwacht kommt es, wenn Engel Schild oder Wappen halten und damit auf eine Stufe mit antiken Genien, Löwen, Sirenen oder wilden Männern gestellt werden.

65. Posaunenengel in priesterlichem Gewand (Albe und Amikt, s. S. 134). Steinplastik, 13. Jh., am Gerichtspfeiler des Straßburger Münsters.

C. Der Dienst der Engel am Tage des Weltgerichts

„Wenn aber des Menschen Sohn kommen wird in seiner Herrlichkeit und alle heiligen Engel mit ihm, dann wird er sitzen auf dem Thron seiner Herrlichkeit und werden vor ihm alle Völker versammelt werden, und er wird sie voneinander scheiden." (Aus Matth. 25) „Und er wird seine Engel senden mit großem Posaunenschall und sie werden seine Auserwählten sammeln ... von einem Ende des Himmels bis zum anderen" (aus Matth. 24). Das Bild Christi als des Weltenrichters steht den Menschen des Mittelalters ständig vor Augen.

Darstellung: Die Schrecken des Jüngsten Tages werden in allen Einzelheiten ausgemalt, aber auch die Freude der Erlösten. In dieser letzten Scheidung von Licht und Finsternis sehen wir die Engel am Werk. Die einen stoßen in die Posaunen, andere drängen die Verurteilten zur Hölle, wieder andere tragen die Marterwerkzeuge des Erlösers herbei. Unter dem Weltenrichter erblicken wir häufig Michael, den Seelenwäger. Während die Toten ringsumher auferstehen und staunend um sich blicken in Schrecken und in Freude, mühen sich die Engel um sie. Sie trösten die Geängsteten, bergen die Verstörten, kämpfen um sie mit den Teufeln.[27] Sie umarmen die Erlösten, bekleiden die Nackten mit neuen Kleidern,[28] geleiten sie auf den Weg zum Paradies, tanzen mit ihnen den Reigen der Seligen[29] und bringen sie heim ins ewige Licht.

D. Die kosmischen Aufgaben der Engel

Nach Auffassung verschiedener biblischer Aussagen sind hinter allem Geschehen in der Völkerwelt, in der Natur und im gesamten Kosmos auch Engelmächte am Werk (s. S. 128). Wenn Paulus von „Engeln, Mächten, Fürstentümern und Gewalten" spricht, denkt er im Anschluß an spätjüdische und hellenistische Engellehren in dieser Richtung. In der Offenbarung beschreibt Johannes ausführlich, daß es Engel sind, denen über die Natur Macht gegeben ist. Auch das Bild der Cherubim ist verwoben mit Naturereignissen, Gewitter, Blitz und Donner. Daß das Schicksal ganzer Völker in der Hand mächtiger Engel liegt, davon weiß Daniel zu berichten.

66. Während die wilden Tiere am Weltgericht die Menschen herausgeben müssen, die sie verschlungen haben, rollt ein Engel den Himmel ein wie eine Buchrolle (Offb. Joh. 6, 14), vgl. Anm. 7, S. 259. Zeichnung nach Hortus Deliciarum, 12. Jh., der Herrad von Landsberg (Ausschnitt).

Auch die Kirchenväter der ersten Jahrhunderte denken nicht anders: „Aufgrund göttlicher uralter Ordnung sind die Engel auf den Kosmos verteilt“ (Clemens von Alexandria). „Jeder Engelmacht wurde von Gott eine besondere Tätigkeit im Universum zugewiesen“ (Gregor von Nyssa). Dionysius hält in seiner „himmlischen Hierarchie“ die „Mächte“ für Assistenten Gottes bei seiner immerwährenden Schöpfung und die „Fürstentümer“ für die Hüter der Völker. Diese weiten Aspekte treten im Mittelalter – auch in der Kunst – in den Hintergrund.

Darstellung

1. Der Dienst der Engel bei der Erschaffung der Welt. Gelegentlich beobachten wir auf mittelalterlichen Schöpfungszyklen, daß der Szene des ersten Tages ein Engel beigegeben ist, dem an jedem Tag ein weiterer folgt, bis sich schließlich sieben Engel um den ruhenden Schöpfer versammeln.

Begrüßen diese Engel jeweils den neuen Tag, repräsentieren sie ihn oder stellen sie Gehilfen Gottes dar, die vielleicht auch weiterhin für diesen Sektor verantwortlich bleiben?[30]

Bisweilen stehen die Engel der Schöpfung nicht nur gegenüber,

67. Christus mit Kreuznimbus als der präexistente Logos (vgl. Glossar) am ersten Schöpfungstag. Mit dem Hervorbrechen des Lichts jauchzt der erste Engel auf. In Licht getaucht, doch auch von Finsternis berührt, nimmt er teil an der Scheidung von Tag und Nacht. Genesis-Kuppelmosaik, Detail, 1216–20, Venedig, San Marco, Narthex (Vorhalle).

sondern verschmelzen mit ihr. Dies zeigt sich bei Darstellungen, auf denen z. B. Sonne, Mond oder Winde mit Engelwesen identifiziert werden.[31]

2. Der kosmische Auftrag der Engel am Ende der Welt. Wie die Engel zu Vollstreckern des Willens Gottes beim Untergang des Weltalls werden, zeigt sich am eindrücklichsten in den Bildern zur Apokalypse, wenn sie eine Naturkatastrophe nach der anderen auslösen oder am Ende aller Geschichte den Himmel „einrollen" samt Sonne, Mond und Sternen, um der neuen Schöpfung Gottes Platz zu machen.[32] (Vgl. Abb. 66)

3. Die Engel als Wächter über die Völker. Sie erscheinen am eindrücklichsten auf der linken Weihnachtstafel des Isenheimer Altars. Im Mittelpunkt stehen drei große, gambenspielende Engel als Vertreter der Engeltriaden. Während ein grüner, gefiederter und mit Edelsteinen geschmückter Engel den Hüter des Naturreiches verkörpert (grün ist die Farbe der sprießenden Saat), so ist dem Engel im roten Gewand (rot als Farbe der göttlichen Liebe) die Völkerwelt anvertraut. Um ihn her schweben kleinere Engel, deren Physiognomie die ethnologische Eigenart der verschiedenen Völkergruppen erkennen läßt.

„Fürsten der Ehre, lebendiges Licht, heilige Engel, tief geneigt

68. *Von der Kreuzigung Christi wird das ganze Weltall bewegt, vor allem Sonne und Mond. Ob der Künstler auf diesem Bild ausdrücken will, daß die beiden Gestirne von Engeln gelenkt werden, oder ob sie selbst als Engelwesen anzusehen sind, läßt sich nicht sicher sagen. Bronze, 11./12. Jh., Verona, S. Zeno, Hauptportal (Kreuzabnahme).*

vor der Gottheit, lodernd in Sehnsuchtsgluten, wann immer ihr euch ersättigen könnt der heiligen Fülle, schaut im Geheimnis dunkler Kreatur ihr die göttlichen Augen ... Preis sei euch, heilige Engel, Hüter der Völker, deren Gebilde in eurem Antlitz sich spiegeln." Diese Visionen der Hl. Hildegard von Bingen haben wahrscheinlich den Meister des Isenheimer Altars zu seinem Bild inspiriert.[33]

4. Die Erhebung des kosmischen Christus durch die Engel. Eine verbreitete antike Bildform zeigt die Büste eines Kaisers oder einer anderen hochgestellten Persönlichkeit im Clipeus (Schild) oder im Siegeskranz, den zwei fliegende weibliche Genien emportragen. In der frühchristlichen Kunst treten an die Stelle des Kaiserbildes das Bild Christi oder ein Christussymbol, an die Stelle der Genien zwei Engel.[34] (Vgl. Abb. 49)

Eine verwandte Bildform findet sich in Kuppelgewölben: Vier Engel heben mit gestreckten Armen den Sphärenkreis mit einem Christussymbol zum Scheitelpunkt empor. Sonne und Mond, ein blauer mit Sternen übersäter Grund können die kosmische Bedeutung noch unterstreichen[35] (vgl. Abb. 23). Den Platz des Schildes nehmen mit der Zeit Aureole oder Mandorla ein, den der einfachen Engel Cherubim oder die vier Evangelistensymbole.

Wie Christus wird auch Maria häufig als „Königin der Engel" in kosmischem Rahmen verherrlicht (s. Maria, S. 197).

5. Die Engel in der himmlischen Glorie. Die Glorienbilder geben einen Blick frei in die jenseitige Welt der Engel mit ihrem strahlendem Licht und ihrer überschwenglichen Seligkeit. In stiller Anbetung sind sie der göttlichen Mitte zugewandt; oft stimmen sie auch in ekstatischer Freude das „Gloria in excelsis Deo" an.[36]

Dritter Teil
Mariendarstellungen

Einführung

Keine andere Gestalt der Bibel ist so innig und so vielfältig dargestellt worden wie Maria, die Mutter Jesu. Obwohl die Bibel zurückhaltend von ihr berichtet, haben Theologie und Volksfrömmigkeit ihr Bild reich ausgeschmückt.

Die ergiebigste biblische Quelle ist die Kindheitsgeschichte Jesu nach Luk. 1 und 2. In diesem Bericht finden sich drei Lobpreisungen, die sich auf Maria beziehen: Das „Ave Maria" des Engels Gabriel (Luk. 1,28), der Segensgruß der Elisabeth (Luk. 1,42) und das „Magnifikat" Mariens (Luk. 1,46f.).

Im 2. Jh. werden die sparsamen Berichte der Evangelien durch eine blühende Kindheits- und Jugendgeschichte der Maria ergänzt. Der Autor dieser Schrift gibt sich als der Apostel Jakobus aus. Dieses sogenannte „Protevangelium des Jakobus" wird im Osten voll akzeptiert, in Rom jedoch abgelehnt. Als die Schrift im 4. Jh., nur wenig verändert, unter dem Titel „Urevangelium des Matthäus" wieder auftaucht, wird sie auch im Westen anerkannt.[1]

1. Die Gottesmutter

Das „Protevangelium des Jakobus" ist vermutlich im vorderasiatischen Raum entstanden, also im Bereich der großen Muttergottheiten. Ihnen mag Maria entgegengestellt worden sein: hier die erhabene Gottesmutter, dort die *Große Mutter*, hier die Verehrung der reinen Jungfrau, dort der orgiastische Tempelkult der jungfräulichen Göttin. Gleichzeitig aber hat die Marienverehrung auch eine Lücke geschlossen, welche die einst hochgepriesenen und nun verdrängten Muttergottheiten hinterlassen haben. Es ist wohl kein Zufall, daß die Würdebezeichnung Theotokos, Gottesgebärerin, für die Mutter Jesu 431 auf dem Konzil in Ephesus formuliert wurde. Dort, in einer der bedeutendsten Städte Kleinasiens, stand noch bis in die Mitte des 4. Jh. eines der sieben Weltwunder, das Zentralheiligtum der Artemis, die hier die Züge der Magna Mater in sich aufgenommen hat.

Dieser Konzilsbeschluß gibt der Marienverehrung neue Impulse, was sich bald auch in der Kunst zeigt. Wurde die Gestalt der Maria bis 431 auf den Bildern der Verkündigung, der Geburt Jesu

69. Thronende Maria, zugleich Thron ihres königlichen Sohnes. Holzskulptur, 11./12. Jh., Zürich, Schweizer Nationalmuseum.

und der Anbetung der Magier nicht eigens hervorgehoben, so ändert sich dies nun erheblich. Die Gottesmutter beginnt nunmehr zur zentralen Gestalt der Christusgeschichte zu werden, ja sie wird zum autonomen Bildthema. Ihre bisherige Kleidung, die übliche Tracht der römischen Matrone, wird mit dem kaiserlichen Purpur vertauscht.

Im griechisch-byzantinischen Kulturkreis entstehen vom 5. bis 7. Jh. verschiedene, selbständige Typen des Marienbildes (s. Marienbild des Ostens, S. 203). Ihr Grundelement ist das Hieratisch-Feierliche.

2. *Die Thronende*

Das Abendland übernimmt einige dieser Bildformen, unter ihnen die Thronende Gottesmutter, die bis ins 13. Jh. hinein das Marienbild des Westens bestimmt. In erhabener Würde sitzt Maria auf dem Thron. Sie hält ihren Sohn vor sich auf dem Schoß. So wird sie, die Thronende, zum Thronsitz des Christusknaben, den sie der

Welt zum Heil vorstellt, und damit zum Sitz der Weisheit (s. Löwenthron, S. 237).

Bald wird Maria als *Regina Coeli,* als Himmelskönigin verehrt. Sie trägt die königlichen Insignien, zunächst vom 6. bis 8. Jh. im römischen Umkreis, hernach, vom 12. Jh. an, im gesamten Abendland.

Die Himmelskönigin ist zugleich *Regina Angelorum,* die Königin der Engel. Diese dienen ihr in der Erden- und Himmelswelt: zuerst, entsprechend dem strengen byzantinischen Hofzeremoniell, als Thronassistenten (s. Erzengel S. 148). Einen ähnlich offiziellen Charakter trägt auch der Bildtypus der Maestà, der im 14. Jh. in Siena entsteht. Er zeigt die thronende Maria als Patronin der Stadt, umgeben von Engeln und Heiligen.[2] Später werden ähnliche Motive gelöster, offener und mannigfaltiger dargestellt und erinnern bisweilen an eine farbenprächtige, mittelalterliche Hofhaltung.

Neben dem Bildthema der königlichen Madonna finden sich seit dem 7. Jh. erstmals auch zwei Szenen aus der Mariengeschichte als selbständige Bildtypen: Tod und Himmelfahrt Mariens (s. S. 218).

3. Die Mutter der Barmherzigkeit

Im hohen Mittelalter setzt eine entscheidende Wandlung der Marienverehrung ein. Ausgelöst wird sie vor allem durch die cluniazensische Reformbewegung des 10. bis 12. Jh. Die Christenheit wird zur Buße gerufen. Christus erscheint in Wort und Bild fast ausschließlich als der thronende Weltenherrscher, der die Menschheit vor seinen Richterstuhl fordert. Den Menschen wird um Trost bange. Da wird Maria zur Zuflucht. Die Regina coeli wird zugleich zur Mater misericordiae, zur Mutter der Barmherzigkeit, die sich in mütterlicher Liebe zu den Menschen herabneigt oder fürbittend für die Verlorenen bei ihrem Sohn eintritt.

Gleichzeitig ändert sich auch der Bildtypus: Maria und Kind. Die feierliche Starre der thronenden Theotokos-Darstellungen löst sich. Maria wendet sich ihrem Kind zu, und dieses sucht seine Mutter mit Augen und Händen.

Nach und nach entwickeln sich noch weitere Bildformen: Die Deesis – im Osten schon frühzeitig entstanden – wird seit dem 12./13. Jh. auch im Westen heimisch. Maria und Johannes der Täufer stehen oder knien auf beiden Seiten des Weltenrichters und flehen ihn um Erbarmen für die Menschheit an.[3] Später entstehen die Bildtypen: Schutzmantelmadonna (s. S. 255) und Heilstreppe (s. S. 254).

4. Die Braut des Hohen Liedes (Maria im Alten Testament, Typologie)
Die Theologie der Scholastik ist überzeugt von der grundsätzlichen Übereinstimmung des Alten mit dem Neuen Testament. Sie bezieht viele Gestalten und Ereignisse des Alten Testaments auch auf Maria. Dies ist nichts Neues. Schon im 5. Jh. schrieb der Syrer Balaeus: „Selig bist du, Maria, weil in dir die von den Propheten verkündeten Geheimnisse ihre Lösung gefunden haben. Moses stellt dich dar im Dornbusch, David durch die Bundeslade, Hesekiel durch die Pforte, die verschlossen und verriegelt war."[4] Auch die Gegenüberstellung von Eva und Maria gewinnt eine besondere Bedeutung (s. Typologische Aspekte des Marienbildes, S. 229).

Ein Reichtum an neuen typologischen Bildformen, an Metaphern und Allegorien entsteht durch die intensive Beschäftigung mit dem Hohen Lied in dem an neuen Impulsen reichen 12. Jh. In Sulamith, der Braut Salomos, sieht man Maria, in Salomo Christus vorgebildet. So entsteht der Bildtypus der bräutlich-zarten Jungfrau, die sich als Throngenossin zum König Christus neigt oder als „Mater et Virgo", als Mutter und Jungfrau zugleich, ihr Kind liebkost, das wiederum Kind, Bräutigam und König in einem ist.

Diese Entwicklung wird durch den Minnesang verstärkt. Er trägt mit dazu bei, das Bild der himmlischen Frau weiter auszuformen. In ihren Dienst berufen zu sein, ist größte ritterliche Ehre.

Darüber hinaus entstehen aus dem Hohen Lied die marianischen Sonderformen: „Hortus conclusus" (s. S. 243) und „Maria im Rosenhag" (s. S. 245). Auch die „Krönung der Maria" (s. S. 221) wird aus dem Hohen Lied begründet.

5. Die hymnisch Gepriesene
Von diesen Bildgleichnissen sind die Marienhymnen erfüllt, die jetzt vielerorts entstehen. Meist sind die Dichter anonym, später verbinden sich mit diesen Liedern bekannte Namen wie Walther von der Vogelweide, Gottfried von Straßburg, Heinrich von Laufenberg u. a. Das umfassendste Marienlob von nahezu 2000 Zeilen schrieb um 1275 Konrad von Würzburg in seiner „Goldenen

Schmiede". Er hat alle nur erdenklichen Sinnbilder, die je auf Maria deutend bezogen wurden, zusammengetragen. Um 1200 fügt ein unbekannter Dichter die biblischen und apokryphen Geschichten, die von Maria erzählen, zusammen zur „Vita Beatae Mariae Virginis et Salvatoris Rhythmica". In ganzen Bildfolgen wird nun das Marienleben (s. S. 206) den Gläubigen vor Augen geführt. In der Portalplastik gotischer Kathedralen werden die wichtigsten Szenen zum bevorzugten Thema.

6. Die Schöne Madonna

Das Hohe Lied preist immer wieder die Schönheit der Sulamith; vollkommen schön wird auch Maria in der Gotik des 13. Jh. dargestellt: am Mittelpfeiler des Portals wie im Innern der Kathedrale, die nun „Unserer lieben Frau", „Liebfrauenkirche" oder „Notre Dame" genannt wird. Meist trägt Maria eine Krone, der Schleier gibt das offene, herabwallende Haar frei. Von den Schultern der schlanken Gestalt fällt schwer und in malerischem Faltenwurf der kostbare Mantel herab. Diese Entwicklung hat um 1400 ihren Höhepunkt erreicht in den graziösen Skulpturen und Malereien, die in die Kunstgeschichte unter dem Namen „Schöne Madonnen" eingegangen sind.[5]

Durch die allegorische Ausdeutung der üppigen Metaphern des Hohen Liedes auf Maria ist auch viel Erotisches in das Marienbild eingegangen. So wird z. B. in der Schrift: „De Laudibus Sanctae Mariae" (Von den Lobpreisungen der heiligen Maria) von St. Laurent (13. Jh.) die leibliche Schönheit Mariens auf vierzig Seiten, die Schönheit ihrer Seele auf sechs abgehandelt.

7. Die Schmerzensreiche

Einen tiefen Einschnitt in die marianische Frömmigkeit bringt die Mystik des 13./14. Jh. Bei der Betrachtung des Lebens, Leidens und Sterbens Jesu empfindet der Gläubige die Freuden und Schmerzen der Gottesmutter mit (s. S. 212). Er begleitet sie auf ihrem Weg (s. Rosenkranz, S. 249), er kniet mit ihr vor dem Kind im Stall, sieht, wie sie es an die Brust nimmt (s. Maria Lactans, S. 211) oder versenkt sich in ihre Demut (s. Demutsmadonna, S. 246). Er leidet mit ihr beim Abschied von ihrem Sohn[6] und begegnet ihr wieder auf dem Kreuzweg.[7] Er steht neben der

Schmerzensreichen unter dem Kreuz und hält mit ihr zusammen den toten Sohn auf den Knien (s. Pietà, S. 214).

Die „Marienklagen", die franziskanischen „Meditationes Vitae Christi", die Visionen der heiligen Birgitta von Schweden, die zahlreichen, jetzt in der Muttersprache gedichteten geistlichen Spiele sind Ausdruck dieser mitempfindenden Frömmigkeit, die auch die bildende Kunst anregt und befruchtet.

Mystische Betrachtungsweise spiegeln auch diejenigen Darstellungen wider, die Maria mit ihrem Kind übergroß inmitten hochragender Pfeiler in einer gotischen Kathedrale zeigen. So malt sie vor allem Jan van Eyck als den Typus der Ecclesia, der Kirche.[8]

8. Bürgersfrau und Himmelskönigin

Aus dem Bedürfnis, den heiligen Gestalten auch menschlich nahe zu sein, gleichzeitig aus der neu erwachten Freude an der irdischen Welt wird im 15./16. Jh. das Leben der Maria immer mehr in die eigene Zeit und die alltägliche Umwelt hineinversetzt. Die menschlich-individuellen Züge nehmen zu, das Detail wird liebevoll und sorgfältig beachtet. Die Renaissance kündet sich an.

Im Süden bleibt zwar die thronende Madonna noch charakteristisch. Oft ist sie von Heiligen umgeben, mit denen sie sich im Gespräch befindet (Sacra Conversazione).[9] Im Norden dagegen bekommt der Thron Mariens seinen Platz auch in der Wohnstube, etwa eines holländischen Patrizierhauses. Maria wird mehr und mehr zur Bürgersfrau, die nicht nur in einer Bürgerstube geboren wird, sondern auch in ihr wohnt, dort für ihr Kind lebt und schließlich wie eine verehrte Zeitgenossin stirbt. Der Heiligenschein wird zum zarten Reif, er kann auch durch ein Ornament ersetzt werden oder ganz verschwinden. Diese neue, wesentlich profanere Geschmacksrichtung läßt den Betrachter am alltäglichen Leben der Heiligen Familie teilnehmen. Er beobachtet Maria bei der Hausarbeit, wie sie ihrem Kind die Suppe einlöffelt,[10] wie sie ihm beim Spiel mit seinem Vetter Johannes zusieht oder ihn an der Hand zur Schule führt.[11]

Aus dieser Familienatmosphäre heraus entstehen neue Bildtypen. So die Darstellung der „Heiligen Familie",[12] der „Heiligen Sippe" oder der „Anna Selbdritt", deren Bedeutung freilich über ein Familienidyll hinausgeht (s. S. 209, 210).

Dieses bürgerliche Genre erscheint vordergründig. Wenn wir aber z. B. die diffizilen Interieurs der niederländischen Meister des 15. Jh. aufmerksam betrachten, merken wir, daß gerade viele unscheinbare irdische Dinge zum Gleichnis des Überirdischen werden können. Unauffällig beginnt alles von der Herrin des Hauses, von Maria, sinnbildlich zu reden: das Glas, von Sonne durchschienen,[13] der Spiegel an der Wand,[14] das Schnitzwerk der Möbel, (Marien-) Blumen in einer Vase, (Paradies-) Äpfel in einer Schale, dazu nicht selten auch architektonische Elemente, wie die dreifache Aufteilung eines Fensters und anderes mehr.[15]

Der andere Bereich, den die Kunst dieser Zeit in leuchtenden Farben schildert, ist die strahlende und jubilierende Himmelswelt, in die Maria als Himmelskönigin entrückt wird.

Viele bekannte Motive werden in diese himmlische Glorie verlegt. Als Regina Angelorum (s. S. 197) schwebt Maria, von jauchzenden Engelchören umgeben, über den Wolken, in glorreicher Auffahrt wird sie von Engeln zum Thron ihres Sohnes geleitet (s. Assunta, S. 221), in Gegenwart aller Engel und Heiligen wird sie gekrönt, (Marienkrönung, s. S. 221) und als Immaculata (s. S. 228) steht sie auf dem Erdball und zertritt der teuflischen Schlange den Kopf, ein Motiv, das im Barock sich ausweitet zur Bildform einer triumphalen Apotheose.

Das Leben der Maria und das ihres Sohnes sind auf das engste miteinander verbunden. Im Neuen Testament tritt Maria in Erscheinung vor allem in den Kindheitsgeschichten Jesu sowie unter dem Kreuz ihres Sohnes. Nach der Intention des Neuen Testaments gehören diese Berichte in die Geschichte des Lebens Jesu; deshalb können sie im Rahmen dieser begrenzten Arbeit in ihrem ikonographischen Zusammenhang leider nicht besprochen werden.

Das Marienbild des Ostens

Im Osten hat sich das Marienbild schon früher verselbständigt als im Westen. Die dort entstandenen Bildtypen der Gottesmutter sind aber auch hier bald bekannt geworden. Politische Enklaven von Byzanz (wie Ravenna, Süditalien, Sizilien), Handelsbeziehungen, Mönchsgemeinschaften, die sich im Bilderstreit nach Italien flüchten, erbeutete Kostbarkeiten, Heiratsgut öffnen der griechisch-byzantinischen Kunst ein weites Tor ins Abendland. Damit kommen auch die kleinformatigen und leicht zu befördernden Marien-Ikonen nach dem Westen.

Das Eigentümliche an den Bildern des Ostens ist, daß sie durch die Zeitläufte hindurch nahezu gleichbleiben: sie behalten ihre Formgestalt bei, ebenso wie die Liturgie, mit der sie verwandt sind. Die Gläubigen sollen das Urbild in diesen das Ewiggültige transzendierenden Abbildern verehren können. Dieser Anspruch wird besonders für die beiden Bildtypen erhoben, die als authentisch gelten: Das „nicht von Menschenhand geschaffene Bild Christi" geht der Überlieferung nach auf den Abdruck des Christushauptes auf einem Tuch zurück. Jesus selbst habe es dem kranken Fürsten Abegar von Edessa geschickt. Dann das vom Evangelisten Lukas selbstgemalte Muttergottesbildnis (s. S. 205f.).

Der Würde der Bilder entspricht ihre Malweise. Sie sollen betend und fastend gemalt werden. Alle subjektiven Einfälle werden vermieden, größte Objektivität wird angestrebt. Solche urtümlichen Ikonen sind denn auch im Abendland zu hoch verehrten Gnadenbildern geworden.

So konstant die Bildtypen der Muttergottes in der Ostkirche sind, so uneinheitlich sind ihre Benennungen. Da kann z. B. ein Ehrentitel für Maria zu einer Typenbezeichnung werden, ohne daß er jedoch auf diesen Bildtypus beschränkt bleibt. Oder es können unterschiedliche Bildformen den gleichen Namen tragen, nur weil ihre Vorbilder sich zufällig in ein- und derselben Kirche befanden, die ihnen allen den Namen gab.

Die Haupttypen des Marienbildes entstehen zwischen 400 bis 700 n. Chr. Nach Beendigung des Bilderstreites, dem unersetzliche Werke der Frühzeit zum Opfer fielen, werden die alten Darstellungsweisen, nur wenig verändert, wieder aufgenommen.

Gemeinsam ist ihnen allen die äußere Gestaltung der Muttergottes. Sie trägt ein purpurnes oder blaues Gewand. Ihr gleichfarbenes, mantelartiges Tuch, das Maphorion, umhüllt Haupthaar, Schultern und Brust. Drei Sterne – auf frühen Ikonen Kreuze – sind an der Stirn und auf beiden Schultern in das Tuch eingewebt. Die einen sehen darin ein Sinnbild der Jungfräulichkeit, die anderen einen Hinweis auf die Dreifaltigkeit. Bezeichnet wird Maria durch ein auf dem Hintergrund eingeschriebenes ΜΡΘΥ = griechisch Meter Theou = Muttergottes.

Folgende marianische Bildtypen finden wir im Abendland auf den Originalen aus dem Osten, aber auch auf eigenen, von der byzantinischen Kunst beeinflußten Bildwerken:

1. Die thronende Gottesmutter

Sie sitzt auf einem Purpurkissen und hält den Christusknaben frontal auf dem Schoß. Dieser hat die rechte Hand segnend erhoben. In der Linken hält er – auf frühen Bildern seltener – die Buchrolle, die ihn als den göttlichen Logos, das Person gewordene Gotteswort, ausweist. Diese Bildform läßt sich zurückführen auf das Konzil von Ephesus (431), auf dem Maria zur Theotokos = Gottesgebärerin erklärt wurde.[16]

Im Westen wird die thronende Muttergottes zum bedeutendsten autonomen Marienbild bis ins 13. Jh.[17] (Vgl. S. 196f., 237f.).

2. Die Nikopoia = Siegbringerin

(Ehrentitel: Kyriotissa = Herrin) Stehende oder thronende Muttergottes (auch Halbfigur) mit dem segnenden und die Rolle haltenden Jesusknaben. Ihre Rechte ruht auf seiner Schulter, ihre Linke auf seinem Knie. Auf frühen Bildern kann das Kind von einem Clipeus umgeben sein.[18] Der Name Nikopoia deutet darauf hin, daß eine Ikone dieses Typs den byzantinischen Kaiser auf seinen Feldzügen begleitete.

3. Die Hodigitria = Wegführerin

Maria – in der Regel als Halbfigur, aber auch stehend dargestellt – trägt auf dem linken Arm den segnenden Christusknaben, auf den sie mit der Rechten zeigt. Diese Ikone galt als das von Lukas gemalte Original. Der Name Hodigitria stammt von der gleichnamigen Kirche, die in Byzanz an der Straße der Karawanenführer lag. Ins Geistliche übertragen, wird Maria als Wegführerin bezeichnet.[19]

4. Die Blacherni(o)tissa

Nach einer Kirche im Blacherner-Viertel von Konstantinopel, in der sich drei Gnadenbilder befanden, die sämtlich – trotz ihrer

Verschiedenheit – nach ihr benannt wurden. Die beiden einflußreichsten sind

a) Die Blacherni(o)tissa – Maria orans (betend):
Bildtypus: Maria in Orantenhaltung, mit erhobenen Armen betend, bildet die Mitte, um die sich Apostel, z. B. bei der Himmelfahrt Christi, scharen. Nach den ikonoklastischen Wirren wird die Bildform der Maria orans zum selbständigen Typus. In spätbyzantinischer Zeit ist ihr Platz in der Apsis unter dem Pantokrator. Der zentrale Gedanke dieses Bildes: die Muttergottes ist Fürbitterin und Mittlerin der Gläubigen.[20]

b) Blacherni(o)tissa, Muttergottes des Zeichens oder Platytera: „Muttergottes des Zeichens" heißt sie nach Jes. 7,14: „Der Herr selbst wird euch ein Zeichen geben: Siehe, eine Jungfrau ist schwanger und wird einen Sohn gebären, den wird sie heißen Immanuel". Das Wort Platytera (griechisch platys = weit) ist der Anfang einer Marienanrufung: „Er hat deinen Schoß weiter gemacht als die Himmel", um Christus, das ewige Wort, aufzunehmen.

Bildtypus: Die Muttergottes steht frontal und erhebt betend die Hände. Vor ihrer Brust schwebt das Medaillon mit dem Christus Immanuel. Wird Maria als Halbfigur dargestellt, erscheint das Christuskind ohne den ihn umrahmenden Clipeus.[21]

Platytera ist auch einer der Ehrennamen, der auf andere Bildformen der Maria übertragen wird, z. B. auf die thronende Maria, zu deren Seiten zwei sie verehrende Engel stehen.

5. Die Eleousa – die Muttergottes des Erbarmens

Bildtypus: Maria in Halbfigur mit dem Jesusknaben auf dem Arm. Dieser wendet sich zärtlich der Mutter zu, schmiegt seine Wange an die ihre und legt sein Ärmchen um ihren Hals. Der Blick der Mutter geht, in Vorahnung seines Leidens, wissend in die Ferne.[22]

6. Die Glykophilousa – die Süßküssende

Bildtypus: wie oben, nur mit dem Unterschied, daß sich auch Maria liebevoll ihrem Kind zuwendet.

Die zärtlichen Madonnen des Westens weisen zwar im Formalen gewisse Ähnlichkeit mit den drei letzten Bildtypen auf. Die Bildaussage ist jedoch im Osten zurückhaltender und hintergründiger.[23]

7. Die Galaktrophousa – die Milchnährende
Bildtypus: s. Maria lactans (S. 211).

Lukas malt die Madonna

„Wir kennen sein (Christi) Äußeres nicht, so wenig wie das seiner Mutter“, sagt Augustinus. Doch das Bedürfnis, authentische Bilder zu besitzen, ist groß. Daraus ist die Legende entstanden, daß der Evangelist Lukas, von Beruf Arzt und Mitarbeiter des Apostels Paulus, auch noch Künstler gewesen sei und Maria mit ihrem Kind gemalt habe. Daß man gerade auf Lukas kam, ist verständlich: er hat als einziger der Evangelisten in den beiden ersten Kapiteln seines Evangeliums mit großer Liebe und schriftstellerischem Können die Kindheitsgeschichten Jesu seinen Lesern vor Augen gemalt.

Die Legende selbst ist nicht einheitlich überliefert. Nach der einen Lesart habe Lukas Mutter und Kind noch zu deren Lebzeiten gemalt, nach der anderen habe Maria vom Himmel her das später gemalte Bild gesegnet und somit beglaubigt. Die dritte Version berichtet, daß Lukas ein Bild zwar nach dem Leben begonnen habe, das dann später durch ein göttliches Wunder – „ohne Menschenhand“ – fertiggestellt worden sei.

Nach einem Bericht aus dem 6. Jh. (erhalten in einer Abschrift aus dem 14. Jh.) soll die Kaiserin Eudoxia, die Gemahlin Theodosius d. J., ein Marienbild von der Hand des Evangelisten Lukas in Jerusalem erworben und ihrer Tochter Pulcheria nach Konstantinopel gesandt haben. In der hochverehrten Ikone, der Hodigitria (s. S. 203) in der Hodegon-Kirche in Konstantinopel, glaubte man das Bild des Lukas zu besitzen. Es ist unzählige Male kopiert worden. Bei der Eroberung Konstantinopels durch die Türken wurde das Original zerstört.

Im Bilderstreit des 8./9. Jh. wird Lukas zum Zeugen gegen die Ikonoklasten (Bilderzerstörer) angerufen; im 10. Jh. wird er als Maler der Muttergottes in der Liturgie verehrt. Noch im Malerbuch vom Berg Athos werden die Malerlehrlinge angehalten, vor einem Bild der Hodigitria Christus um Hilfe für ihre Arbeit anzuflehen.

Vom 14. Jh. an werden im Osten wie im Westen immer mehr Gnadenbilder dem Evangelisten Lukas zugeschrieben. Ihre Anzahl ist inzwischen auf 7000 angewachsen. Durchwegs handelt es sich um Marienbilder byzantinischer Prägung, deren dunkles, hieratisches Aussehen ein besonders hohes Alter vermuten läßt. Als im 13./14. Jh. die Handwerkerzünfte entstehen, wählen die Malergilden Lukas zu ihrem Schutzpatron. Sie stiften Lukaskapellen und -altäre, wobei sie das Thema „Lukas malt die Muttergottes" als Motiv bevorzugen.

Darstellung: Erster und ältester Bildtypus im Osten (13./14. Jh.): Lukas, ohne Symbol, sitzt auf einem Stuhl, den Pinsel in der Rechten. Neben ihm liegt sein Handwerkszeug. Vor ihm, meist auf einer Staffelei, steht das unfertige Gemälde der Hodigitria, an dem er eben arbeitet.[24]

Zweiter Bildtypus im Westen, in Deutschland und den Niederlanden, 15. Jh.: Maria steht mit dem Kind vor Lukas, der versunken in ihren Anblick an seinem Bild malt. Bald ist es ein Andachtsbild auf der Staffelei, bald die Miniatur eines Evangeliars oder ein Entwurf auf einem Papier.[25]

Das Marienleben

Die Quellen: Zwei apokryphe Schriften – das „Protevangelium des Jakobus" aus dem 2. Jh., der „Pseudo-Matthäus" aus dem 5. Jh. (Näheres siehe S. 195). Dazu kommen einige legendäre Zusätze aus dem Mittelalter. (Die Berichte aus dem Neuen Testament werden hier nicht wiedergegeben, da sie unschwer anhand der angegebenen Fundstellen nachgelesen werden können.)

1. Joachim und Anna, die Eltern der Maria

a) Das Opfer Joachims. Joachim übergibt dem Hohenpriester im Tempel zwei Drittel seines Vermögens, zusammen mit einem Opfertier. Dieser weist die reiche Gabe ab, da Joachims Ehe kinderlos geblieben sei, worin er eine Strafe Gottes sieht.

b) Die Trauer Joachims und Annas. Joachim zieht sich verstört zu seiner Herde in die Einsamkeit zurück und verweilt dort im Gebet und Opfer. Zuhause beweint Anna ihre Kinderlosigkeit und bricht beim Anblick eines Sperlingsnestes in Klage aus.

c) Die Gebetserhörung. Ein Engel verkündet Joachim auf dem Felde – und Anna daheim, daß ihre Gebete erhört seien und sie ein Kind bekommen würden.

d) Die Begegnung an der Goldenen Pforte. Joachim eilt zurück nach Jerusalem, Anna geht ihm ahnungsvoll entgegen. Sie treffen sich an der Goldenen Pforte. Beglückt liegen sie sich in den Armen. Diese besonders gern und innig dargestellte Szene wird im Mittelalter zum Sinnbild der Immaculata Conceptio, der Unbefleckten Empfängnis Mariens.[26] (Siehe auch Maria auf der Mondsichel, S. 225f.)

2. Maria, die Tochter von Joachim und Anna

a) Die Geburt der Maria. Anna schenkt einer Tochter das Leben, eine Hebamme steht ihr bei. Sie stillt ihr Kind und stimmt ein Loblied an. Die Eltern geben dem Kind den Namen Maria und versprechen es dem Tempel. Dieser Geschichte haben wir im späten Mittelalter die lebendige Schilderung einer bürgerlichen Wochenstube zu verdanken. Nichts ist vergessen: weder das Süpplein für die Wöchnerin, noch der Besuch der Nachbarin, noch das Herrichten des Bades für das neugeborene Kind.[27]

b) Der Tempelgang des Marienkindes. Die dreijährige Maria, im Bild meist als junges Mädchen dargestellt, wird von den Eltern in den Tempel gebracht. Jungfrauen geleiten sie mit Fackeln. Sie steigt die Treppe zum Tempel empor, ohne zurückzuschauen, und wird von Priestern als Tempeljungfrau empfangen.[28] Engel versorgen sie täglich mit Engelbrot, einem Sinnzeichen für die Eucharistie.

c) Die Verlobung und Hochzeit der Maria. Wie alle Tempeljungfrauen wird Maria, nachdem sie die Reife erlangt hat, aus dem direkten Tempeldienst entlassen. Sie soll der Hut eines vertrauenswürdigen

Mannes übergeben werden, der sie unberührt läßt. Die Anwärter auf die Hand der jungen Maria werden in den Tempel geladen. Nach dem Protevangelium des Jakobus sind es ausschließlich Witwer, nach der anderen Quelle ledige Männer. Jeder von ihnen muß einen Stab mitbringen, der auf den Altar gestellt wird. Derjenige, dessen Stab zu blühen beginnt, soll die Hand der Tempeljungfrau erhalten.

Der Stab Josefs beginnt zu grünen und zu blühen wie einst der des Hohenpriesters Aaron (4. Mos. 17, 1–13). Eine Taube erscheint und läßt sich auf das Haupt des Josef nieder. Nach dieser göttlichen Bestätigung findet die Vermählung statt. Josef nimmt Maria ins Haus.

Dieser apokryphe Legendenkranz wird vom 12. Jh. an chronologisch verbunden mit neutestamentlichen Erzählungen, die von Maria berichten.[29] Es sind dies: Die Verkündigung (Luk. 1, 26–38). Dazu die apokryphe Ausschmückung: Die aus dem Tempeldienst entlassenen Jungfrauen sollen zuhause für den neuen Vorhang im Tempel Wolle spinnen. Maria gewinnt durchs Los die Farben Scharlach und Purpur. Das rote Garn, die Spindel, der Korb mit der Wolle gehören von Anfang an zum Verkündigungsbild. Erst vom 12. Jh. an wird es üblich, Maria betend oder beim Lesen des Propheten Jesaja abzubilden. Nach einer anderen, selten dargestellten Quelle wird der Maria beim Wasserschöpfen am Brunnen die Geburt Christi von Gabriel verkündet. – Ferner: Die Heimsuchung (Luk. 1, 39–55) und der Zweifel Josefs an der Treue Marias (Matth. 1, 18–29). Die apokryphe Ausweitung, das Gottesurteil: Die Schwangerschaft Mariens erweckt bei der geistlichen Obrigkeit Zweifel an der gelobten Enthaltsamkeit der Eheleute. Daraufhin müssen Maria und Josef ihre Unschuld vor dem Hohenpriester durch Trinken des giftigen Fluchwassers unter Beweis stellen.[30] – Weiter: Der Weg nach Bethlehem und die Geburt Jesu (Luk. 2, 1–19), die Darstellung Jesu im Tempel und die Weissagung des alten Simeon (Luk. 2, 25–39), die Anbetung der Magier (Matth. 2, 1–12), die Flucht nach Ägypten sowie der bethlehemitische Kindermord (Matth. 2, 13–17) und der zwölfjährige Jesusknabe im Tempel (Luk. 2, 41–52). Auch die letztgenannten Geschichten haben manche legendäre Erweiterung erfahren. Bei der Himmelfahrt Christi (Apg. 1, 9–11) und bei Pfingsten (Apg. 2) wird Maria zwar nicht ausdrücklich erwähnt, in der Kunst wird ihr aber mehr und mehr ein zentraler Platz eingeräumt.

Mit dem Tod und der Himmelfahrt Mariens nach den Transitus-Berichten (s. S. 217f.) mündet der Zyklus wieder voll in die apokryphe Vita der Gottesmutter ein, die schließlich mit ihrer Krönung endet.

Aus diesem reichen Fundus werden nun die verschiedensten Bildfolgen zusammengestellt: kurze und ausführliche, solche die ihren Schwerpunkt in der Kindheit oder in Tod und Himmelfahrt der Maria haben, solche, die überhaupt nur apokryphe Erzählungen bringen, und andere, bei denen die neutestamentlichen Berichte im Vordergrund stehen.[31]

Die Heilige Sippe

Die Matth. 13, 55 genannten vier Brüder Jesu gelten in der frühen Kirche im Osten (Origenes, Clemens von Alexandrien u. a.) als Söhne des Josef aus einer ersten Ehe, im Westen dagegen als Kinder aus der nach Jesu Geburt vollzogenen Ehe des Josef mit Maria (so noch Tertullian um 200).[32] Als sich die Vorstellung von der immerwährenden Jungfrauenschaft Mariens auch im Westen mehr und mehr durchsetzt, erscheint der Gedanke an leibliche Brüder Jesu unerträglich. So werden sie zu Vettern Jesu.

Es ergibt sich aus den Evangelienberichten, aus apokryphen Erzählungen und theologischen Konstruktionen der folgende, etwas mühsam zusammengefügte Sippenverband: Großmutter Anna hat aus drei Ehen drei Töchter, die alle Maria heißen: aus der ersten Ehe mit Cleophas die Tochter Maria Cleophas, aus der zweiten Ehe mit Salomas die Tochter Maria Salome, aus der dritten Ehe mit Joachim die Tochter Maria, die keinen Beinamen trägt. Maria Cleophas heiratet Alphäus. Ihnen werden – nach Hieronymus – folgende Söhne zugeschrieben: Jakobus minor, Josef gen. Justus, Simon, Judas Thaddäus. Diese werden ausnahmslos mit Aposteln identifiziert. Maria Salome heiratet Zebedäus. Ihre Söhne sind die beiden Jünger Johannes der Evangelist und Jakobus maior. Maria ohne Beinamen heiratet Josef. Sie ist die Mutter Jesu.

Die Darstellung der Heiligen Sippe, die im 15. Jh. beginnt und im 16. Jh. ihre hohe Zeit hat, ist eine Fortsetzung und Erweiterung der Bildform „Anna Selbdritt". Sie gibt dem Künstler des späten Mittelalters willkommene Gelegenheit zu einer lockeren, liebevollen, ins Detail gehenden Schilderung einer bürgerlichen Familie, von der bald der engere, bald der weitere Familienkreis dargestellt wird.

Bildform der Heiligen Sippe etwa nach folgendem Schema: Um Anna und Maria mit dem Jesuskind scharen sich die verwandten Frauen mit ihren Männern,[33] unter denen sich bisweilen außer Joachim auch die beiden verstorbenen Männer der hl. Anna befinden, Cleophas und Salomas. Die Kinder sitzen auf dem Schoß ihrer Mütter, vergnügen sich an Obst und Milch oder spielen zu deren Füßen mit Hündchen, mit Spielzeug oder aber makabrerweise mit ihren späteren Attributen, ihren Marterwerkzeugen.[34]

Anna Selbdritt

Die Vorstellung von der Unbefleckten Empfängnis (s. S. 225f.) hat sich in Theologie und Volksfrömmigkeit mit der Begegnung von Joachim und Anna an der Goldenen Pforte (s. S. 207) verbunden. In dieser Szene ist sie auch zuerst dargestellt worden. Als im 14. Jh. der Kult der Immaculata zunahm, wurde auch die hl. Anna mehr und mehr verehrt. Im 16. Jh. entstehen St. Anna-Bruderschaften und -Wallfahrten: „Gepriesen sei die heilige Anna, deine Mutter, aus der du ohne Makel und ohne Sünde hervorgegangen bist, Jungfrau Maria, aus welcher geboren ist Jesus Christus, der Sohn des lebendigen Gottes."[35] Diese religiöse Entwicklung und die Bedeutung der heiligen Drei in der Zahlensymbolik dürften den Anstoß zur Dreiergruppe „Anna Selbdritt" gegeben haben.

Bildtypus: Die Darstellung der drei Gestalten, in denen sich drei Generationen begegnen (Großmutter, Mutter und Kind), und deren künstlerische Zuordnung zueinander werden vielfältig gelöst. Immer werden Anna als würdige Matrone und Jesus als kleines Kind abgebildet, während das Alter der Maria vom Kind über das Mädchen bis zur reifen Frau variiert.[36]

Die nährende Maria – Maria lactans

„Es erhob aber ein Weib im Volk ihre Stimme zu ihm: Selig ist der Leib, der dich getragen hat und die Brüste, die du gesogen hast. Jesus aber sprach: Selig sind, die das Wort Gottes hören und bewahren.“ (Luk. 11, 27)

Die Muttermilch, Grundnahrung des Kindes, wird bereits in 1. Petr. 2, 2 im übertragenen Sinn zum Gleichnis des nährenden und lebensnotwendigen Gotteswortes. Nicht unbeeinflußt von

70. *Anna Selbdritt. Das herbe Gesicht der dominierenden Muttergestalt hat einen sibyllenhaften Ausdruck. Ihre Hände fassen die halbwüchsige Maria und das Jesuskind zu einer Gruppe zusammen, deren Mittelpunkt das aufgeschlagene Evangelienbuch ist. Holzplastik, Hans Leinberger, Anfang 16. Jh., München, Bayr. Nationalmuseum.*

gnostischem Gedankengut ist die Marienhymne des Syrers Jakob von Batnae. Er preist Maria selig, „weil sie den mit ihrer reinen Milch nährte, aus dem die Welten wie aus einer großen Mutterbrust das Leben saugen".[37] Diese Spannung (der große Gott – ein kleines Kind) bleibt jedoch nicht der einzige Gesichtspunkt. Im späten Mittelalter wird die natürliche menschliche Beziehung zwischen Mutter und Kind wahrgenommen, sichtbar gemacht und mystisch gedeutet. So von dem Franziskaner Jacopone da Todi: „Wenn an der Brust er saugte, welch Lieb tat er dir an? Das Unermeßliche konnte die Milch von dir empfahn. Wenn du die Brust ihm reichtest und mit ihm scherztest froh, warst du nicht ganz verzehret von solcher Liebesloh?"[38]

Die frühesten Bilder der nährenden Gottesmutter sind in der koptischen Kirche entstanden.[39] Sie dürften sich wohl formal an die Darstellung der Isis angelehnt haben, die den Horusknaben stillt. Nach dem Bilderstreit ist das Motiv auch in der Ostkirche zu finden unter dem Namen Galaktrophousa (s. S. 205). Im Westen bürgert es sich zunächst kaum ein.[40] Das ändert sich vom 14. Jh. an. Maria, die dem Kind die Brust bietet, wird auf einmal ein beliebtes Thema vom Süden bis zum Norden.[41] (Vgl. Abb. 7)

Formal angrenzende Bildthemen sind: die Heilstreppe (s. S. 254); Eva, ihre Kinder nährend; Terra (die Erde), Schlangen und andere Tiere, aber auch Kinder stillend; Mare (das Meer), Fische nährend (selten, da das Meer in der Regel als männliche Personifikation erscheint); Caritas (die Nächstenliebe), mit zwei Kindern an der Brust; gelegentlich auch Ecclesia (Kirche), Gläubigen Nahrung bietend.

Die sieben Schmerzen und die sieben Freuden Mariens

„Es wird ein Schwert durch deine Seele dringen", sagt der alte Simeon zu Maria, als sie das Jesuskind zum Tempel bringt (Luk. 2, 35). Diese Weissagung der Passion Jesu wird im späten Mittelalter bisweilen wörtlich dargestellt. Vom Kreuz herab dringt ein Schwert in das Herz der Maria.[42]

Entsprechend der Verehrung der fünf Wunden Jesu beim Rosenkranz (s. S. 249) werden vom 13. Jh. an auch fünf Schmerzen der

71. Die sieben Schmerzen Mariens werden sichtbar gemacht durch sieben Schwerter, die sie im Innersten treffen. Auf die Ursache ihrer Leiden deuten Dornenkrone und Nägel. Steinskulptur, Anfang 16. Jh., oberbayrisch.

Maria betrachtet, die bald auf die heilige Siebenzahl erweitert werden. Es sind dies: Weissagung des Simeon, Flucht nach Ägypten, Suche nach dem zwölfjährigen Jesus, Kreuzweg, Kreuzigung, Kreuzabnahme oder Beweinung bzw. Pieta, und Grablegung.

In den Darstellungen, Hauptzeit ist das 15./16. Jh., werden die sieben Schmerzen auf mancherlei Weise in Einzelszenen um die Schmerzensmutter herum gruppiert. Von diesen aus können sieben Schwerter auf das Herz der Maria zielen.[43]

Eine Entsprechung der sieben Schmerzen sind die sieben Freuden Mariens. Auch diese werden von fünf auf sieben erweitert. Von ihnen gibt es zwei variierende Themenreihen:

1. Reihe: Verkündigung, Heimsuchung, Geburt Christi, Weissagung Simeons, Anbetung der Könige, Wiederfinden des zwölfjährigen Jesus im Tempel, Krönung Mariens (manchmal in zwei Szenen aufgeteilt, in Tod bzw. Himmelfahrt und in Krönung).

2. Reihe: Verkündigung, Geburt Christi, Anbetung der Könige, Auferstehung Christi, Himmelfahrt Christi, Pfingsten, Krönung Mariens (s. o.).

Den Darstellungen liegt bald die eine, bald die andere Bildfolge zugrunde.[44] Auch die sieben Freuden werden in der Regel um ein Zentralbild herum angeordnet. Bisweilen kann eine der sieben Szenen zum selbständigen Hauptbild werden, das dann von den übrigen sechs Szenen umrahmt wird.[45] Die Mitte jedoch bildet immer die Gestalt der Maria. Die sieben Schmerzen und Freuden Mariens werden auch gemeinsam dargestellt.

Die Schreinmadonna

Das Anliegen, äußerlich darzustellen, was Maria in ihrem Herzen bewegte (Luk. 2, 19), hat noch eine weitere Bildform hervorgebracht, die der Schreinmadonna. In Frankreich taucht sie im 13. Jh. auf und ist dann im Abendland bis ins 16. Jh. hinein nachweisbar.

Es sind Marienskulpturen aus Holz. Der Körper kann in der Art eines Schreinaltars, gleichsam durch ein zweiflügeliges Tor, geöffnet werden. Im Mittelschrein erblicken wir in der Regel die Kreuzigungsgruppe, auf der Innenseite der beiden Türflügel Szenen aus dem Leben Jesu bzw. seiner Mutter.

Der Sinn dieser Bildform: Maria wird zum Schrein des Erlösungsmysteriums. In ihr hat der Sohn Gottes Gestalt angenommen.[46] Vgl. Typologie (S. 229ff.): Maria verglichen mit Arche, Bundeslade, Goldener Urne u. a.

Die Schmerzensmutter

(Mater Dolorosa) – das Vesperbild (Pietà)

In der Mystik haben sich die Gläubigen intensiv in die Leidensgeschichte versenkt. Sie erleben dabei bis ins Einzelne die Passion Jesu und die Angst und die Schmerzen seiner Mutter, die zum Vorbild des Mit-Erleidens wird. Daraus erwachsen Bilder, die über die zurückhaltenden Berichte des Neuen Testaments weit hinausführen: der Abschied Jesu von seiner tiefbetrübten Mutter zu Beginn der Passion;[47] Maria auf der Via Dolorosa, wie sie aus dem Kreis der Frauen heraustritt und mit ausgebreiteten Armen auf ihren Sohn zugeht, der unter der Last des Kreuzes zusammengebrochen ist;[48] Maria unter dem Kreuz zusammen mit Johannes;[49] Maria bei der Beweinung Jesu. „In der Mutter Schoß bergen sie das Haupt und die Schultern Jesu. Maria Magdalena umklammert die Füße, bei denen sie vormals so viel Gnade gefunden hat. Die übrigen stehen um sie her ... Alle beginnen eine große Klage."[50]

Aus dieser trauernden Gruppe löst sich um 1300 ein eigenständiger Bildtypus heraus:

Das Vesperbild – die Pietà

Zum Namen: Vesperbild – vermutlich benannt nach der Karfreitagsvesper, in der man die Beweinung Christi meditierte. Pietà ist eine Abkürzung der italienischen Bezeichnung: „Maria Sanctissima della Pietà" = „Die heiligste Maria vom Mitleiden".

Heinrich Seuse malt uns dieses Bild mit Worten: „Ich nam min zartes kint uf min schoze und sa in an, do waz er tod. Ich lugt in aber und aber an, do enwasz do weder sin noch stimme. Do erstarb min herze und möchte von dieser todwunden, so es empfing, in tausent stück sin zersprungen."[51]

Bildtypus: Die schmerzerfüllte Mutter hält den erbarmungswürdigen Leichnam ihres Sohnes auf dem Schoß, meist diagonal oder in hart abgewinkelter Brechung des Körpers, bisweilen auch waagerecht in gradliniger Todesstarre. Im 16. Jh. ist der Leib manchmal auch zu Boden geglitten oder wird von der stehenden Mutter nur mühsam gehalten. Auf den frühen Bildwerken wird Christus als das „zarte kint" unverhältnismäßig klein dargestellt. Das geronnene Blut in den plastisch gearbeiteten Wunden mag den Betrachter an Rosen, ein andermal vielleicht auch an Trauben erinnern. Auf den frühen Bildwerken sind am Sockel häufig Rosen gemalt oder geschnitzt. Sie sind als Todessymbol zu verstehen. Der Leichnam Christi ist immer so gelagert, daß alle fünf Wunden sichtbar sind und verehrt werden können.[52]

Um 1400 ändert sich sowohl die Bildform wie die Aussage. Aus dem „schmerzvollen" wird:

Das „freudenvolle" oder das „schöne" Vesperbild

Bildtypus: Maria, jetzt jung und schön wie alle Madonnen des „weichen Stils" (s. S. 199), hält den Sohn waagerecht auf ihren

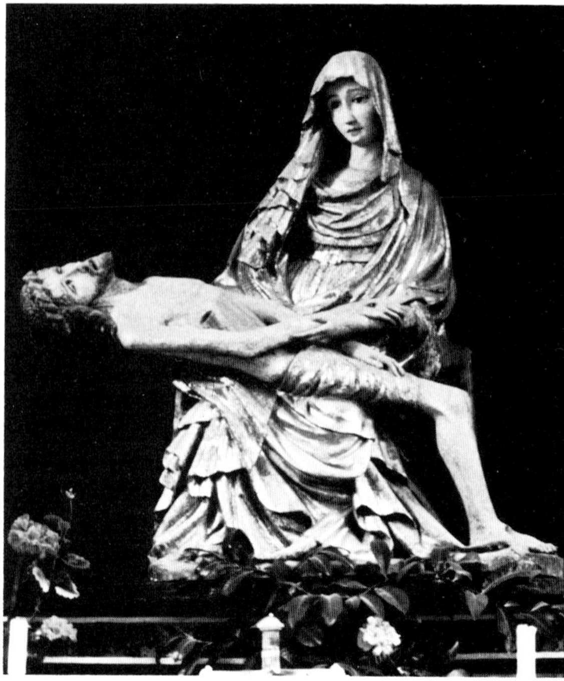

72. *Vesperbild des „weichen Stiles". Besonders eindrucksvoll sind die Hände von Mutter und Sohn. Holzplastik, Ende 14. Jh., Burgeis (Südtirol), Klosterkirche Marienberg*

Knien. In gefaßter Trauer weist sie ihn den Gläubigen als ihren Erlöser vor.[53]

Äußerlich entspricht das Vesperbild dem 200 Jahre früheren Trinitätsbild des Gnadenstuhls oder der Not Gottes. Gottvater hält in Gegenwart der Geisttaube den Kruzifixus oder den toten Sohn allein in beiden Händen. Eine innere Beziehung besteht nur zum „freudenvollen" Vesperbild; denn nicht das Empfinden ist beim Gnadenstuhl angesprochen, sondern der Glaube: Gott stellt den geopferten Sohn der Welt zum Heil dar.[54]

Tod und Himmelfahrt Mariens

Der Transitus Mariae (lat.), Bericht vom „Übergang" Mariens, vollzieht sich in zwei Stationen: (1) in der Dormitio und Assumptio Animae (lat.), im Entschlafen und in der Aufnahme der Seele vom Sterbebett aus in den Himmel; (2) in der Assumptio Corporis (lat.), der leibhaftigen Aufnahme des wiederbeseelten Leibes vom Grab aus in den Himmel = Himmelfahrt Mariens.

Schon frühzeitig tauchen legendäre Erzählungen über den Heimgang Mariens auf, von dem uns das Neue Testament nichts berichtet. Zeit und Ort der apokryphen Schriften sind unsicher. Die Datierungen schwanken zwischen dem 2. und dem 7. Jh. Allen sogenannten Transitus-Berichten liegt dasselbe Anliegen zugrunde: Der Leib, der den Erlöser der Welt getragen hat, dürfe nicht der Verwesung anheimfallen. Der Sohn werde gewiß die Mutter an seinen Ehren teilnehmen lassen. Wie er, so solle auch die Mutter leibhaftig auferstehen und zum Himmel fahren.[55]

Tod und Himmelfahrt Mariens nach der apokryphen Quellenharmonie der Legenda aurea:

(1) Maria wird ihr Tod von einem Engel angekündigt, der ihr einen Palmzweig aus dem Paradies überreicht. Die 12 Apostel werden auf den Wolken des Himmels herangeführt, als erster Johannes, dem Maria den Zweig übergibt.

Maria sitzt in der Nacht mit den Aposteln zusammen. Da kommt Christus mit Engeln und Heiligen, seine Mutter abzuholen. „Also schied Marias Seele aus dem Leib und flog in die Arme ihres Sohnes."

(2) Auf Christi Befehl tragen Petrus und Paulus die Bahre zu Grabe. Johannes geht der Prozession mit dem Palmzweig voran. Da versammeln sich viele Ungläubige, die den Leichnam der Verstorbenen rauben und verbrennen wollen. Der Hohepriester ergreift die Bahre und will sie umstürzen. Seine Hände bleiben an ihr haften, das Volk erblindet. Der Hohepriester bekehrt sich. Durch sein Gebet zu Maria wird er frei, das erblindete Volk wieder sehend. Nach einer anderen Lesart legt ein Mann Hand an die Bahre, und der Erzengel Michael schlägt ihm die Arme ab. So gewaltsam bekehrt, fleht jener zu Maria, die ihn auf der Stelle heilt.[56]

Dann legen die Apostel Maria in ein Grab. Am dritten Tag kommt Christus mit den himmlischen Heerscharen. Michael bringt die Seele Mariens zurück aus dem Himmel, die sich wieder mit dem Leib vereint. Unter dem Jubel und dem Geleite der Engel fährt Maria im Beisein der Apostel leibhaftig zum Himmel auf.[57] Thomas, auch hier wieder abwesend, bezweifelt den Bericht. Da wirft ihm Maria vom Himmel herab ihren Gürtel zu, und Thomas glaubt.

Tod und Himmelfahrt Mariens in der Kunst

1. Marientod – Assumptio Animae

a) Erster Bildtypus, im Osten seit dem 7. Jh., im Westen seit dem 11. Jh.: Maria liegt langgestreckt auf dem Sterbebett, umgeben von den Aposteln. Hinter dem Bett steht Christus und nimmt das „Seelichen" seiner Mutter in Empfang. (Die Seele kann dagestellt werden als Wickelkind, als kleines Mädchen oder als kleines Ebenbild der Verstorbenen.) Jesus übergibt sie den verhüllten Händen der Engel, die sie in den Himmel tragen.

Diese Darstellungsform bleibt für den Osten verbindlich.[58] Der Marientod wird aber auch im Westen zu einem der Hauptthemen der gotischen Kathedralen. Vom 13. Jh. an ist er fast immer verbunden mit der Krönung Mariens (s. S. 221)[59] bzw. mit der Throngenossenschaft von Jesus und Maria. Sehr viel seltener werden die Zwischenszenen dargestellt.

b) Zweiter Bildtypus des Westens im späten Mittelalter. Die Sterbeszene wird seit dem 15. Jh. in eine bürgerliche Stube verlegt. Maria liegt entweder auf dem Bett, oft mit einer Sterbekerze in der Hand[60] oder sie kniet inmitten der sie stützenden Apostel.[61] Petrus spricht die Sterbegebete, andere Apostel versenken sich in Gebetbücher oder assistieren mit Weihrauchfaß und Wedel. Über der Sterbenden kann Christus mit seinen Engeln erscheinen. Bisweilen wird auch die Himmelfahrt Mariens im Hintergrund abgebildet.

73. *„Also" – unter dem Beistand der Jünger – „schied Marias Seele aus dem Leibe und flog in die Arme ihres Sohnes" (zu S. 217). Tafelbild: Tod Mariens, Martin Schaffner, 1523/24, Hochaltar zu Wettenhausen bei Ulm, München, Alte Pinakothek.*

2. Mariä Himmelfahrt – Assumptio Corporis

Weitaus früher, jedoch weniger einheitlich stellt sich uns die leibliche Auffahrt der Maria in der bildenden Kunst dar.

74. Leibliche Himmelfahrt der Maria in einer wolkenförmigen Mandorla. Steinrelief, 1320, Paris, Notre Dame, Nordfassade.

a) Früher Bildtypus – in der vorkarolingischen und karolingischen Epoche: Maria, meist im Beisein der Apostel, steht als Orante mit erhobenen Armen auf der Grabplatte, im Begriff, sich von ihr zu erheben.[62]

Eine besondere Ausgestaltung erfährt die leibliche Aufnahme Mariens in der romanischen Bauplastik Frankreichs. In ihr werden die verschiedenen Stadien der Geschichte nachgestaltet. Bald wird der Körper der Muttergottes von Engeln aus dem Grab erhoben,[63] bisweilen auch von Christus selbst oder in dessen Beisein, bald erwacht Maria vom Todesschlaf, bald tragen Engel die Wiedererstandene in einer Mandorla zum Himmel empor: ein Motiv, das auch in der Gotik noch verwendet wird.[64]

b) Im 14. Jh. entwickelt die Giotto-Schule in Italien eine eigene

Bildform. Wieder wird eine einzige Szene des Themenkreises herausgestellt: die Auffahrt der Assunta (der in den Himmel Aufgenommenen). Sie wird später zu der sich in großer Pracht und mitreißender Dynamik entfaltenden, nahezu kanonischen Darstellung der Himmelfahrt Mariens.

Bildtypus: Triumphale Auffahrt der thronenden, später stehenden Madonna. Von Engeln geleitet, umjubelt und in Gloriolen von lichten Wolken emporgetragen, schwebt sie über der Erde. Unter ihr das leere oder mit Rosen und Lilien geschmückte Grab sowie die zurückgelassenen Apostel. Bald blicken sie in das Grab hinein, bald schauen sie der Entschwindenden nach oder werden vom Lichtglanz der Erscheinung zu Boden geworfen.[65] Bleibt auch die Bildszene die gleiche, so variieren doch die einzelnen Bildelemente: Es wird gelegentlich auf das Grab verzichtet,[66] ja selbst auf die Apostel.[67] Was bleibt, ist die von Engeln in den Himmel erhobene Madonna.

Die Brautmystik des Hohen Liedes (s. S. 240) fließt vielfach auch in dieses Bildmotiv ein. Dann ist es Christus, der Bräutigam selbst, der die Jungfrau aus dem Grab erweckt, mit ihr zum Himmel auffährt, bzw. sie dorthin trägt, oder der sie in der Herrlichkeit erwartet, bisweilen auch in der Unio mystica zärtlich umarmt.[68]

c) Die Gürtelspende: Vom Trecento an wird die Legende des zweifelnden Thomas in das Bildprogramm der Himmelfahrt Mariens aufgenommen.

Bildtypus: Die aufschwebende Maria wirft dem abseits stehenden[69] oder allein zurückgebliebenen Thomas ihren Gürtel zu.

Diese Variante ist fast ausschließlich auf Italien beschränkt, was nicht weiter verwunderlich ist, rühmt sich doch Prato bei Florenz, im Besitz dieser handfesten Glaubenshilfe zu sein.

Die Krönung Mariens

Die Bezeichnung „Königin" für Maria wird bis zum hohen Mittelalter nur selten gebraucht. Das ändert sich vom 11. Jh. an. Der Hymnus „Salve Regina" = „Gegrüßt seist du, Königin" (s. Einführung, S. 197) wird zum Gebet des Volkes. Bald wird kein Marienlob mehr gedichtet und gesungen, in dem Maria nicht gepriesen wird als Königin der Königinnen, der Engel, der Heiligen und der Jungfrauen, des Weltalls und des Himmelreichs. Vom 12. Jh. an findet der Akt der Krönung Mariens in Predigten, in Hymnen und in der Literatur immer öfter Erwähnung.

Die theologische Begründung ist die gleiche wie bei der Himmelfahrt der Maria (s. S. 217) und beim Hohen Lied (s. S. 241). Der liebende Sohn teilt seine königlichen Ehren mit seiner Mutter, der Bräutigam macht seine Braut zur Genossin seines Thrones und seiner Krone. Als biblische Grundlage wird außer der Vulgatafassung des Hohen Liedes 4,8, „Komm meine Braut, du sollst gekrönt werden" der mariologisch interpretierte Ps. 44 (43),10 vom König und der Königsbraut herangezogen. In einem Innsbrucker Spiel klingen beide Aspekte an:

Christus spricht zu Maria: „Kom schwester in meine garten / braut mein, ich wil dein warten / empfang di wonnigliche krone / ich geb dir mutter, maid schone (schöne) / dis rich (Reich) zu einer morgengaben / das soltu, tochter liblich, haben und blibe eine kyserinne gar / in dem sich all uffenbar".[70]

Darstellung: Längst bevor der eigentliche, von der Gottheit selbst vorgenommene Krönungsakt dargestellt wird, ist Maria mit allen königlichen Insignien ausgestattet worden. In der Zeit vom 6. bis 8. Jh. trägt sie im Gebiet von und um Rom den Ornat der byzantinischen Kaiserin, das edelsteingeschmückte Purpurgewand und das Diadem mit dem Perlengehänge.[71] Erst 400 Jahre später beginnt man allerorts, Maria mit der Krone abzubilden. Zunächst ist diese Krone schlicht, bald aber wird sie immer reicher ausgestattet: Reichsapfel und Szepter kommen hinzu.[72] Noch ist die Krone ausschließlich als Symbol der königlichen Würde der Maria zu verstehen, auch wenn sie, von Engeln herbeigetragen, über sie gehalten oder ihr, der regina angelorum, aufs Haupt gesetzt wird.

Die eigentliche Krönung – die Anfänge reichen schon ins 12. Jh. zurück – wird zu einem der gloriosen Hauptthemen der Gotik, dem ein zentraler Platz in Tympana und Apsiden wie auf Altären eingeräumt wird.[73] Häufig wird die Krönung mit Tod und Himmelfahrt Mariens zusammen komponiert.

Der Bildtypus mit Variationen: Christus krönt Maria, die neben ihm als Throngenossin sitzt[74] oder auch demütig vor ihm kniet.[75]

75. Christus krönt die demütig staunende Maria. Engel versehen den liturgischen Dienst. Rosen, Weinlaub und Trauben umgeben zeichenhaft das Bildwerk. Steinskulptur, 1220, Straßburger Münster, Tympanon des Südportals.

Im späten Mittelalter vollziehen meist Gottvater und Christus oder die Dreifaltigkeit den Ritus.[76] Gleichzeitig wird der Krönungsakt aus dem begrenzten Raum gelöst und in den offenen, strahlenden Himmel verlegt. Er findet statt unter dem Jubel der Engel, der Heiligen und Seligen und des ganzen mitschwingenden Kosmos.[77]

Maria auf der Mondsichel – Strahlenkranz-Madonna – Himmelskönigin

Die großen Muttergottheiten des Zweistromlandes und des Mittelmeerraumes haben zwei Aspekte: einen irdischen und einen himmlischen. Einerseits sind sie Erdmütter, die den Kreislauf des Lebens von Zeugen, Gebären und Sterben verkörpern, die Leben aus ihrem mütterlichen Schoß entlassen, um es am Ende wieder zurückzunehmen.

Gleichzeitig sind sie aber auch Königinnen des Himmels, kosmische Erscheinungen, angetan mit dem Glanz der Gestirne. Ihr wesentliches Symbol ist der Mond, dessen phasenbedingter Einfluß auf das irdische Wachstum beobachtet und dessen 28tägiger Zyklus in der Periodizität der Frau erfahren wird. Die himmlische Mondsichel findet ihre irdische Entsprechung im Gehörn des Rindes bzw. des Stieres, das zu einem bedeutsamen Sinnbild der Himmelskönigin wird.

Von der Fruchtbarkeitsgöttin der Sumerer, der Innin, der Vorgängerin der babylonischen Ischtar, ist folgendes Lied überliefert: „Mein Vater hat mir den Himmel gegeben, hat mir die Erde gegeben; die Himmelsherrin bin ich ... den Himmel hat er mir als Krone aufs Haupt gesetzt, die Erde als Sandale an meinen Fuß gelegt, den leuchtenden Göttermantel hat er mir umgetan, das strahlende Szepter in die Hand gegeben."[78]

Noch umfassender ist die Beschreibung der synkretistischen Isis im „Goldenen Esel" des Apuleius. Nach seiner Meinung könnte statt Isis auch Kybele, Ceres, Venus, Diana, Juno oder Proserpina stehen. Er nennt sie „der Gestirne Mutter, Fürstin der Zeiten, des Weltalls Beherrscherin". „Über ihrer Stirn glänzt mit klarem Schein die Scheibe des Mondes, auf dem Mantel ... flimmern zerstreute Sterne, in deren Mitte der Vollmond in seiner ganzen Pracht glänzt ... Göttin (spricht er sie an), die du mit jungfräulichem Scheine alle Regionen erleuchtest, mit deinem feuchten Strahl der fröhlichen Saat Nahrung und Gedeihen gibst ... du entzündest das Licht der Sonne ... dir antworten die Gestirne."[79]

Gegen diese himmlischen Astralgottheiten, deren Kulte mehr und mehr in Israel Eingang fanden, führen die Propheten einen unerbittlichen Kampf. Dramatisch wird das von Jeremia erzählt (Jer. 43, 4–7 u. 44, 15–19). Während seines unfreiwilligen Aufenthalts in Ägypten beschwört er erfolglos die jüdischen Frauen, doch endlich von der Verehrung der Himmelskönigin abzulassen und ihr nicht weiterhin Opferkuchen mit ihrem Abbild zu backen.

Um so auffallender ist eine Vision aus der Offenbarung des Johannes: Der Seher schaut ein großes Zeichen am Himmel, eine Frauengestalt, mit allen Attributen einer Himmelskönigin ausgestattet. Sie ist mit der Sonne bekleidet, unter ihren Füßen erscheint der Mond, und über ihrem Haupt schimmert eine Krone von 12 Sternen. Ungleich der überirdischen Schönheit dieser kosmischen Erscheinung ist die Situation, in der sich die Frau befindet. Sie hat heftige Wehen und gebiert einen Knaben, der als künftiger Herrscher mit einem eisernen Szepter gekennzeichnet ist. Ein mächtiger Drache will ihn verschlingen, doch das Kind wird zu Gott entrückt. Die Mutter erhält Flügel und entflieht in die Wüste. Die Erde hilft ihr vor der Wut des Drachen; in seinem Haß verfolgt er auch ihre später geborenen Kinder (Offb. 12).

So sehr das Bild dieses „Apokalyptischen Weibes" dem Formenkreis der Himmelsgöttin zugehört – wobei sich auch unschwer zu ihrem Schicksal als Gebärende und Verfolgte Analogien finden lassen[80] –, so verschieden ist der Sinngehalt dieser Vision gegenüber den uralten Fruchtbarkeitsmythen.

Die Kirchenväter sahen beinahe einmütig in dem sonnenhaft strahlenden, doch vom Drachen bedrohten Apokalyptischen Weib das himmlische Urbild des Volkes Gottes auf Erden, d. h. die vom Satan verfolgte und von Gott gerettete und erhaltene Kirche, von der – durch die Taufe – immer wieder neue Kinder geboren werden.[81] Erst im 12. Jh. beginnt man in der Himmelserscheinung nicht mehr nur die Ecclesia, sondern auch – stellvertretend für sie – Maria zu sehen, die Christus, den Weltenherrscher (Szepter!) geboren hat. Diese Deutung erscheint durch die typologisch-allegorische Auslegung des Hohen Liedes („Schön wie der Mond, auserwählt wie die Sonne") und der Weisheit Salomos („herrlicher als die Sonne und alle Sterne") gerechtfertigt. So werden aus der johanneischen Vision die Zeichen der Himmelskönigin auf Maria übertragen: Sonne, Mond und Sterne. Ihnen wird ein neuer Sinngehalt unterlegt; sie werden zu kosmischen Gleichnissen für die Schönheit Mariens: „Wie den Mond die Sonne bleicht und der Mond die Sternenschar, strahlt Maria unerreicht vor der anderen Schöpfung klar" (Adam von St. Viktor, 12. Jh.[82]). Zu allermeist aber sieht man in den klaren Gestirnen eine Metapher für die makellose Reinheit der Jungfrau Maria, deren letzte Überhöhung in der Lehre von ihrer unbefleckten Empfängnis gipfelt, dem leidenschaftlich diskutierten Thema des späten Mittelalters.

Auf verschiedene Weise versuchte man der Immaculata Conceptio sinnbildlichen Ausdruck zu verleihen: zuerst durch die Darstellung der Begegnung von Joachim und Anna an der Goldenen Pforte (s. Marienleben S. 207), durch die Reinheitssymbole, die Maria umgeben im Hortus Conclusus (s. S. 243f.), in der mystischen Einhornjagd (s. S. 50), in den Illustrationen zur Lauretanischen Litanei, ja sogar durch die „Wurzel Jesse", eine Bildform, in der Maria vom 13. Jh. an ebenfalls zur Zentralfigur wurde. Doch keines dieser ikonographischen Motive wird für die Immaculata Conceptio so repräsentativ wie die kosmischen Insignien des Apokalyptischen Weibes.

Bildentwicklung
In den Darstellungen zur Offenbarung des Johannes nimmt die Frauengestalt zunächst mehr und mehr die Züge der Gottesmutter an. Wie diese bei der Christgeburt, so liegt auch sie auf einem Lager.[83] Der Knabe wird bisweilen durch den Kreuzesnimbus als Christuskind ausgewiesen,[84] und statt wie auf früheren Darstellungen von einem Engel zu Gott getragen zu werden, ruht er nun neben seiner Mutter (s. Anm. 83).

Schließlich werden die Attribute des Apokalyptischen Weibes aus dem Zusammenhang der Offenbarung gelöst und auch anderen marianischen Bildformen beigegeben.[85] Am häufigsten wird mit diesen Insignien die Demutsmaria (s. S. 246) ausgezeichnet. Gott erhebt sie, die auf Erden Niedrige, in die Höhen des Himmels.[86] Am Ende des 14. Jh. hat sich schließlich eine neue, autonome Bildform entwickelt, die zum besonders beliebten Motiv der Plastik werden sollte: Maria auf der Mondsichel und im Strahlenkranz.

Bildtypus: Maria, in der Regel stehend, jung, schön, mit offenen Haaren, ihr Kind auf dem Arm, setzt ihren Fuß auf die Mondsichel.[87] Diese zeigt in der inneren Krümmung häufig ein freudloses Gesicht. Nach Jesus Sirach 27,2 gilt der wechselnde Mond als Symbol der Unbeständigkeit schlechthin, eine Auslegung, die sich bis ins Mittelalter (Alcuin, Hortus Deliciarum, Heilsspiegel) erstreckt.[88] Maria ist umleuchtet von den Strahlen der hinter ihr verborgenen Sonne, seit Kirchenväterzeit meist gedeutet als Symbol Jesu Christi, der „Sonne der Gerechtigkeit" (Mal. 3,20).[89] Diese beiden Himmelszeichen können Maria miteinander oder auch einzeln beigegeben sein. Die 12 Sterne über ihrem Haupt –

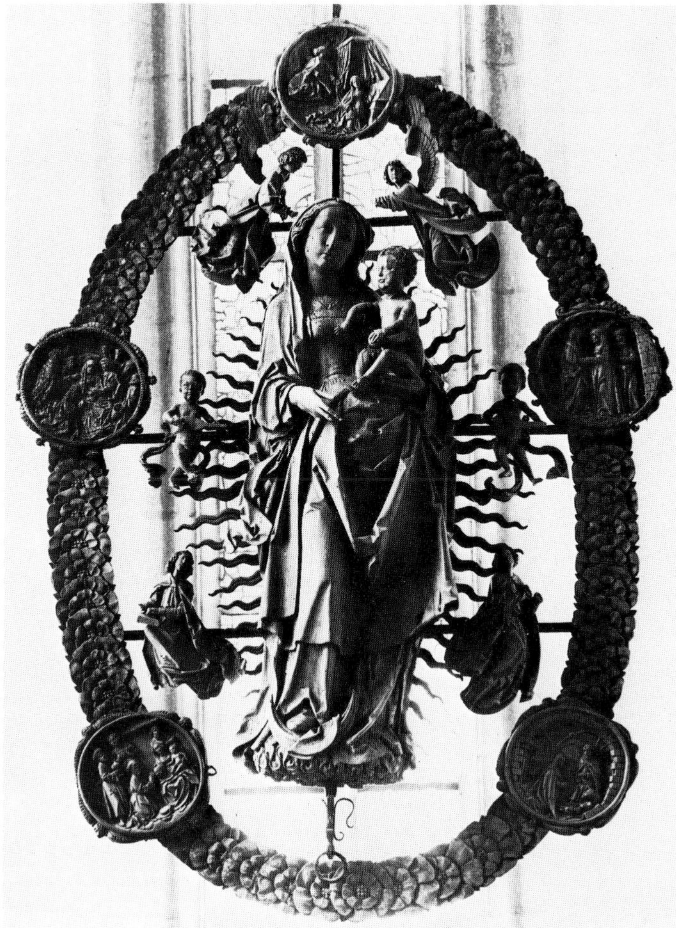

76. Maria, mit dem Christuskind auf dem Arm, vom Strahlenkranz umgeben als das apokalyptische „Weib, mit der Sonne bekleidet"; sie setzt den Fuß auf die Mondsichel und wird von musizierenden Engeln und Putten gepriesen. Zwei Engel halten die – jetzt nicht mehr vorhandene – Krone über dem Haupt der Himmelskönigin. (Vgl. S. 197.) Eingefaßt ist das Bildwerk von dem freudenreichen Rosenkranz (vgl. S. 249), dessen letztes „Geheimnis", die Darbringung im Tempel, durch den Marientod ersetzt ist. Lindenholzplastik, Tilman Riemenschneider, 1520/21, Pfarrkirche Volkach, Franken.

Sinnbild des Gottesvolkes (12 Stämme, 12 Apostel) – werden zur schimmernden Gloriole, bzw. zur Krone.[90]

Im späten 16. Jh. wandelt sich der Bildtypus „Maria auf der Mondsichel" zur ausschließlichen Bildform der „Maria Immaculata". Als neues Bildelement kommt die Paradiesesschlange hinzu. Das wird begründet mit 1. Mose 3, 15, wo Gott zur Schlange spricht: „Derselbe (ein verheißener Nachkomme Evas) wird dir den Kopf zertreten, und du wirst ihn in die Ferse stechen." Diese seit der Kirchenväterzeit auf Christus bezogene Verheißung wird nun ebenfalls auf Maria gedeutet. Damit wird die Schlange des Paradieses mit dem Drachen aus der Apokalypse identifiziert (s. S. 150).

So entsteht folgender Bildtypus: Im Weltenraum schwebt, von der teuflischen Schlange umwunden, der Erdball. Über ihm wird als strahlende, sternenbekrönte Lichterscheinung Maria sichtbar. Mit dem einen Fuß steht sie auf der mit der Erde verbundenen Mondsichel, mit dem anderen zertritt sie der Schlange den Kopf. Damit vollendet sich im Barock das Bild der kosmischen Himmelskönigin.[91]

Einer eigenartigen Variante des Themas „Maria im Strahlenkranz" begegnen wir in der legendären Vision des Kaisers Augustus und der tiburtinischen Sibylle.

Kaiser Augustus wird nach der Legenda aurea vom Senat gedrängt, sich als Gott verehren zu lassen. Unruhig darüber, ob ihm solche Ehre zusteht, läßt der Kaiser die Sibylle zu sich kommen. Es ist der Tag, an dem in einem kleinen Ort seines Reiches das Christuskind auf die Welt kommt. Augustus fragt die Seherin, ob er wirklich der Größte auf Erden sei oder ob noch einmal ein Größerer als er geboren werde. Die Sibylle blickt zum Himmel empor und sieht um die Sonne einen goldenen Lichtkreis und in ihm über einem Altar schwebend eine wunderschöne Jungfrau mit einem Kind auf dem Arm. Die Seherin weist und deutet dem Kaiser diese Vision, und er hört eine Stimme: „Haec est ara coeli" („Dies ist der Altar des Himmels"). Augustus spendet dem Größeren Weihrauch und läßt an diesem Ort, auf dem Kapitol, die Kirche Ara Coeli bauen.

Diese Legende, die ähnlich schon im 6. Jh. in Byzanz erzählt wurde, gelangt in der Stauferzeit in den Westen. Aus der Pythia der byzantinischen Tradition wird dabei eine Sibylle, meist die Seherin des altrömischen Tibur, des heutigen Tivoli. Zum Allgemeingut wird diese Erzählung durch die Legenda aurea und den Heilsspiegel. In letzterem wird sie mit den alttestamentlichen Geschichten vom Stabwunder des Aaron (s. S. 232) und dem Traum des Mundschenken (1. Mos. 40, 9ff.) typologisch verbunden und auf die Geburt Christi gedeutet.

Darstellung: Ende des 12. Jh. soll das Motiv zum erstenmal auf einem Altar der Ara Coeli in Rom dargestellt worden sein, im 15./16. Jh. wird es auch jenseits der Alpen heimisch.

Die prächtig gekleidete Sibylle weist dem Augustus das Zeichen am Himmel: Maria mit dem Christusknaben erscheint in einem Strahlenkranz, auch Lichtkreis, den Mond unter ihren Füßen.[92] Hält sich der Künstler mehr an die Legenda aurea, kann die Madonna auch über einem Altar schweben,[93] richtet er sich streng nach dem Heilsspiegel, so ist neben dem Lichtkreis mit der Maria auch noch die Sonne zu sehen.[94] Nachdem diese Erscheinung die Züge des Apokalyptischen Weibes trägt, wird die Szene auch mit einer Darstellung des Sehers Johannes auf Patmos verbunden.[95]

Typologische Aspekte des Marienbildes

Von Augustinus soll das Wort stammen: „Das Neue Testament ruht im Alten, und das Alte Testament wird im Neuen offenbar." Dahinter steht der Gedanke, daß sich nicht nur die Weissagungen der Propheten in Jesus von Nazareth erfüllt haben, sondern daß auch weitere alttestamentliche Texte in einer hintergründigen, assoziativen Bildsprache auf neutestamentliche Geschehnisse hinweisen und diese deuten. Meist handelt es sich dabei um punktuelle Szenen,die –aus ihrem Zusammenhang herausgelöst – zeichenhaft Ereignisse aus der Christusgeschichte gleichsam vorbilden.

Ein Beispiel aus dem Buch der Richter: Simson (Samson), der die verriegelten Tore von Gaza aus den Angeln hebt und dadurch zur Freiheit gelangt, wird „typisch" (zum Typus) für Christus, der aus seinem Grabe ausbricht (s. auch S. 85).

Diese typologische Ausdeutung der Schrift (sie hängt eng mit der allegorischen Schriftauslegung zusammen, wie sie im hellenistischen Judentum üblich war) findet sich schon im Neuen Testament (s. eherne Schlange, S. 106; Fisch des Jona S. 60 u. a.). Auch die Kirchenväter haben reichlich von ihr Gebrauch gemacht. Im Mittelalter erlebt sie in der Scholastik eine Hochblüte.[96] Neue Typologien kommen hinzu, sie werden systematisch gesammelt. Das bedeutendste Werk ist die „Armenbibel" (Biblia pauperum), als Blockbuch auch für arme Kleriker erschwinglich. Im Hinblick auf Maria ist vor allem der „Heilsspiegel" (Speculum humanae salvationis) von Interesse. Dazu erweitert er die alttestamentlichen Präfigurationen durch säkulare Beispiele aus der Geschichte des Altertums.

Da wird z. B. der Begegnung von Joachim und Anna an der Goldenen Pforte (s. S. 207) der Traum des Mederkönigs Astiages gegenübergestellt: Der König sieht, wie aus seiner Tochter Mandane ein großer Baum hervorwächst, der das ganze Land beschattet. Oder: Maria in der Kontemplation erscheint vorgebildet in der Königin Semiramis, die von ihren hängenden Gärten aus ihr Reich betrachtet. Ferner: In einem goldenen Tisch, den einige Fischer von Zabulo mit ihrem Netz an Land ziehen, um ihn dann der Sonne zu weihen, sieht man „Maria schön vorgebildet, die der wahren Sonne, nämlich Gott, (als Tempeljungfrau) dargebracht wird" (s. Heilstreppe, S. 254). Trotz des großen Einflusses, den der „Heilsspiegel" in seiner Zeit hatte, sind seine Marientypologien nicht sonderlich populär geworden.[97]

Das skurrile Schlußlicht dieser Schriften bildet das „Defensorium inviolatae virginitatis Beatae Mariae" des Franz von Retz (um 1400): Er sammelt alle nur erdenklichen Absonderlichkeiten aus Welt-, Zeit- und Naturgeschichte sowie aus der Mythologie, um aus ihnen den immer gleichbleibenden Analogieschluß zu ziehen: „Sieh die Natur an, wie sie entgegen ihrem (sonstigen) Lauf das Leben hervorbringt, so wirst du der Jungfrauschaft Mariens Glauben schenken müssen." Zu seinen Kuriositäten gehören z. B. folgende: Eine Vestalin, die in einem Sieb Wasser aus dem Tiber trägt, um sich vom Verdacht der Unkeuschheit zu reinigen; Zwillinge, vor denen alle Schlösser aufspringen; Vögel, die wie Früchte auf Bäumen wachsen; Stuten, die vom Wind trächtig werden; Straußenhennen, die ihre Eier durch ihren Blick ausbrüten; Bärinnen, die durch Lecken ihre neugeborenen Jungen formen. Auch Christussymbole wie Löwe, Einhorn, Phönix und Pelikan werden auf die Jungfrauengeburt hin interpretiert, ein Prozeß, der sich schon früher, z. B. in der „Goldenen Schmiede“ des Konrad von Würzburg, abzuzeichnen begann. Manche dieser Tiere an spätgotischen Portalen werden in diesem Sinnzusammenhang zu deuten sein.[98] (Vgl. Abb. 77)

Diese künstlichen und allzu rationalen Gegenüberstellungen werden kein Allgemeingut, dagegen haben sich einige frühe, in Hymnen, Gedichten und Predigten immer wiederkehrende marianische Typologien des Alten Testaments zu einprägsamen Bildmotiven verdichtet.

Wichtige typologische Themenkreise um Maria

1. Die immerwährende Jungfrauschaft Mariens

a) Der brennende Dornbusch des Moses (2. Mos. 3,5 ff.): „Wie dort vom Gebüsch das Feuer umfaßt wurde und das Gebüsch doch nicht verbrannte, so wurde hier von der Jungfrau das Licht geboren, ohne Verlust der Jungfräulichkeit.“ (Gregor von Nyssa)[99]

b) Der blühende Stab Aarons (4. Mos. 17,23): „Du sprießendes Reis Aarons, deine Blüte ist dein Sohn, unser Gott und Schöpfer.“ (Ephraim der Syrer)[100]

c) Das betaute Vlies des Gideon (Richter 6, 37 ff.): „Gideon, Fürst in Israel, breitet ein Lammfell aus, daß Himmelstau die Wolle überall betaue. So kam die große Kraft, daß du wurdest schwanger, Sancta Maria“.

d) Die verschlossene Tempelpforte Hesekiels, durch die nur Gott ein- und ausging (Hes. 44, 1 und 2): „Du bist eine verschlossene Pforte, aufgetan dem Gottesworte“ (beide Zitate Marienlied von Melk).[101]

e) Die ebenfalls oft dazu genannte Rute aus Jesse (Jes. 11, 1–2) ist unter den Marientypologien nur selten anzutreffen. Sie hat sich bald zu einem eigenen Bildtypus entwickelt, dem Jessebaum, der erst später marianisch ausgedeutet wurde.

Auch Walther von der Vogelweide bringt in seinem Marienleich alle vier alttestamentlichen Vorbilder:

„Du Magd und Mutter schaue, die Christenheit in Not./ Du

blühende Gerte Aarons, anbrechend Morgenrot,/ Ezechielis Pforte, die niemand aufgetan,/ durch die des Königs Herrlichkeit ward aus- und eingelan ... /Ein Busch, der brennt/ und doch am End/ versengt nicht noch verbrennet ward:/ Grün und ganz,/ so blieb sein Glanz/ von Feuersflamme ganz bewahrt./ Das war die reine/ Magd alleine ... /Jungfrau unbefleckt/ dem Felle Gideons/ gleichst du,/ das Gott begoß mit seinem Himmelstau ...“[102]

Darstellung: Der brennende Busch: Er wird als lodernder Strauch oder Baum abgebildet, in dessen Wipfel sich Gottvater zeigt. Moses zieht in Ehrfurcht vor dem heiligen Ort die Schuhe aus.[103] Noch deutlicher wird der mariologische Bezug dort, wo Maria mit dem Kind selbst in der Baumkrone erscheint.[104]

Der Stab Aarons: Auf einem Altar stehen elf kahle Stecken; der zwölfte in ihrer Mitte grünt, blüht oder trägt Frucht. Es ist der Stab Aarons, der gelegentlich auch allein dargestellt wird. Aaron selbst ist an seiner priesterlichen Tracht erkennbar (s. Anm. 103).

Das Vlies des Gideon: Neben dem ausgebreiteten, weißen Lammfell kniet der geharnischte Gideon.[105]

77. *Im Mittelpunkt dieses typologischen, geometrisch strukturierten Tafelbildes steht die Christgeburt. Das nackte Christuskind auf der Erde in einem Strahlenkranz sowie Maria mit offenem Haar sind Motive aus einer Vision der Hl. Birgitta. Das rechteckige Zentralbild wird umgeben von einer Raute, deren Spitzen sich ausweiten zu Medaillons mit den vier Evangelistensymbolen. Die Zwickel enthalten vier Tierdarstellungen: den Löwen, der seine Jungen zum Leben erweckt (vgl. S. 81), das Einhorn im Schoß der Jungfrau (vgl. S. 49ff.), den Pelikan, der seine Jungen mit seinem Blute speist (vgl. S. 93) und den sich verbrennenden Phönix (vgl. S. 100), alles Christussymbole, die hier – im Sinne von Franz von Retz – auf Maria bezogen werden (vgl. S. 230f.). Die Raute wird wiederum umschlossen von einem Rechteck. Die dadurch entstehenden Ecken enthalten Darstellungen der vier wichtigsten typologischen Szenen aus dem Alten Testament, die auf die Jungfrauengeburt gedeutet werden: das Vlies Gideons mit der Stifterfigur, den brennenden Dornbusch des Mose (seine Hörner gehen auf einen Übersetzungsfehler zurück; statt ihrer = Lichtstrahlen), den blühenden Stab Aarons und die verschlossene Pforte Hesekiels. – Epitaph des Dr. Friedrich Schön vom Meister des Lorenzer Wolfgang-Altars, gest. 1464, Nürnberg, St. Lorenz, nördliche Seitenkapelle.*

Das verschlossene Tor: Vor der verschlossenen und verriegelten Tempelpforte steht Hesekiel mit weisender Geste. Christus kann über dem Tor sichtbar sein.[106]

Die vier Gleichnisbilder werden gern um die Verkündigung an Maria oder die Geburt Christi herumgruppiert.[107]

2. Maria und Eva

Es ist die früheste, bedeutendste, unzählige Male zitierte und dargestellte Marientypologie.

Als Kontrastfiguren stellt Paulus im Römerbrief Adam und Christus einander gegenüber. Schon sehr früh wird dieser Gedanke auf Eva und Maria übertragen: Eva, die Mutter alles Lebendigen, Maria, die Mutter des Heils. Ungleich öfter aber im negativen Sinn: „Wie durch den Ungehorsam einer Jungfrau (Eva im Paradies) ein Mensch (Adam und seine Nachkommen) zu Fall gebracht wurde, stürzte und starb, so empfing der Mensch durch eine Jungfrau wieder das Leben" (Irenäus von Lyon, 2. Jh.).[108] „Eva hat den Tod in die Welt gebracht, Maria das Leben. Jene trinkt mit dem Saft des Apfels die Bitterkeit, diese gewinnt am Quell ihres Kindes die Süßigkeit." (Missale Goticum, um 700)[109]

Darstellung: Die ersten Darstellungen dieses spannungsreichen Motivs stammen vom Bischof Bernward von Hildesheim. An der Erztür (heute im Dom) hat er die beiden Mütter Rücken an Rükken auf den beiden Torflügeln einander gegenübergesetzt. In seinem Evangeliar ist die Büste der Eva über dem verschlossenen, die der Maria über dem offenen Paradiesestor gemalt. Das Ganze wird durch eine Inschrift kommentiert: „Des Paradieses Tor, durch die erste Eva verschlossen, ist nunmehr durch die heilige Maria uns allen geöffnet."[110] Immer häufiger und vielfältiger werden in den folgenden Jahrhunderten die beiden Gegenspielerinnen aufeinander bezogen.

a) Die Pfeilermadonnen (Trumeaumadonnen) der gotischen Kathedralen stehen auf einem Sockel. Auf ihm sind häufig der Sündenfall oder Eva mit der Schlange abgebildet.[111] Eva und Adam können auch auf beiden Seiten im Gewände eines Portals stehen, in ihrer Mitte Maria mit dem Kind am Mittelpfeiler.[112]

b) In Italien malt Ambrogio Lorenzetti erstmals die Eva zu den

Füßen der Madonna liegend.[113] Er übersetzt ins Bild, was Dante im Paradies erblickt: „Die Wunde, die Maria heilen half, hat jene schöne Frau zu ihren Füßen dem menschlichen Geschlechte angetan ...“[114]

c) Am häufigsten werden einander zugeordnet die Verkündigung an Maria und der Sündenfall bzw. die Vertreibung aus dem Paradies.

Die Antithese Maria – Eva wird noch durch ein Wortspiel unterstrichen. Das „Ave“ des Engelsgrußes ist die Umkehrung von „Eva“. „Ave gab die Kunde / aus des Engels Munde, / Evas Name wende, / uns den Frieden sende.“ (Hymnus, 8. Jh.)[115]

Auf den Verkündigungsbildern kann sich im Hintergrund die Austreibung aus dem Garten Eden abspielen, so im Umkreis von Fra Angelico.[116] Die Geschichte der Stammutter bzw. -eltern wird vor allem von den niederländischen Malern gern als geschnitzte Verzierung im Gemach der Maria dargestellt.[117] (Vgl. Abb. 53)

d) Eva und Maria unter dem Paradiesesbaum: Auf der einen Seite Eva, neben ihr die Schlange. Sie pflückt Äpfel – oder erhält sie von der Schlange – und verteilt sie an die Menschen, die dadurch sterblich werden. Zeichen dafür ist ein Totenschädel oder ein Totengerippe in ihrer Nähe.

Auf der anderen Seite steht Maria, die als Frucht des Lebensbaumes Hostien an die Gläubigen verteilt. Hinter ihr erscheint Christus in der Gestalt des Gekreuzigten oder des Christkindes als das wahre Lebensbrot.[118]

Der Apfel, der die verbotene Frucht des Paradieses versinnbildet, wurde von Eva gepflückt und Adam gereicht. Seit dem 11. Jh. wird er als Frucht der Gnade und des Lebens häufig Maria in die Hand gegeben, die ihn ihrem Kind weitergibt.[119]

3. Maria, die Braut des Hohen Liedes: s. S. 240

4. Maria als Königin

Sie ist typologisch vorgezeichnet in der Braut Salomos auf dem Löwenthron (s. S. 237) und in der gekrönten Sponsa des Hohen Liedes (s. S. 241). Gelegentlich werden auch die alttestamentlichen Vorbilder gewählt, die in der „Armenbibel“ und dem „Heilsspiegel“ die Krönung Mariens einrahmen: Bathseba, die ihr Sohn

78. Eva, die Mutter der Sünde und des Todes, Maria, die Mutter dessen, der Gnade und Leben schenkt. Eine Variation des Themas aus dem Missale des Salzburger Erzbischofs Bernhard von Rohr, gemalt von Berthold Furtmayr und Gehilfen, vor 1481, München, Bayr. Staatsbibliothek (Ausschnitt).

Salomo zu seiner Rechten thronen läßt (1. Könige 2,13ff), und Esther, die von Ahasver zur Königin erhoben wird (Esther 2,17).[120] Die Königin von Saba, seit alters Typus der Ecclesia, wird nur selten typologisch auf Maria gedeutet.

Der Löwenthron Salomos

König Salomo, der Sohn Davids, gilt als der klügste aller Herrscher. „Aus allen Völkern" kamen sie, „zu hören die Weisheit Salomos, von allen Königen der Erde". Dreitausend Weisheitssprüche hat er verfaßt. Mehr noch: „Er redete (auch) mit dem Vieh, den Vögeln und den Fischen" (1. Kön. 4, 33 nach der Vulgata). So wird Salomo in der Kirche zum Typus der ewigen Weisheit. Als sein Antitypus gilt Christus, der von sich sagt: „Siehe, hier ist mehr denn Salomo" (Matth. 12, 42): die uranfängliche Weisheit Gottes in Person.

Der Königsthron, von dem aus Salomo redet, wird zur sedes sapientiae, zum Symbol der Weisheit: „Der König ließ einen großen Thron fertigen aus Elfenbein und ließ ihn überziehen mit edelstem Gold. Und zu dem Thron führten sechs Stufen ..., und es waren Lehnen auf beiden Seiten ..., und zwei Löwen standen an den Lehnen. Und zwölf Löwen standen auf den sechs Stufen auf beiden Seiten" (1. Kön. 10). Ein Herrscherthron, wie er sich ähnlich im Grabschatz des Tut-ench-amun erhalten hat (s. Löwe, S. 79).

Dieser Thron Salomos wird auf zweierlei Weise mit Maria in Beziehung gesetzt:

1. Maria als Sinnbild des Thrones der Weisheit

Maria sitzt auf dem Thron (s. S. 196), auf ihrem Schoß der Christusknabe, „in dem verborgen liegen alle Schätze der Weisheit und der Erkenntnis" (Kol. 2, 3). So wird die Thronende zum Thron der göttlichen Weisheit, zur sedes sapientiae. Bereits im 11. Jh. bezeichnet sie Petrus Damianus mit diesem Namen, und Adam von St. Victor (12. Jh.) schreibt in einer Sequenz auf die Geburt der Maria: „Thron, wie Salomons erhaben / dem an Kunst und edlen Gaben / keiner jemals gleichgetan / Elfenbein der keuschen Sinne / rotes Gold der höchsten Minne / künden dein Geheimnis an."[121] (Vgl. Abb. 69)

2. Maria als personifizierte Weisheit (lateinisch sapientia, griechisch sophia) auf dem Thron Salomos

Hier wird Maria mit der Braut des Königs Salomo gleichgesetzt und typologisch zur sponsa, zur Braut Christi (s. Hohes Lied, S. 241). Maria ist nicht nur Thron der Weisheit, sondern selbst „die wahre Weisheit", so der „Heilsspiegel". Alle Sinnbilder, mit denen Salomo u. a. die Weisheit dichterisch umschreiben, werden nun auf sie übertragen. Sie wird zur „Rose, Palme und Zeder" (Sirach 24, 17–19), zum „Spiegel Gottes ohne Makel", sie ist „köstlicher als die Sonne", „über alle Ordnung der Sterne", „herrlicher denn das ewige Licht". (Weisheit Sal. 7, 26 und 29)[122]

Darstellung:

In dieser Doppeleigenschaft als Braut Christi und als Verkörperung der Weisheit wird Maria vom 13. Jh. an als Inhaberin des salomonischen Thrones dargestellt.

Auf einem erhöhten Thron, zu dem sechs Stufen hinaufführen, sitzt Maria mit dem Christusknaben. Ihr Haupt kann von den sieben Geistestauben (s. S. 114) umgeben sein. Diese repräsentieren die Fülle der Gaben des Heiligen Geistes und damit die Fülle der Weisheit und Erkenntnis Gottes (Jes. 11, 2). Auf den sechs Stufen stehen oder spielen beiderseits je sechs Löwen, die meist einen Nimbus um ihr Haupt tragen. Diese bedeuten die zwölf Apostel, die gleichzeitig für die zwölf Stammväter Israels stehen. Die beiden Löwen an den Lehnen des Thrones werden in der Regel als die beiden Haupttugenden der Maria gedeutet, als Caritas (Liebe) und Castitas (Keuschheit).[123] Sechs zusätzlich auf den Stufen stehende Jungfrauen personifizieren die Tugenden der Maria, die sie – nach der Vorstellung mittelalterlicher Theologen – bei der Verkündigung durch den Engel Gabriel bewiesen hat.[124] Weiter bringen Propheten den Schriftnachweis auf Spruchbändern, und Heilige werden zu Zeugen der Erfüllung. Auf einigen Darstellungen thront Salomo selber als Typus der Weisheit unterhalb der Maria.[125] Ende des 14. Jh. wird dieser Bildtypus aufgegeben. Doch sind im 14./15. Jh. Löwen, die Lehnen, Knäufe, Armstützen am Sitz der Maria verzieren, immer noch ein Hinweis auf Salomos Thron.[126] Die gleiche Bedeutung haben vermutlich auch die sechs Stufen, die zu einem erhöhten Sitz führen, so etwa bei der Huldi-

79. Löwenthron. Innerhalb eines gotischen Wimpergs stehen übereinander zwei Throne: unten der irdische Thronsitz Salomos, darüber der geistliche Thron der Weisheit, der von Maria mit dem Christuskind eingenommen und von zwei Löwen gestützt wird. Je sechs Stufen auf beiden Seiten mit den zwölf spielenden Löwen führen zu den Thronen empor. Unter den Stufen haust überwundenes, unreines Getier. Steinplastik, 1280, Straßburger Münster, Wimperg über dem Mittelportal der Westfassade.

gung der Magier an der Holztür von St. Sabina in Rom (430 n. Chr.) oder im säkularen Bereich am Kaiserstuhl im Dom zu Aachen.

Das Hohe Lied

Das Hohe Lied (canticus canticorum = Lied der Lieder) ist unter den Lehrbüchern des Alten Testamentes eine Sammlung sehr alter Liebeslieder.

Wahrscheinlich enthalten sie säkularisierte Motive eines urtümlichen Fruchtbarkeitsrituals, der „heiligen Hochzeit". Hier wie dort sucht die Braut den Bräutigam und nicht umgekehrt. In der glutvollen Farbigkeit des Orients, in immer neuen Bildern und Gleichnissen preisen die Liebenden gegenseitig ihre Schönheit, ihr Suchen und Finden und ihre Vereinigung. Dieser Liebesdialog findet in einem prächtigen Garten statt.

In der Überschrift wird Salomo als Verfasser, im Text als Bräutigam angegeben. Die Braut ist ein Hirtenmädchen aus Sulam, eine Sulamithin; daher ihr Name Sulamith. Die früh einsetzende allegorische Auslegung und Ausdeutung des Hohen Liedes durch die jüdischen Gelehrten – Salomo versinnbildlicht Gott, Sulamith das Volk Israel –, dazu die vermeintliche Autorschaft des weisen Salomo haben dem Hohen Lied den Platz im Kanon des Alten Testaments verschafft.

Der Bund Gottes mit seinem Volk Israel wird im Alten Testament auch sonst unter dem Bild des Braut- und Ehestandes beschrieben (z. B. Hesekiel 16). Im Neuen Testament wird von Christus als dem Bräutigam und von der Gemeinde, bzw. von den zur Hochzeit geladenen Gästen, als seiner Braut gesprochen (z. B. Matth. 25). So bereitet es denn auch den Kirchenvätern, erstmals dem Origenes, keine Schwierigkeit, das Hohe Lied auf Christus und die Ecclesia (Kirche) oder auch auf die Anima Ecclesiastica (die Einzelseele innerhalb der Kirche) zu übertragen. Vom 4. Jh. an (erstmals von Ambrosius) wird auch Maria als die würdigste Vertreterin der Ecclesia „Braut Christi" genannt. Für die beiden Hauptpersonen des Hohen Liedes ergibt sich folgendes allegorische bzw. typologische Schema:

Bräutigam (lat. spons)	– *Braut (lat. sponsa)*
König Salomo	– Sulamith
Gott	– Volk Israel
Christus	– Ecclesia (Kirche)
Christus	– Maria als Repräsentantin der Kirche
Christus	– gottverlobte Seele

Bis ins hohe Mittelalter ist es die Ecclesia allein, die als Braut des Hohen Liedes angesehen wird, was vor allem der Autorität des Beda Venerabilis zu danken ist.[127] Im 12. Jh. lebt die Beschäftigung mit dem Hohen Lied erneut auf. Bernhard von Clairvaux hält allein 86 Predigten darüber. Die Christus-Mystik, deren erster mittelalterlicher Vertreter er ist, sieht in der geistlich gedeuteten Hochzeit des Hohen Liedes ein Bild der unio mystica, der Vereinigung der Seele mit Gott. Im gleichen Jahrhundert wird dann das Hohe Lied fast ausschließlich auf Maria hin gedeutet.[128] Denn: „dieweil Maria selbst den Typus der Kirche darstellt ... kann ebenso alles, was von der Kirche gesagt ist, auch von der Jungfrau selbst als Braut und Mutter des Bräutigams ausgesagt werden" (Honorius von Autun). Diese neue Einstellung zum Hohen Lied zieht einen bedeutenden Wandel in der Marienverehrung nach sich (s. Einführung, S. 198f.). Maria wird nun zur lieblichen Braut: die Schönheit Sulamiths, der Garten mit allem, was er umschließt, wird zum Gleichnis ihres Wesens, ihrer Jungfräulichkeit und ihrer Tugenden. Hymnen, Anrufungen und Predigten schöpfen von nun an aus dem Bildreichtum des Hohen Liedes.

Für jedes Ereignis des Marienlebens werden Worte und Bilder aus dem Hohen Lied als biblische Belege herangezogen. Sie durchdringen und verändern auch die bisherigen Bildthemen und schaffen neue Motive, z. B. „Maria im Rosenhag", Krönung Mariens u. a. In zurückhaltender Weise wird die gegenseitige Zuneigung von spons und sponsa an den beiden Thronenden, Christus und Maria – bzw. an Maria und dem Christuskind – sichtbar gemacht.[129] In der Zeit des 12. Jh. ist die Throngenossin Christi nicht immer eindeutig als Kirche (Ecclesia) oder als Maria zu identifizieren. Die Übergänge sind noch fließend (vgl. Anm. 133).

Inschriften und Spruchbänder mit Zitaten aus dem Hohen Lied machen den Einfluß dieses Büchleins auf die Kunst vollends deutlich.[130] Im folgenden seien die häufigst verwendeten Textstellen aus dem Hohen Lied zu den marianischen Hauptthemen nach der Vulgata zitiert.

Zur Unbefleckten Empfängnis Mariens. HL 4, 7: „Tota pulchra es amica mea et macula non est in te." „Vollkommen schön bist du, meine Freundin, und kein Makel ist an dir."[131]

Zur Himmelfahrt Mariens. HL 8, 5: „Quae est ista, quae ascendit de deserto ...?" „Wer ist, der da aufsteigt aus der Wüste, gestützt auf ihren Geliebten?"

Oder HL 2, 13: „... surge propera amica mea ..." „Steh auf, meine Freundin ..."[132]

Zur Krönung Mariens, nach dem fehlerhaften Text der Vulgata HL 4, 7 und 8: „Veni de Libano, sponsa, veni de Libano, veni, coronaberis." „Komm vom Libanon, Braut, komm vom Libanon, komm, du sollst gekrönt werden."

Oder in einer liturgischen Umgestaltung des HL: „Veni electa mea et corneram in te thronum." „Komm, meine Auserwählte, und ich werde meinen Thron in dir aufrichten."[133]

Zur Maria als Himmelskönigin HL 6, 9: „Pulchra ut luna, electa ut sol." „Schön wie der Mond und auserwählt wie die Sonne."[134]

Zum Sinnbild des Wesens und der Tugenden der Maria dienen die ins Geistliche übersetzte Schönheit der Sulamith und der Garten mit allem, was darin zu finden ist. Ikonographisch verwendet werden hauptsächlich folgende Metaphern:

Für die Reinheit und immerwährende Jungfräulichkeit Mariens: HL 4, 12 – der verschlossene Garten; HL 4, 12 – der versiegelte Brunnen; HL 2, 1 – die Lilie unter Dornen und im Tal; HL 7, 4 – der Turm aus Elfenbein (Elfenbein galt als Sinnbild der Keuschheit); HL 4, 4 – der Turm Davids mit Zinnen und tausend Schilden.

Für die Gnadenfülle, die Maria zuteil wurde: HL 4, 15 – die Wasserbrunnen der Gärten; HL 4, 13 – der Garten selbst mit seiner Fülle an Bäumen, Gewürzen und Blumen. (Der Garten ist zugleich Hinweis auf den Paradiesgarten.)

Für die Menge ihrer Tugenden: HL 4, 3 – der Granatapfel mit seinen vielen rotleuchtenden Kernen.

Für ihre Demut: HL 2, 1 – die Lilie im Tal, die Feldblume.

Für die Mutter des eucharistischen Christus: HL 1, 13 – die

Traube aus Engadi, diese gilt zwar dem spons Christus, wird aber wie so oft in dieser Zeit auf Maria übertragen; HL 7, 2 – ein Weizenhaufen mit Lilien besteckt.

Für die Himmelskönigin: HL 6, 9 – Sonne und Mond.

Für die jungfräulichen Heiligen, die künftig die Madonna im Grünen (Gärtleinsmadonna, s. S. 243) umgeben: „Dein Name ist eine ausgeschüttete Salbe, darum lieben dich die Jungfrauen" (HL 1, 3). Diese sind aber nicht nur Nachfolgerinnen, sondern auch ihrerseits wieder als gottverlobte Seelen Gottesbräute. Am sichtbarsten wird das an der Hl. Katharina von Alexandrien, der das Christuskind den Verlobungsring ansteckt.[135]

Aus der Vielzahl der Lieder, die aus dem Hohen Lied ihre Sinnbilder schöpfen, ragt das Melker Marienlied hervor:[136]

Meerstern, Morgenrot,/ Anger ungebrochen,/ darin steht eine Blume,/ die leuchtet also schöne:/ sie ist unter den andern/ wie die Lilie unter Dornen./ Heilige Maria!/ Brunnen versiegelter,/ Garten verschlossener,/ darin Balsam fließt,/ da wächst auch Zimt./ Du bist der Zederbaum,/ den die Schlange flieht./ Heilige Maria/ Zeder im Libanon,/ Rose in Jericho,/ du erwählte Myrrhe,/ dort wächst du so weit:/ du bist über die Engel all,/ du versöhntest Evas Fall./ Heilige Maria!

Der verschlossene Garten (Hortus conclusus)

Der Hortus conclusus wird zu Anfang des 15. Jh. zu einem Raum, in dem alle Sinnbilder der Jungfräulichkeit Mariens zusammengefaßt werden. Vorab stammen sie aus dem Hohen Lied, aus der benachbarten Weisheitsliteratur (Weisheit Salomos und Jesus Sirach), aus marianischen Typologien, aus Hymnen oder Gebeten. Diese vielfältigen Gleichnisbilder für Maria werden in lateinischer Sprache namentlich bezeichnet. Die Überfülle des Dargestellten zerstört meist die paradiesische Ursprünglichkeit des Gartens und erweckt beim Beschauer den Eindruck einer Anhäufung von Emblemen in drangvoller Enge.

Bildtypus: In dem von einer Mauer oder einem Weidenzaun umgebenen Garten, der auch den Schauplatz für die mystische Einhornjagd bildet, weilt Maria inmitten von meist fünfzehn Sinnbildern.

80. Die mystische Einhornjagd im Hortus Conclusus, dem verschlossenen Garten des Hohen Liedes (vgl. S. 50). Eine Reihe von alttestamentlichen typologischen Darstellungen weist auf die Jungfräulichkeit der Maria hin (s. u.). Bildteppich, niederrheinisch (?), um 1500, München, Bayr. Nationalmuseum.

a) Die Gleichnisbilder aus dem Hohen Lied (s. S. 242): versiegelter Brunnen, Brunnen der Gärten, Turm Davids, Turm aus Elfenbein, Lilie unter Dornen, auserwählt wie die Sonne, schön wie der Mond.

b) Aus der Weisheitsliteratur (Jesus Sirach 24) sind die folgenden Allegorien der personifizierten Sapientia, der Weisheit, genommen (s. Löwenthron, S. 237 ff.): die hochgewachsene Zeder (cedrus exsalta), der köstliche Ölbaum (oliva speciosa), der Rosenstock (plantatio rosae).

81. *Maria im Rosenhag, auf einer Rasenbank sitzend. Am Boden leuchten Erdbeeren, blühen Veilchen, Maiglöckchen und Schneeglöckchen; in den Zweigen singen Distelfink (vgl. S. 33) und Pirol. Tafelbild: Madonna in den Erdbeeren, Meister des Paradiesgärtleins, um 1410, Solothurn, Städtisches Museum.*

terteilt werden. Bei jeder großen Perle wird ein „Vaterunser" gebetet, bei jeder kleinen ein „Ave Maria", dem jeweils die Betrachtung eines „Gesetzleins" oder eines „Geheimnisses" der Erlösung folgt.

Der Rosenkranz kennt drei Zyklen:

a) Im „freudenreichen" Rosenkranz wird die Kindheit Jesu betrachtet: Verkündigung an Maria – Heimsuchung – Geburt Christi – Darbringung im Tempel oder Anbetung der Könige – das Auffinden des 12jährigen Jesus im Tempel.

b) Im „schmerzensreichen" Rosenkranz die Passion Jesu: Gethsemane – Geißelung – Dornenkrönung – Verurteilung durch Kaiphas oder Kreuztragung – Kreuzigung.

c) Im „glorreichen" Rosenkranz die Verherrlichung Jesu und seiner Mutter: die Auferstehung Christi – seine Himmelfahrt – die Ausgießung des Heiligen Geistes zu Pfingsten – die Himmelfahrt der Maria – die Krönung der Maria oder das Jüngste Gericht.

Darstellung: Das vorhandene Bildgut geht auf die Rosenkranzbruderschaften zurück:

a) Maria, „die Königin des Rosenkranzes", trägt einen Kranz aus Rosen im Haar oder sie wird damit von Engeln gekrönt.[160] Ihr Kind kann mit den Perlen eines Rosenkranzes spielen, den es in seinen Händchen hält oder den die Mutter um den Hals trägt.

b) Maria verteilt Kränze aus Rosen oder Perlen an Einzelpersonen oder an Gruppen der Bruderschaft, wobei ihr das Jesuskind helfen kann.[161] In einer Variante können auch Beter, besonders Dominikaner, der Maria ihren Rosenkranz vorzeigen oder hinreichen.

c) Maria im Rosenkranz. In zahlreichen Bildformen ist Maria von einem Kranz aus blühenden roten und weißen Rosen umgeben, die an die Stelle der Perlen treten. Die fünf großen Perlen können auch durch fünf Medaillons ersetzt werden, innerhalb deren die „Geheimnisse" dargestellt sind, in der Regel die des „freuden- oder glorreichen" Rosenkranzes. Manchmal sind es sogar drei Rosenkränze, welche Maria umschließen: der „freudenreiche" mit weißen, der „schmerzensreiche" mit roten, der „glorreiche" mit goldenen Rosen.[162] (Vgl. Abb. 76)

Nicht immer halten sich Auftraggeber und Künstler streng an

die vorgegebenen Gesetzlein. So hat z. B. Veit Stoß bei seinem „Englischen Gruß“ Motive aus dem „freudenreichen“ Rosenkranz mit dem „glorreichen“ verbunden. Indem er den fünf Medaillons zwei weitere, über dem Kranz schwebende hinzufügte, hat er gleichzeitig die „Sieben Freuden“ Mariens (s. S. 213) zur Darstellung gebracht.[163]

Die beiden Bettelorden verbinden die Verehrung der fünf „rosenfarbenen Wunden Jesu“ mit dem „schmerzensreichen“ Rosenkranzgebet. So motiviert, steht jetzt nicht Maria, sondern der Gekreuzigte in der Mitte, meist umgeben von „allen Heiligen“. Die fünf „roten Rosen entzwischen den weißen“ sollen dazu dienen, daß „ein mensch betrachtet das rosenrott plut Christi Jesu“.[164] Wo sie zu Medaillons werden, enthalten sie die „schmerzensreichen Geheimnisse“ oder die fünf Wunden Jesu: die durchbohrten Füße, die Hände, das Herz, bisweilen auch in einem sechsten Medaillon das verwundete Haupt Christi.[165]

Maria im Ährenkleid

Bildtypus: Maria, mädchenhaft und mit offenem Haar, steht betend in der Mitte des Bildes. Sie trägt ein gegürtetes Gewand, das mit Ähren bedeckt ist und dessen Halsausschnitt und Ärmelbesatz strahlenförmig verziert sind.

Die Deutungen sind sehr verschieden.[166] Am nächstliegenden erscheint die folgende: Maria hat Christus in Bethlehem (hebr. im „Haus des Brotes“) geboren. Ihr Sohn nennt sich „das Brot des Lebens, vom Himmel gekommen“ (Joh. 6); er hat sich weiter mit dem Weizenkorn verglichen, das in die Erde fallen muß, will es Frucht tragen (Joh. 12, 24).

Seit frühester Zeit wird Maria verehrt im Bild des Ackers, der Garbe, die das Korn in sich birgt, des Weizens, aus dem das eucharistische Brot bereitet wird. So wird Maria bereits im 6. Jh. von Jakob v. Batnae beschrieben als „guter Acker, welcher ohne Saat Getreidehaufen hervorbrachte und ... eine reiche Ernte lieferte“.[167] Konrad von Würzburg nennt sie eine „edle Tugendgarbe“.[168] In einer Mariensequenz aus Uri heißt es: „Du Magd, vielreine, trugst das lebendige Brot: das war Gott selber“.[169]

Zu den marianischen Bildgleichnissen im Hortus conclusus (s. S. 243) gehört auch die goldene Urne (s. S. 245), die das Manna, das Gottesbrot der Wüste, bewahrt. Ferner wird Maria nach der Legende als Tempeljungfrau von Engeln gespeist, wobei – nach liturgischem Sprachgebrauch – das „Engelsbrot" Hinweis ist auf die Speise der Eucharistie (s. S. 184).

Die älteste bekannte *Darstellung* ist ein Gnadenbild, das 1387 von einer Bruderschaft der deutschen Gemeinde in Mailand für den Dom gestiftet wurde. Ein Holzschnitt machte dieses Bild in Deutschland bekannt. Die Umschrift besagt, daß Maria hier als Tempeljungfrau abgebildet sei. Dieser Druck scheint den Anstoß gegeben zu haben für die seit dem 15. Jh. vor allem in Deutschland entstehenden Bilder dieses Typus. 1487 wird das Mailänder Gnadenbild im Dom durch eine Statue ersetzt. Auf dem Gürtel dieser plastischen Ährenmadonna stehen die Worte aus dem Hohen Lied (s. S. 242): „Auserwählt wie die Sonne, schön wie der Mond". Dadurch ist auch eine Deutung der Goldstrahlenbesätze des Gewandes gegeben.[170]

Das Ährenkleid scheint der Glaubensvorstellung der Zeit so entsprochen zu haben, daß es bald auch für andere Marienbilder übernommen wird.[171] Manchmal werden sogar auf ältere Marienbilder Ähren aufgetragen.[172]

Die eucharistische Auslegung der Maria im Ährenkleid wird auch durch andere ähnliche Bildmotive gestützt. Eine Garbe, die zeichenhaft im Blickpunkt eines Weihnachtsbildes steht,[173] ein Ährenlager, auf dem Maria ruht,[174] Ähren und Trauben, die ein Engel der Gottesmutter reicht,[175] weisen ebenso auf die Speise des Abendmahls hin wie ein Acker mit reifem Korn, in dem Maria mit dem Kinde steht.[176]

82. Maria im Ährenkleid. Sie betet in einer Kapelle über einem geöffneten Evangeliar, das ihr ein Lektorenengel (vgl. S. 182) vorhält. Tafelbild aus der Juden-Kapelle, Bamberg, 1430, München, Bayr. Nationalmuseum.

Die Heilstreppe (Interzession)

Die *Intercessio* (lat.) = das Dazwischentreten, ist ein Eintreten für jemanden, hier eine Fürbitte. Die Heilstreppe bezeichnet deren stufenweise Weitergabe nach oben.

Die Vorstellung der Interzession ist im Umkreis des Bernhard von Clairvaux entstanden. Ihm schreibt denn auch die Legenda Aurea das folgende Zitat zu: „O Mensch, du hast einen sicheren Zutritt zu Gott, da die Mutter vor dem Sohn steht und der Sohn vor dem Vater. Die Mutter weist dem Sohn ihren Leib, dann ihre Brüste. Der Sohn zeigt dem Vater seine Seite und seine Wundmale, da mag keine Abweisung sein, wo so viele Zeichen der Liebe sind." Das Vorweisen der Brüste dem Sohn gegenüber war im Altertum die stärkste Form der Bitte, von der eine Mutter Gebrauch machen konnte. So heißt es in der Ilias (22, 79–83): „Auch die Mutter ... trennte das Busengewand und erhob die Brust mit der Linken. So von Tränen benetzt, die geflügelten Worte begann sie: Hektor! Schone, mein Sohn, den Anblick, ach und erbarme dich meiner selbst, wo ich je die stillende Brust dir geboten!"

Darstellung: Im 14. Jh. wird die Interzession erstmals im „Heilsspiegel" ins Bild übersetzt. Der doppelten Fürsprache will sich der Gläubige versichern sowohl in seinem persönlichen Leben wie auch in Zeiten überpersönlicher Katastrophen. So kann die Heilstreppe im mittelalterlichen Sterbebüchlein (ars moriendi) tröstlich über dem Sterbenden erscheinen[177] oder von einem um sein Seelenheil besorgten Bürger als Bildinhalt für seinen künftigen Epitaph gewählt werden.[178] Im 15./16. Jh. wird die Heilstreppe zum Ausdruck des gemeinsamen Flehens um Abwendung der Pest.

Bildtypus: Der zürnende Gottvater schießt mit Pfeilen – diese können Pest, Hunger und Krieg bedeuten – nach der sündigen Menschheit. Da bittet Maria für die Geängsteten, die sich unter ihren schützenden Mantel drängen, bei Christus um Erbarmen und weist dabei auf ihre Brust. Christus, als Schmerzensmann, wendet sich bittend an den Vater und zeigt auf seine Wundmale. Die Pfeile prallen an Christus und Maria ab oder zerbrechen.[179]

Varianten: Gottvater schwingt das Schwert über den schuldig Gewordenen, mit bloßer Hand fängt Christus den Schwertstreich ab.[180] Auf einigen Bildern erscheint Gottvater als der Versöhnte über den beiden Fürbittern der Heilstreppe.[181]

Die Schutzmantelmadonna

Der Schutzmantel hat im Mittelalter folgende Bedeutungen: *a) „Mantel-Kindschaft“:* Vorehelich geborene Kinder wurden legitimiert oder adoptiert, indem sie während der Trauung unter den Mantel der Mutter genommen wurden. *b) „Mantel-Flucht“:* Ein Verfolgter, der unter den Mantel einer hochgestellten Persönlich-

83. Schutzmantelmadonna und Heilstreppe. Zwei Motive sind in diesem Bild vereint, die Zuflucht der Bedrängten unter den schützenden Mantel und ihr „aufsteigendes“ Gebet, das Maria fürbittend weitergibt an Christus und dieser an den erzürnten Gottvater. Wandmalerei, 14. Jh., Naturns (Südtirol), St. Prokulus.

keit flüchtete, hatte Anspruch auf Begnadigung. „Der Mantel ist ein Zeichen des Schutzes, besonders der Mantel von Königen und Fürsten." (Grimm: Rechtsaltertümer)

Das Bild vom Schutzmantel wird in der Mystik aus dem Rechtswesen ins Geistliche übertragen. Vor allem ist es Maria, deren Mantel zum Inbegriff der Geborgenheit, des mütterlichen Schutzes und der Bewahrung vor dem Zorn Gottes wird. In einer Vision spricht Maria zur Hl. Birgitta von Schweden: „Mein weiter Mantel ist meine Barmherzigkeit ... Wahrlich, meine Tochter, barmherzig machte mich meines Sohnes Barmherzigkeit ... Komm du also, meine Tochter, und verbirg dich unter meinem Mantel."[182] (Vgl. S. 197)

Bildtypus: Unter dem weitgeöffneten Mantel der Maria suchen Gläubige der verschiedensten Stände – Ordensleute, Kleriker, Laien – Zuflucht.[189] Die ersten Bilder dieser Art entstehen schon im 13./14. Jh. Wieder ist es der „Heilsspiegel", der Verehrung und Bildvorstellung weiterträgt. Die Darstellung der Schutzmantelmadonna erlebte ihre Blütezeit im 15./16. Jh. Auch sie ist mit anderen spezifisch marianischen Bildtypen verbunden wie der Heilstreppe, der Rosenkranzmadonna und der Maria im Ährenkleid.

Auch Heilige werden bisweilen mit dem Schutzmantel dargestellt.[184] Trägt Christus selbst den Schutzmantel,[185] so erweitert sich schließlich diese Bildform zum Sinnbild der Geborgenheit des Menschen schlechthin in Gottes Erbarmen.

Anhang

Anmerkungen

Die häufig benützte Literatur wird in Kurzform zitiert; die genauen Angaben vgl. Literaturverzeichnis.

Erster Teil: Tierdarstellungen

Einführung

1. Aus dem Preislied der Himmelskönigin Innana. Vgl. Helmut Uhlig, Die Sumerer, München 1976, S. 120.
2. Steinrelief, 1130/32, Hauptportal von St. Lazare, Autun. In der äußeren Archivolte des Weltgericht-Tympanons die 12 Tierkreiszeichen, abwechselnd mit den 12 Monatsarbeiten.
3. Erschaffung der Tiere: Innerhalb des Schöpfungszyklus, des „Sechstagewerks", können auch Fabeltiere wie Greif, Einhorn, ja sogar der Meeresdrache (Ketos) vorkommen. Genesis-Mosaik, 13. Jh., südliche Kuppel des Narthex von S. Marco, Venedig.
4. Eines der seltenen Bilder, die Adam zeigen, wie er den Tieren Namen gibt: Fresko, 12. Jh., S. Pietro bei Ferentillo.
5. Die Tiere der Arche Noah: Im hohen Mittelalter sieht man, wie sie aus den Fenstern der Arche schauen oder wie sie am Ende der Sintflut die Arche verlassen. Im späten Mittelalter und in der Neuzeit gibt der lange Zug der herannahenden Tiere willkommene Gelegenheit, alle erdenklichen Tierarten naturgetreu zu schildern. Fresko, um 1100, Vienne, Abtei v. Savin.
6. Eine einmalige frühe Darstellung des „Friedensreiches": Steinrelief, 1180, Apsis v. Dom zu Speyer.
7. Das vom Osten beeinflußte Weltgerichtsbild zeigt Raubtiere des Landes, des Wassers und der Luft, welche die verschlungenen Toten wieder auswürgen. Das Motiv stammt nicht aus der Bibel (vgl. Offb. 20, 13). Es ist hervorgegangen aus der Auseinandersetzung der Christen mit der heidnischen Umwelt über die Frage nach der leiblichen Auferstehung der Toten. Bischof Cyrill von Jerusalem zitiert den Einwand der Gegner: „Die Schiffbrüchigen werden von Fischen verzehrt ... Bären und Löwen verzehren und zermalmen die Knochen ... Geier und Raben fressen das Fleisch der Toten ... Woher soll der (in alle Winde zerstreute) Körper wieder zusammengebracht werden?" (Texte

der Kirchenväter Bd. 4, S. 503). Dagegen die Sicht der Christen, hier aus dem Mund Tertullians: „Nicht die Seele allein ... auch das Fleisch hat während der Zeit (bis zur Auferstehung) seine Verstecke: im Wasser, im Feuer, in den Vögeln, in den wilden Tieren" (Texte der Kirchenväter, Bd. 4, S. 495). – Weltgerichts-Mosaik, 13. Jh., Torcello, Kathedrale.

8. Berner Physiologus, fol. 15 v.
9. Allegorie, Sinnbild und Symbol sind Begriffe, die sich häufig berühren und überschneiden. Ihre jeweilige spezifische Eigenart soll – statt einer Begriffsdefinition – am Bild der Taube deutlich gemacht werden. Wenn z. B. ein mittelalterlicher Theologe in jedem einzelnen Körperteil einer Taube vom Schnabel bis zum Schwanz irgendeine Tugend vorgebildet sieht, so handelt es sich bei diesem künstlichen Gedankenspiel um eine *Allegorie.* Wenn in der frühen Christenheit häufig weiße Tauben dargestellt werden, die von den Früchten des Weinstocks essen, am lebendigen Wasser sich laben oder über paradiesischen Gärten sich in die Lüfte erheben, so wird dieses Bild der Freiheit und des Gesättigtseins zum *Sinnbild* der erlösten Seelen in der jenseitigen Welt. Die Taube jedoch, die auf Jesus herabkommt bei seiner Taufe, wurde für alle Christen auf Erden zum dichten, spontan erfaßbaren *Symbol* des unsichtbaren Gottesgeistes, der von oben her über den Menschen kommt. Ebenso wurde das eindrucksvolle Bild der Noah-Taube mit dem Ölzweig im Schnabel zum weltweiten Symbol des Friedens, das mit einem Blick emotional aufgenommen wird, ohne daß es einer rationalen Erklärung bedarf.
10. Berner Physiologus fol. 9 v.
11. Pfauen neben den Arkaden der Kanontafeln, Anfang 9. Jh., Evangeliar aus St. Médard in Soissons, Paris, Bibl. Nat. Lat. 8850 fol. 10 v.
12. Evangeliar aus St. Germain-des-Prés, um 800, Leningrad, öffentl. Bibl. F. v. I. Nr. 8 fol. 18 r.
13. Alpha durch Fische, Omega durch Pfauen gebildet. Titelblatt Orosius, Abriß der Weltgeschichte, Mitte 8. Jh., Laon, Bibl. Mun. Ms. 137, fol. 1 v.
14. Zitat nach Döring, Christliche Symbole, Freiburg i. Brsg. 1933 S. 16.
15. Inkrustation (= Einlegearbeit von Stein in Stein) über dem Hauptportal des Doms v. Pisa.
16. W. v. Blankenburg, S. 34/37.
17. W. Weißbach, S. 90.
18. W. von Blankenburg, S. 57.
19. F. u. H. Möbius, S. 15.
20. Vgl. W. v. Blankenburg, S. 64.
21. Im späten Mittelalter hat man solche Mischwesen mit dem Sammelbe-

griff „Meerwunder" bezeichnet. „Jedoch wan er (der Mensch) nit leben will nach menschlicher art und vernunfft, so mahet er sich böse dann kein ander tier ist und lebet an etlichen siten eine pferd gleich, an etliche eine hund oder eine vogel". So beschreibt Konrad von Megenberg die „Mörwunder" in seinem „Buch der Natur", Augsburg 1475, und läßt dazu die absonderlichsten Gestalten abbilden, z. B. ein Mädchen mit Katzenbeinen und -schwanz, einen Hund mit Hörnern und Flügeln an den Ohren, einen Mönch mit den Vorderfüßen eines Drachens und den Hinterfüßen eines Schweines, dazu mit einem Fischschwanz.

22. Jakob Grimm, Deutsche Mythologie, Berlin 1876 II. Bd. S. 779.
23. Das weiße Kalb, Grokes Gesammelte Irische Elfenmärchen, übersetzt von den Brüdern Grimm. Aus Grimms Märchen, München, 2. Bd. S. 397.
24. H. Kühn, Die Danielschnalle der Völkerwanderungszeit, Berlin 1943, S. 140–169.
25. Hockender Mensch, von zwei antithetischen Tieren angegriffen. Äußere Archivolte, Palasportal, Schloß Tirol, 12. Jh. – Vgl. auch Lamm, S. 75.
26. Kapitell, 1130, Mittelschiff der Stiftskirche Hamersleben.
27. Türpfeiler als Bestiensäule, M. 12. Jh., Pfarrkirche Souillac.
28. Heinrich Naumann, Herrscher und Heilige, S. 147.
29. Kirche, 12. Jh., Brenz, Württemberg.
30. So hat man im Altertum in Orchomenos (Böotien) ein Gespenst durch Bild- und Analogiezauber gebannt. Auf Befehl Apollons wurde ein bronzenes Abbild gefertigt und mit Eisen an einen Stein geschmiedet (Pausanias 2. Bd. S. 470).
31. Westfassade S. Michele, 12. Jh., Pavia.
32. Drachen mit verknoteten Schwänzen, Kapitell, 12. Jh., Langhaus der Schottenkirche, Regensburg.
33. RDK 3. Bd. Sp. 1018. Die Bannung der Seedämonen durch Drachenköpfe scheint man auch andernorts praktiziert zu haben. Auf vielen mittelalterlichen Schiffsdarstellungen, etwa auf dem Teppich von Bayeux oder auf Bildern der Ottonenzeit, welche die Stillung des Sturms darstellen (z. B. Egbert-Codex 980, Stadtbibl. Trier, Cod. 24), sind sie am Bug zu sehen.
34. Ritter gegen Löwe kämpfend, Tympanonrelief, 12. Jh., Straubing, St. Peter.
35. W. Stammler, Wort u. Bild, Berlin 1962, S. 90, 91.
36. Christuslamm und -adler, Löwen, Greif, Hirsch (u. Phönix?). Steinrelief am oberen und an den seitlichen Rahmen des Hl. Grabes, 1150, Gernrode, Stiftskirche. Am unteren Rahmen negative Tiere.

37. Wasserspeier, Sainte Chapelle, 1245–48, Paris.
38. Holzrelief, Chorgestühl, 14. Jh., Kölner Dom.
39. Phönix, zweimal Pelikan, Löwe – auf holzgeschnitztem Triumphkreuz, Ende 14. Jh., Nürnberg, St. Lorenz.
40. Hinter Eva mit der Schlange ein großer Hirsch. Tafelbild, Lucas Cranach d. Ä., 16. Jh., Brüssel, Musée Royal.
41. Engelsturz vom Grabower Altar, Tafelbild 1379, Hamburg, Kunsthalle.
42. Tafelbild 1310, Frankfurt a. M., Städelsches Kunstinstitut.
43. Très riches heures, fol. 161 v, Miniatur der Gebrüder Limburg, 1413–16, Chantilly, Musée Condé.
44. Maria mit den vielen Tieren, Aquarell, Albrecht Dürer, 1505, Wien, Albertina. Neben einem weißen Hündchen zu Füßen Mariens ein angeketteter Fuchs, dazu Eule, Papagei u. a.
45. Holzrelief, Seitenflügel des sog. Weihnachtsaltars v. Veit Stoß, 1523, Bamberger Dom.
46. Kupferstich v. Martin Schongauer, 15. Jh. Zu Füßen des seine Hände waschenden Pilatus zwei Hunde.
47. Tafelbild, Dreikönigsaltar v. Rogier v. d. Weyden, 15. Jh., München, Alte Pinakothek.
48. Vermählung des Giovanni Arnolfini, Jan van Eyck, Tafelbild, 1434, London, Nat. Gal.
49. Schwarz-weiß gefleckte Hunde (Farben der dominikanischen Ordenstracht) hetzen Füchse (= Häretiker) und jagen ihnen die Lämmer ab. Allegorisches Wandgemälde, Giotto-Schule, 14. Jh., ehem. Kapitelsaal der Dominikaner, Maria Novella, Florenz.
50. Steinskulptur v. Anton Pilgram, 1515.
51. Madonna mit zwei Papageien, Tafelbild von Hans Baldung Grien, 1513, Nürnberg, Germ. Mus. Diese kuriose Idee stammt von Isidor v. Sevilla. Franz v. Retz hat sie sich in seinem „Defensorium" nicht entgehen lassen. S. Marientypologie, S. 230.
52. Konrad v. Megenberg, Buch der Natur, Kapitel von dem Stiglües. Tafelbild, Mittelteil eines Marienaltars, Spanische Schule, 14. Jh., Mus. für katalanische Kunst, Barcelona. Das Jesuskind hält einen Distelfink in der Hand.
53. Madonna mit dem Rebhuhn v. Pisanello, Tafelbild, Verona, Mus. di Castelvecchio.
54. Die Kirchenväter (Basilius, Ambrosius u. a.) vergleichen die Eule mit den heidnischen Gelehrten, die blind sind für die wahre Erkenntnis. In der 2., lat. Fassung des „Physiologus" wird der Nachtvogel zum Sinnbild der ungläubigen Juden. Von den mancherlei Bedeutungen, die der Eule zugelegt wurden, ist diese die üblichste. In diesem Sinn findet

man sie bereits in der Romanik. Eule auf einem Tafelbild der Christnacht v. Hans Baldung Grien, 1520, München, Alte Pinakothek. Eule auf einem taghellen Kreuzigungsbild, Antonello da Messina, 15. Jh., Antwerpen, Musée Royal.

55. Teppich, Kampf der Tugenden und Laster, um 1400, Museum der Stadt Regensburg.

Adler

1. Aischylos-Tragödien, Agamemnon, dt. von W. v. Humboldt, Frankfurt a. M. 1961, S. 122. Homer, Ilias, 12. Gesang, dt. von W. Schadewaldt, Frankfurt a. M. 1975, S. 200.
2. Steinrelief, Mittelstück des Triumphkreuz-Sarkophags, 340 n. Chr., Mus. Sacro Nr. 171, Rom, Vatikan.
3. Adler mit Kreuz im Kranz zwischen den erhobenen Flügeln und mit Bulla um den Hals, Steinrelief, Grabstele, koptisch, aus Luxor, 6./7. Jh., Berlin-Ost, Staatl. Mus.
4. D. Forstner, S. 315f.
5. Christi Himmelfahrt, umgeben von Mose mit auffliegendem Adler, Elias Himmelfahrt und Henochs Entrückung. Hildesheimer Missale, 1160, Bibl. Schloß Stammheim.
6. Adler mit Drachen in den Fängen, Lesepult, Bronze, 13. Jh., Hildesheimer Dom.
7. Marmorskulptur, Adlerpult, 13. Jh., Sessa Aurunca, Napoli, S. Pietro.
8. Elfenbeinagraffe: Vorderseite mit Christusadler, Rückseite mit Christuslamm, beide umgeben von den vier Evangelisten bzw. deren Symbolen, um 1100, Florenz, Mus. Naz.
9. Goldene Adlerfibel mit einem Kreuz im Kreis zwischen den Flügeln, ostgotisch, Grabfund aus Cesena, 5. Jh., Nürnberg, Germ. Mus.
10. Langobardisches Goldplattkreuz, 7./8. Jh., Brescia, Mus.
11. Jungenprobe, Chorgestühl, 1325, Kölner Dom.
12. Buchmalerei, Apokalypse aus S. Sever, 11. Jh., Paris, Nat. Bibl.
13. Adlerkapitell in der Burgkapelle (Unterkirche), 12. Jh., Nürnberg.
14. Marmorambo mit Adlerpult, 12. Jh., Florenz, S. Miniato.
15. Reichsadler mit Krone auf dem Haupt (Bronze vergoldet), 13. Jh., Goslar, Marktbrunnen.
16. Staufische Adlerkamee, 1250, Süditalien, Schatzkammer der Münchner Residenz.

Drache

1. In der Romanik wird es üblich, statt der im Psalm erwähnten vier Tiere nur den Löwen und den Drachen, die teuflischen Bestien par excellence, in das Bildmotiv aufzunehmen. Christus, als Lehrer auf dem

Löwen und dem Drachen stehend, 13. Jh., Mittelpfeiler am Südportal Chartres, Kathedrale.

2. Marmormadonna, 1240, Magdeburg, Dom.
3. Holzschnitt aus der Apokalypse v. A. Dürer, 1498.
4. Liber matutinalis, Konrad v. Scheyern, 13. Jh., München, Staatsbibl., Clm 17401 fol. 14 v.
5. Apokalypse aus St. Matthias, 9. Jh., Trier, Stadtbibl., Cod. 31 fol. 51
6. Goldenes Beschlagstück aus einem Reitergrab auf Gotland, 8. Jh., Stockholm, Hist. Mus.
7. RDK IV, Sp. 347.
8. Tympanon, Graisbach, Schwaben, Burgkapelle.
9. Krümme eines Abtstabes aus Elfenbein, Paris, Louvre, Inv. 7267.
10. Kapitell, 12. Jh., Regensburg, Schottenkirche.
11. Kapitell, 1130, Hamersleben, Langhaus der Stiftskirche.
12. Reliefband über der linken Seitenpforte der Westfassade um 1180, Pavia, S. Michele.
13. Kapitell an der Chorsäule, 12. Jh., Basel, Münster.
14. Bestiensäule, 1160, Dom zu Freising, Krypta.
15. Tympanon, um 1200, Westportal der Pfarrkirche v. Altenstadt bei Schongau.
16. Dietrich v. Bern, Friesrelief, 12. Jh., Andlau, Westbau der ehem. Benediktinerinnen-Klosterkirche.
17. Holzskulptur, Bernt Notke, 1489, Stockholm, Storkyrka.
18. Schiller, G., Bd. I, S. 146.
19. Christus im Jordan auf dem Drachen stehend, Holzrelief, Türfeld, 1048, Köln, Maria im Kapitol.
20. Beckenwand d. Taufsteins, 12. Jh., Köln, Antoniterkirche.
21. Drachenleuchter, Bronze, 1160/80, München, Bayr. Nat. Mus.
22. Drachenkampf des Hl. Georg, Tafelgemälde, Paolo Uccello, 15. Jh., London, Nat. Gal.
23. Drache als Reittier des Hasses, Regensburger Teppich, um 1400, Museum d. Stadt Regensburg.
24. Steinskulptur, Eva, 13. Jh., nördl. Querschiff, Reims, Kathedrale.
25. Marmorskulptur, Basilisk auf einem den Taufstein tragenden Löwen, Antelami, 12. Jh., Parma, Baptisterium.
26. Amphisbaena frißt mit beiden Köpfen je einen Menschen, Relief am Eingangstor, 12. Jh., Schloß Tirol.
27. Sockel des Osterleuchters, 1190, Rom, S. Paolo fuori le mura.

Einhorn

1. Dem Buch: „Einhorn“ von R. R. Beer, München 1972, verdanken wir eine Reihe wertvoller Informationen.

2. Kapitell, 14. Jh., Bamberg, Kreuzgang der Karmeliter-Kirche: Auf der einen Seite segnet das Einhorn mit gesenktem Haupt das Wasser, auf der folgenden flieht ein Drache mit sichtlichem Geschrei.
3. Stammheimer Missale, 1160–1180 (Bibl. des Grafen Fürstenberg, Stammheim), Geburt Christi mit Rahmenbildern: Mose am brennenden Dornbusch, Vlies des Gideon, Verschlossene Pforte Hesekiels (Ezechiels) und Einhorn mit Jungfrau.
4. Medaillon am Wimperg des Hochaltars (Holzrelief) 1310–1320, Cismar, Klosterkirche.
5. Marienteppich, um 1400, Freiburg i. Br., Augustinermuseum.
6. Die Hunde können auch die drei theologischen Tugenden Glaube, Liebe, Hoffnung oder die Tugenden Mariens versinnbilden. Tafelgemälde, Erfurter Meister, 1420, Erfurt, Dom.
7. Des Knaben Wunderhorn, Bd. II, Berlin 1873, S. 144.
8. Hl. Justina mit Palmzweig und Einhorn, Tafelgemälde von Moretto, 1530, Wien, Kunsthist. Mus.
9. Francesco di Giorgio, Die Keuschheit mit dem Einhorn, Miniatur aus Albertus Magnus, In libros XXVI Aristotelis: De Animalibus, Siena, Kloster der Osservanza.
10. Muttergottes in der Rosenlaube, Tafelgemälde, Stephan Lochner, 15. Jh., Köln, Wallraf-Richartz-Museum.
11. Stuttgarter Psalter, 9. Jh., Stuttgart, Landesbibl., Cod. 23 fol. 27r.
12. Die Entführung auf dem Einhorn, Eisenradierung, A. Dürer, 1516.
13. Fliegendes Blatt um 1500. Aus „Des Knaben Wunderhorn“, Bd. II, Berlin 1873, S. 343.
14. Fragment eines gewirkten Sesselbezuges, Ende 15. Jh., Basel, Hist. Mus.
15. „Weiberlisten“, Malteserteppich, 1310/1320, Freiburg i. Br., Augustinermuseum.

Fisch

1. E. Hennecke, Neutestamentliche Apokryphen, Tübingen, 1924, S. 407. Akrostichon = in diesem Fall die Anfangsbuchstaben der Verszeilen, die ein Wort ergeben.
2. Bibl. der Kirchenväter, Augustinus III, Kempten-München 1916, S. 126.
3. Fisch aus Bergkristall mit eingeritzten Sternen und Christusmonogramm, Ägypten, 6. Jh., Paris, Sammlung Trampitch.
4. 2 Fische, Korb mit 5 Broten, Wandmalerei, 3. Jh., Rom, Callistus-Katakombe, Krypta der Lucina.
5. Bibl. der Kirchenväter, Augustinus VII, Bekenntnisse, S. 359.
6. Tafelgemälde aus Suriguerola, 13./14. Jh., Barcelona, Katalan. Mus.
7. Autun, Mus. Rolin.

8. Mitteltafel des Wildunger Altars, Conrad von Soest, um 1400, Bad Wildungen, Stadtkirche.
9. Tertullian: Über die Taufe, K. 1, Forstner S. 372.
10. Zwei Fische neben einem Ankerkreuz, Grabplatte, 2./3. Jh., Rom, Domitilla-Katakombe.
11. RDK Bd. 1, Sp. 694.
12. E. Hederer, Gedichte des Abendlandes, Fischer-Bücherei 1961, S. 79.
13. Fischer mit Angel (zwischen den Tauftypologien: Quellwunder des Mose, Taufe Christi, Heilung des Gichtbrüchigen am Teich Bethesda), Wandmalerei, 3. Jh., Rom, Callistus-Katakombe, Sakramentskapelle A 3.
14. Taufbecken, 6. Jh., Kelibia, Tunesien, ehem. Baptisterium.
15. Jona, vom Ketos ausgespien, Wandmalerei, 3. Jh., Rom, Priscilla-Katakombe, Kammer des Velatio.
16. Christus in der Totenwelt, Fresko, Ende 14. Jh., Urschalling a. Chiemsee, Kirche. Aus dem Ketos-Rachen schreiten Adam und Eva und andere Erlöste des Alten Bundes auf Christus zu.
17. Herrad von Landsberg: Hortus Deliciarum, Ende 12. Jh., J. Walter, Straßburg-Paris 1952, fol. 64.
18. A. Wang, Altdeutsche Textbibl. 9–11, Halle a. d. S., 1890, S. 160.

Greif

1. E. Brunner-Traut, Altägyptische Märchen, Düsseldorf-Köln 1963, S. 132.
2. Fresko aus S. Pedro Arlanza, 1200, Barcelona, Katalanisches Mus.
3. Epiphanios von Salamis, 4. Jh., bei Pauly VII, II, Sp. 1923 unter Gryps.
4. Dante, Göttliche Komödie, Fegefeuer, 29. Gesang.
5. Skulptur, 12. Jh., Scala bei Amalfi, S. Salvatore, Türpfosten.
6. Türsturz-Relief, 12. Jh., Castelnuovo dell' Abate, S. Antimo.
7. Relief, 11. Jh., Pomposa, Abteikirche, Rosette in Vorhalle.
8. Kuppelreliquar, von Greifen getragen, 12. Jh., London, Viktoria u. Albert-Mus.
9. Herzog Ernst, in: Diemer, Sammlung deutscher Gedichte, 11./12. Jh., S. 90.
10. Vogel Greif, in: Brüder Grimm, Kinder- und Hausmärchen, München, 2. Bd., S. 175.
11. Greif reißt ein Rind, Marmorskulptur, 12./13. Jh., Venedig, S. Marco, Südfassade.
12. Kapitell, 12. Jh., Hamersleben, Kirche.
13. Linker Reliefstreifen, 12. Jh., Freiburger Münster, Eingang zur Nikolauskapelle.
14. Portalgreifen, 12. Jh., Assisi, Dom.

15. Die vielen Greifen, die auf den Säulenkapitellen im Vorhof von S. Ambrogio in Mailand Tiere schlagen, lassen solche Fragen offen.
16. W. v. Blankenburg, S. 275f.
17. S. Anm. 13, rechter Reliefstreifen.

Hirsch

1. Mosaik-Lünette, 5. Jh., Ravenna, sog. Mausoleum der Galla Placidia.
2. Apsismosaik nach dem frühchristlichen Original, von Torriti erneuert, Ende 13. Jh., Rom, S. Giovanni in Laterano.
3. Baptisterien von Neapel, Ravenna (Neon), Pesaro u. a.
4. Evangeliar aus St. Médard in Soissons, Anfang 9. Jh., Paris, Bibl. Nat., Lat. 8850 fol. 6 v.
5. O. Doering (Übersetzung): Christliche Symbole, Freiburg i. Br. 1933, S. 77.
6. Jagdszenen, 12. Jh., Schwäbisch Gmünd, Johannes-Kirche, Turmdach.
7. Chorschrankenrelief, 1256, Barga (Toscana), Dom.
8. Relief, 1130, Verona, S. Zeno, Hauptportal.
9. Leg. aurea, S. 821.
10. Der Hl. Eustachius, Tafelbild, Pisanello, 1430, London, Nat. Gallery.

Kentaur

1. Dante, Göttliche Komödie, Hölle, 12. Gesang, S. 79f.
2. Steinrelief, um 1150, Schloß Tirol, Kapellenportal.
3. Steinrelief, Turmfries, 11. Jh., Poitiers, Abteikirche St. Hilaire.
4. Legende der Heiligen Antonius und Paulus Eremita, kölnisch, um 1500, München, Alte Pinakothek.
5. Steinrelief, Chorschrankenfries, 1210, Halberstadt, Liebfrauenkirche.

Lamm

1. Lamm auf dem Schild, frontal, mit geschlossener und versiegelter Buchrolle auf Anfangs-Seite d. Lukas-Evangeliums, Codex Aureus, 870, München, Bayr. Staatsbibl. fol. 65 v.
2. Triumphbogenmosaik, 530, Rom, SS. Cosmas u. Damian.
3. Wandmalerei um 1300, Pomposa, Abteikirche.
4. Wandmalerei um 1100, aus S. Climent in Tahull, Barcelona, Katal. Mus.
5. Sarkophag-Relief, 5. Jh., Ravenna, sog. Mausoleum d. Galla Placidia.
6. Deckenmosaik, 5. Jh., Rom, Lateran, Oratorium d. Evangelisten Johannes.
7. Gewölbemosaik, 6. Jh., Ravenna, Presbyterium S. Vitale.
8. Lamm mit Kreuzstab und Siegesfahne in einem Eichenlaub-Medaillon,

von wilden Tieren angegriffen, 13. Jh., Kloster Kirchberg (Wttb.), Tympanon.

9. Relief, 1150, Maderno, S. Andrea, innere Archivolte d. Hauptportals.
10. Bogenfeld mit Lukas-Stier und sterbendem Lamm über dem Evangelisten Lukas, Evangeliar aus dem Bamberger Domschatz, Anfang 11. Jh., München, Staatsbibl., Cod. 4454.
11. Skulptur, 13. Jh., Chartres, Kathedrale, Nordportal.
12. Mosaiklünette, 6. Jh., Ravenna, S. Vitale, Presbyteriumswand.
13. Emailarbeit am Querarm eines Altarkreuzes, Maasschule, um 1160, London, Brit. Museum.
14. Lünette einer kleinen Nische, 4. Jh., Rom, Commodilla-Katakombe.
15. Anbetung des apokal. Lammes, Mittelbild des Genter Altars, Gebr. van Eyck, 1426–28, Gent, S. Bavo.
16. Vgl. Anm. 5.
17. Apsismosaik s. Anm. 2.
18. Frühchristl. Reliefsarkophag, 360–370, Florenz, S. Trinità.
19. Elfenbeinrelief, Lipsanothek, 360–70, Brescia, derzeit in der Pinakothek.
20. Mosaik, 520/26, Ravenna, S. Apollinare Nuovo.
21. Apsismosaik, 6. Jh., Ravenna, S. Apollinare in Classe.
22. Hl. Agnes im Zug der Märtyrerinnen, Mosaik, Ravenna, S. Apollinare Nuovo.

Löwe

1. E. Brunner-Traut, Altägyptische Märchen, Düsseldorf-Köln 1923, S. 122.
2. H. Conrad, Plutarch, Vermischte Schriften, München-Leipzig 1911, Bd. 1, S. 161.
3. Codex Aureus aus St. Emmeran in Regensburg, 850, München, Bayr. Staatsbibl. Clm. 14000, fol. 16 v.
4. Werner Weisbach, Religiöse Reform und mittelalterliche Kunst, Einsiedeln 1945, S. 125.
5. Der Auferstandene erscheint Maria Magdalena. Im Vierpaß der Randleiste ein Löwe, der seine Jungen erweckt. Fresko, Giotto, 1305–1307, Padua, Arena-Kapelle.
6. Vor der Halbfigur Davids steht Maria auf einer Löwenkamee. König David-Reliquar, Treibarbeit in Gold, 1370–1380, Basel, Münsterschatz.
7. Der selten dargestellte Jakobssegen zeigt den Patriarchen auf einen Löwen hindeutend. Nikolaus von Verdun hat ihn typologisch der Auferstehung Christi gegenübergestellt. Verduner Altar, Emailarbeit, 1181, Klosterneuburg.

8. Relief, 12. Jh., Assisi, S. Rufino, Tympanon des rechten Seitentors.
9. Zehn Löwen, Steinplastik, um 1180, Regensburg, im Bogenansatz des Nordportals der Schottenkirche St. Jakob.
10. Schriftlich niedergelegt im „Schwabenspiegel" v. 1275.
11. Wandmalerei, 3. Jh., Rom, Domitilla-Katakombe, Flavier-Krypta.
12. Daniel-Schnalle, 7. Jh., Fribourg, Musée d'Art et d'Histoire.
13. Steinrelief, 12. Jh., Wormser Dom, Annenkapelle.
14. Forstner S. 405.
15. Die Traglöwen der antiken römischen Sarkophage im Campo Santo von Pisa haben Vater Niccolo und Sohn Giovanni Pisano zu ihren kanzeltragenden Löwen und Löwinnen angeregt, die bald Schule gemacht haben. Manchmal sind sie von gleicher Wildheit wie ihre großen Artgenossen draußen an den Portalen, meist aber tun sie sehr friedlich ihren Dienst.
16. Mosaik, um 500, Ravenna, Vorraum d. Erzbisch. Kapelle.
17. Grabmal des Erzbischofs Siegfried III. v. Eppstein, 1250, Mainz, Dom. Großmächtig steht der Bischof auf den beiden Bestien und krönt gleichzeitig zwei Winzlinge: Heinrich Raspe, den Gegenkönig des Staufers Konrad IV., und Wilhelm v. Holland.
18. Steinrelief in einem Bogenfeld, Ende 12. Jh., Gurk, Dom.
19. Relief an der Marmor-Tumba v. Papst Clemens II., 13. Jh., Bamberger Dom, Westchor.
20. Fresko (Grisaille), Giotto, 1305–1307, Padua, Arenakapelle.

„Ochs und Esel"

1. Emailtafel vom Verduner Altar, Nikolaus v. Verdun, 1181, Stift Klosterneuburg b. Wien, zitiert nach F. Röhrig, S. 69.
2. Taufbecken, Messingguß, Rainer v. Huy, 1113–1118, Lüttich, St. Barthélemy.
3. Tacitus, Historien, 5. Buch, Kp. 4.
4. Minicius Felix (frühchristlicher Apologet), 3. Jh., aus dem Dialog „Octavius". Geschichte in Quellen, Hrsg. W. Arendt, Bd. 1, Altertum, S. 716.
5. Vgl. Anm. 4, S. 717.
6. Tertullian, Apologeticum, Verteidigung des Christentums, München 1952, S. 117.
7. Die schlafende Trägheit auf einem liegenden Esel. Buchmalerei zu Hugo v. Trimbergs: „Der Renner", um 1400, Stockholm, Kgl. Bibl., Cod. V.
8. Hortus Deliciarum Tf. 28.
9. Kolorierter Holzschnitt, 1460/70, Pavia, Mus. Civico. Das lebende Kreuz – eine Bildallegorie – zeigt als Verlängerung der vier Enden des

Kreuzes jeweils eine Hand. Diese göttlichen Hände sollen die Wirkung des Kreuzestodes Christi versinnbildlichen. Die obere Hand schließt den Himmel auf, die untere zertrümmert die Tore der Totenwelt oder vernichtet den Tod. Die Hand am rechten Kreuzesarm krönt die Ecclesia, die auf dem Tetramorph heranreitet, die Hand am linken tötet mit einem Schwert den Unglauben in Gestalt der auf einem Esel reitenden Synagoge.

10. Bileam vom Engel angehalten; Wandmalerei, 4. Jh., Rom, Neue Katakombe an der Via Latina, Cubiculum F.
11. Palmesel, 15. Jh., Kalbensteinberg (Mittelfranken), Ortskirche.
12. Christuskind mit den beiden Tieren, Steinrelief, 4. Jh., Mailand, S. Ambrogio, Giebelfeld des Stilicho-Sarkophags.
13. G. Schiller, Bd. 1, S. 71.
14. Geburt Christi, Steinrelief, Platte vom ehem. Lettner, 1240–1250 (Stiftung Ludwigs des Heiligen), Chartres, Kathedrale, Kapelle St. Piat.
15. Ochs und Esel knien vor dem Kind, das nackt am Boden liegt. Tafelbild, Fra Angelico, 15. Jh., Florenz, Mus. S. Marco.
16. H. Thode, S. 450.
17. Tafelbild, Simone de Crocefissi, 15. Jh., Florenz, Uffizien.

Pelikan

1. Parzival, Bd. 2, S. 84.
2. Herrscher und Heilige, S. 90.
3. Schlußstein, 14. Jh., Erfurt, Dom.
4. Tafelbild, Masolino da Panicale, Anfang 15. Jh., Rom, Vat. Pinakothek.

Pfau

1. Augustinus: Der Gottesstaat, 21, 4, I.
2. Zu sämtlichen Motiven finden sich Beispiele aus dem 5. und 6. Jh. in den Kirchen Ravennas.
3. Forstner, S. 333.
4. Pfauenfedern umgeben das Bild eines Cherub; Gravüre eines runden, silbervergoldeten liturgischen Fächers, 6. Jh., Istanbul, Archäolog. Mus.
5. Übertragen nach „Freidanks Bescheidenheit“, 1229.
6. Die personifizierte Hoffart trägt als Helmzier über drei Kronen einen Pfau; Teppich, Kampf der Tugenden und Laster, um 1400, Regensburg, Museum der Stadt.
7. Verkündigung an Maria, Tafelbild, Carlo Crivelli, 15. Jh., London, Nat. Gallery.

Phönix

1. 1. Brief des Clemens an die Korinther, Bibl. der Kirchenväter: Die apostolischen Väter, S. 43.

2. E. Peters: Der griechische Physiologus und seine orientalischen Übersetzungen, Berlin 1898, S. 66.
3. Frühchristl. Sarkophag, Verona, S. Giovanni in Valle.
4. Apsismosaik, 6. Jh., Rom, SS. Cosmas u. Damian.
5. G. Schiller, Bd. 3, S. 129f.
6. Das Apsismosaik, von Torriti im 13. Jh. erneuert, gilt als getreue Kopie des frühchristl. Vorbildes.
7. Wandmalerei, 3./4. Jh., Rom, Priscilla-Katakombe, Capella Graeca.
8. Phönix auf dem Holzstoß, Wange von einem Chorgestühl aus Berchtesgaden, 1350, München, Nat. Mus.

Schlange

1. Kreuzigung Christi. Karolingisches Elfenbein, Vorderdeckel des Perikopenbuches Heinrichs II., München, Staatsbibl., Cod. lat. 4452.
2. Gilgamesch, S. 62.
3. Grimms Märchen, Bd. 2, S. 9.
4. Paulus Diakonus, S. 71.
5. Der Sündenfall, Tafelbild, Hugo v. d. Goes, 2. Hälfte d. 15. Jh., Wien, Kunsthist. Mus.
6. S. Esche, Adam und Eva, S. 28.
7. Verfluchung der Schlange, Fresko, 15. Jh., Brixen, Domkreuzgang.
8. Kamelgestaltige Schlange, Oktateuch, 12. Jh., Istanbul, Serail-Bibl. Cod. 8, fol. 430.
9. Vgl. Anm. 1.
10. Weltgerichtsmosaik, 12. Jh., Torcello, Kathedrale.
11. Luxuria und Teufel, Steinskulptur, 12. Jh., Moissac, Abteikirche, Vorhalle.
12. Walther von der Vogelweide, S. 102.
13. Konrad von Würzburg: „Der Welt Lohn", Verse 217–221. Aus: Kleinere Dichtungen, K. v. W., Hrsg. E. Schröder, Berlin 1930.
14. Ein Ritter kniet vor Frau Welt, Steinplastik, 1310–1320, Worms, Dom, Südportal.
15. Fürst der Welt mit der personifizierten Wollust, Steinplastik, 1290, Freiburg, Münster, Vorhalle.
16. Typologische Darstellung: In der Mitte: Christus am Kreuz; links: Isaaks Opferung; rechts: die erhöhte Schlange. Holzgeschnitzte Türfüllung, 1200, Gurk, Dom, Westportal. – Die „Eherne Schlange", die anfangs quer über dem oberen Ende eines Pfahles liegt, wird später, als der Pfahl immer mehr die Form eines Kreuzes annimt, über dem Querbalken herabhängend dargestellt.
17. Prudentia, die Klugheit, eine der vier Kardinaltugenden, hat im frühen Mittelalter als Attribut ein Buch, vom 12. Jh. an eine Schlange, manch-

mal zusammen mit einer Taube. Gemalte Holzdecke, um 1200, Hildesheim, St. Michael.
18. Alchemistische Handschrift, Cod. Marcianus, 11. Jh., W. v. Blankenburg, S. 165.
19. Schlangenring, Kapitell, Steinrelief, 12. Jh., Freising, Dom, Krypta.

Sirene

1. Homer, Odyssee, 12, 36f.
2. Sirene mit Mädchenkopf, Vogelleib und Krallenfüßen, Portalplastik, 1350, Mühlhausen, Marienkirche.
3. Geflügelte Mädchen mit Vogelbeinen, Herrad v. Landsberg: Hortus Deliciarum, Tf. 39.
4. W. Wattenbach: Leben des Hl. Gallus, Leipzig 1939, S. 16.
5. Einschwänzige Sirene, ihr langes Haar kämmend, und Wassermann mit Ruder, Kapitell, 12. Jh., ehem. Abtei Ripoll, Kreuzgang. Dieses Relief zeigt, daß gelegentlich auch fischschwänzige, meist bärtige Wassermänner dargestellt werden, häufig mit Ruder, einem Requisit des personifizierten Meeres (Mare) der ausgehenden Antike.
6. Doppelschwänzige Sirene, Steinrelief, Ende 12. Jh., Gropina (Toscana), Kanzel d. Pfarrkirche v. S. Pietro.
7. Doppelschwänzige Sirenen mit Horn, Harfe u. Fiedel bevölkern mit anderen Wasserwesen den Okeanos, der die Erde umgibt. Gemalte Holzdecke, 12. Jh., Zillis (Graubünden), St. Martin.
8. Zwei Sirenen, die eine mit Fisch-, die andere mit Ketosleib, schwingen Netze über ihren Köpfen. Steinrelief, 12. Jh., Le Puy, Michaelskapelle, Türsturz.
9. Fiedelnde Sirene zusammen mit anderen tierischen und menschlichen Mischwesen in dem Strom, den Christophorus mit dem Christkind auf der Schulter durchschreitet. Fresko, 1420, Brixen, Domkreuzgang.
10. Radierung, 1525, Dessau, Gemäldegalerie.

Taube

1. Taufe Jesu, Mosaik, Anfang 6. Jh., Ravenna, Baptisterium der Arianer.
2. Pfingstmosaik, Ende 12. Jh., Venedig, S. Marco, Westkuppel.
3. Geisttaube im Clipeus über dem Chaosmeer, Schöpfungsteppich, 11. Jh., Gerona, Mus. d. Kathedrale.
4. In Ägypten ist es der „Große Schnatterer", der die Schöpfung in Gang setzt. Die orphische Kosmogonie weiß von einem Ur-Ei, aus dem Phanes oder Eros, der die Welt erschaffende Gott, entspringt.
5. Gnadenstuhl, Miniatur aus einem Missale, Anfang 12. Jh., Cambrai, Bibl. Municipale, 234, fol. 2.
6. Etimasie, Deckenfresko, 13. Jh., Anagni, Kathedrale, Krypta.

7. „Wurzel Jesse", Glasmalerei, 12. Jh., Chartres, Kathedrale, Fenster über d. Portal Royal.
8. Zitat nach W. Braunfels: Die Heilige Dreifaltigkeit, S. XXVIII.
9. Das trinitarisch in drei Kreisen sich ausbreitende Christusmonogramm ist umgeben von zwölf Tauben, Mosaik, 5. Jh., Albenga, Baptisterium.
10. Papst Gregor, um 938, Trier, Stadtbibl., Ms. 1711/626.
11. Maria mit dem Christuskind auf dem Arm. Dieses hat eine Taube, Maria einen Apfel in der Hand (s. Maria, S. 235). Glasgemälde, 13. Jh., Freiburg i. Br., Augustinermuseum.
12. Tischendorf, Evangelia apokrypha, Leipzig 1876, S. 192.
13. Wohl einmalig wird diese Idylle nacherzählt auf einer romanischen Holzdecke, 12. Jh., Pfarrkirche Zillis (Schweiz).
14. Hostientaube aus Limoges, 13. Jh., Paris, Louvre.
15. In Griechenland trugen Schutzflehende mit Binden umwickelte Olivenzweige in Händen.
16. Wandmalerei, 3. Jh., Rom, Thrasonkatakombe, Krypta.
17. Bibl. der Kirchenväter, Tertullian I, S. 275.
18. Grimms Märchen, Bd. I, S. 227.
19. O. Abel: Paulus Diakonus, S. 118.
20. Forstner, S. 350.
21. Gott nimmt die taubengleiche Seele der gekreuzigten Hl. Julia in seine Hände, Kapitellrelief, 12. Jh., Brescia, S. Salvatore, Krypta.
22. Hl. Scholastika, Holzskulptur, Gregor Erhard, Ende 15. Jh., Blaubeuren, Klosterkirche, Hochaltar.
23. Tugenden und Laster, Relief, 13. Jh., Paris, Notre Dame, seitlich d. Hauptportals.

Tierfabeln

1. H. Gasse: Aus schönen Fabeln des Altertums, Leipzig 1954, S. 15.
2. Bereits im 11. Jh. zeigt der Teppich von Bayeux auf der unteren Schmuckleiste eine Anzahl von Fabeln, darunter auch weniger bekannte. Bayeux, Museum.
3. Dieses und die drei folgenden Zitate aus W. v. Blankenburg, S. 259, 261, 266, 267.
4. Kapitellrelief, 12. Jh., Parma, Dom, Mittelschiff. – Relieffries, 1210, Freiburg i. Br., Münster, Nikolaus-Kapelle, Portal.
5. Kapitellrelief, 12. Jh., Autun, S. Lazare, Westportal.
6. Kapitellrelief, um 1210, Freiburg i. Br., Münster, Nikolauskapelle, Portal.
7. Relief, 1130, Modena, Dom, Portale della Pescheria, Türsturz.
8. Schlußstein, 1335, Lübeck, Katharinenkirche, Chor.

9. Der Esel mit der Leier, Skulptur, 12. Jh., Chartres, Kathedrale, südlicher Turm.
10. Gebr. Grimm: Dt. Wörterbuch, Leipzig 1862: Esel.
11. Fresko, 15. Jh., Trento (Upland, Schweden) Kirche.
12. Relief, 1140, Königslutter, Kirche, Apsisfries.
13. Relief, 1180, Barfreston (Kent, England), Kirche, Archivolte des Südportals.

Zweiter Teil: Engeldarstellungen

Einführung

1. Texte der Kirchenväter Bd. I, S. 202 und Bibl. der Kirchenväter, Aurelius Augustinus: Der Gottesstaat, S. 436.
2. RDK Bd. V, Sp. 352.
3. Sarkophag, 4. Jh., Rom, Mus. Pio Cristiano. Bei den „Drei Jünglingen im Feuerofen" steht als vierter ein bärtiger Engel. Auch später sieht man gelegentlich Engel mit Bart, z. B.: Cherub auf dem Türsturz des Kapellentors, 12. Jh., Schloß Tirol; Engel bei der Hirtenverkündigung des Isenheimer Altars, Meister Mathis gen. Grünewald, 1515, Colmar, Mus. Unterlinden.
4. Engel empfiehlt dem erhöhten Christus den Bischof Ecclesius, Apsismosaik, 6. Jh., Ravenna, S. Vitale.
5. Michael in byzantinischer Tracht, Wandmalerei nach 1200, Foro Claudio, S. Maria della Libera.
6. Zwei Engel beschützen die Bundeslade, Mosaik, um 800, Kirche Germigny des Prés, Hauptapsis der Kapelle Theodulfs v. Orleans.
7. Engel mit dem Mühlstein nach Offb. Joh. 18, 21, Bamberger Apokalypse, um 1000, Bamberg, Staatl. Bibl., Cod. Bibl. 140 fol. 46 v.
8. Der Heliand, aus dem Altsächsischen übertragen v. Karl Simrock, Berlin 1926, S. 17.
9. Leg. Aurea, S. 755.
10. Engel geleitet einen Heiligen ins Paradies. Gewändefigur am linken Westportal, 1255, Reims, Kathedrale.
11. Michael in Rüstung, linker Flügel des sog. Marien-Reisealtärchens von Jan van Eyck, 1430–32, Dresden, Gemäldegalerie.
12. Madonna del Magnificat, Tafelbild, Botticelli, Ende 15. Jh., Florenz, Uffizien.
13. Christkönig, umgeben von musizierenden Engeln in liturgischer Gewandung, Triptychon, Hans Memling, um 1490, Antwerpen, Kgl. Mus.

14. L. Behling: Die Pflanze in der mittelalterlichen Tafelmalerei, Weimar, 1957, S. 25.
15. Laute spielender Engel, Gemälde, Melozzo da Forli, 15. Jh., Rom, Vat. Pinakothek.
16. Madonna im Rosengarten, Stefano da Verona, 15. Jh., Verona, Mus. di Castel Vecchio.
17. Beweinung Christi, Fresko, Giotto, 1305–07, Padua, Arena-Kapelle.
18. Darstellung im Tempel, Tafelbild, Stephan Lochner, 1447, Darmstadt, Hessisches Landesmus.
19. Engelkinder an der Krippe, Tafelbild, Geertgen van Haarlem, Ende 15. Jh., London, Nat. Galerie.
20. H. Thode, Franz von Assisi, S. 412.
21. RDK, Bd. V, Sp. 464.
22. G. Vetter, Maria im Rosenhag, Düsseldorf, S. 37, Anm. 11.
23. RDK, Bd. V, Sp. 987.
24. Kinderengel vom Englischen Gruß, Veit Stoß, Nürnberg, Lorenz-Kirche. Geburt Christi, Stundenbuch des Herzogs v. Berry, fol. 44 v. Vogelartige, gefiederte, blaue Engel tragen den Strahlenkranz, auf dem das Christkind liegt. Um Gottvater im Himmel bilden rote, schwalbenähnliche, aneinandergereihte Seraphim einen Kreis.
25. Geburt Christi, Tafelbild, Hans Baldung Grien, 1520, München, Alte Pinakothek.
26. Sixtinische Madonna, Gemälde, Raffael, 1515–19, Dresden, Gemäldegalerie.

Engelschöpfung und Engelsturz

1. Titelblatt einer Bibel, 13. Jh., New York, Morgan Library, Ms. 791. Untere Szene: Das Sechstagewerk. Erster Tag: Erschaffung der Engel. Obere Szene: Trinität umgeben von neun Engelchören; die Plätze des zehnten Chors sind leer. Unter der Trinität: Sturz der gefallenen Engel.
2. Schöpfungsmosaik, 12. Jh., Monreale, Dom.
3. Erschaffung der Engelchöre, Erschaffung der Welt. Psalter, 13. Jh., Paris, Bibl. Nat., Ms. 8846 fol. 167.
4. Detail der Bronzetür des Michaels-Heiligtums, 1076, Monte San Angelo, Apulien.
5. Grabower Altar, Meister Bertram, 1383, Hamburg, Kunsthalle.
6. Engelsturz, Illustration zu Jes. 14, Anfang 15. Jh., New York, Morgan Library, Ms. 734 fol. 3.
7. Stundenbuch des Herzogs von Berry, fol. 4 v.: Engel stürzen aus dem himmlischen Chorgestühl und werden von gepanzerten Engeln mit dem Schwert vertrieben. Wo sie auf der Erde aufschlagen, tut diese sich auf, und Flammen schlagen empor.

Engelhierarchie

1. Leonianum, 304a, 5./6. Jh., J. Strangfeld: Das Dankgebet der Kirche, Freiburg 1952, S. 47.
2. RDK, Bd. V, Sp. 559.
3. Dante: Göttliche Komödie, Paradies 28. Gesang, S. 500.
4. Leg. Aurea, S. 746/47.
5. Apsismosaik, 13. Jh., nach frühchristlichem Original von Torriti erneuert, Rom, Lateran-Basilika. Der in den Wolken wiederkehrende Christus ist umgeben von neun Engeln. Der oberste ist ein sechsflügeliger Seraph.
6. Engelchöre beim Weltgericht, Fresko, Giotto, 1305–1307, Padua, Arena-Kapelle.
7. Die sieben Zeitalter der Welt, 1460, Brüssel, Kgl. Bibl. Ms. 9047, fol. 1: Den thronenden Gottvater, der sein Schöpfungswerk betrachtet, umgeben drei Kreise von Engeln.
8. Missale aus S. Denis, 11. Jh., Paris, Bibl. Nat., Lat. 9436, fol. 15 v.
9. Beispiele einer genaueren Charakterisierung der Engelchöre: a) Innerer Kreis des Kuppelmosaiks, 13. Jh., Florenz, Baptisterium S. Giovanni. Alle Chöre sind durch je zwei Engel vertreten. Diese werden näher bezeichnet durch Einschrift ihrer Namen, durch Gewänder, Rüstung und Insignien, einige durch ihre Tätigkeit. b) Kuppelmosaik, 14. Jh., Venedig, S. Marco, Baptisterium. Jeder Chor wird durch einen Engel vertreten. Sie sind durch Namensinschrift und vornehmlich durch ihre Tätigkeit kenntlich gemacht. c) Tafelbild, Jacobello del Fiore, 1394–1439, Venedig, Accademia. Die aus vielen Engeln gebildeten Chöre unterscheiden sich durch Farbe, Tracht, Insignien und typische Gegenstände voneinander. d) Allerheiligen-Bild mit Dreifaltigkeit und Marienkrönung, Hans Schäufelein, 1513, Auhausen a. d. Wörnitz. Die Chöre, die jeweils von mehreren Engeln gebildet werden, sind namentlich bezeichnet. Sie sind ähnlich gestaltet, unterscheiden sich aber vor allem durch ihre Attribute.
10. Leg. Aurea S. 747.
11. Diese Vorstellung geht auf Augustinus zurück (Handbüchlein 16). Engelchöre werden im späten Mittelalter öfters zusammen mit Heiligen und Seligen dargestellt, z. B. Rosenkranz-Altar, Tafelbild, Schule v. Lucas Cranach d. Ä., 16. Jh., Bamberg, Dom.
12. Des Minnesangs Frühling, K. Lachmann, Stuttgart 1967, S. 297.
13. Fresko, vermutlich Giotto, um 1300, Assisi, S. Francesco, Oberkirche.
14. Dante, Göttliche Komödie, Paradies 28. Gesang, S. 496.

Erzengel (Michael, Gabriel, Raphael, Uriel)

1. Die Synode von Laodikea, 4. Jh., erkennt allein die drei biblischen Erzengel an. Das Lateran-Konzil 745 wendet sich gegen weitere Namengebungen.
2. E. Stauffer: Jerusalem und Rom im Zeitalter Jesu Christi, Bern 1957, S. 105.
3. Kuppelmosaik, 12. Jh., Palermo, Palatin-Kapelle: Pantokrator, umgeben von vier Erzengeln (und vier weiteren Engeln). Alle vier tragen Sphärenkugeln und Labaron. Michael und Uriel sind in Hof-, Raphael und Gabriel in Feldherrntracht.
4. Mosaik, 12./13. Jh., Torcello, Kathedrale: Michael und Gabriel sehr groß auf beiden Seiten der Anastasis. Apsismosaik, 545, aus S. Michele in Affricisco, Ravenna, jetzt Berlin (Ost), Staatl. Mus.: rechts und links von Christus Michael und Gabriel.
5. Basler Antependium, goldgetrieben, 1020, Paris, Mus. Cluny. Tituli: Michael „Wer ist wie Gott?"; Raphael „Ein starker Arzt"; Gabriel „Ein gesegneter Heiland" (Übertragung v. Wackernagel). – Stirnseite des Dreikönigs-Schreins von Nikolaus von Verdun, 1230, Köln, Dom: Über dem thronenden Christus die drei Erzengel (Michael zerstört).
6. Tafelbild, Domenico de Micheline, 15. Jh., Florenz, Galleria dell' Accademia: Michael mit Waage, Schwert und Drachen, Raphael mit Arzneibüchse (neben ihm Tobias), Gabriel mit Lilie.
7. Alle vier Zitate nach dem Lexikon der christl. Ikonographie, Herder-Verlag, Freiburg (Michael).
8. Allein in der Erzdiözese München-Freising zählte man 161 Michaelskirchen (nach Kretzenbacher: Die Seelenwaage).
9. Philipp Melanchthon, 1539, Evang. Kirchengesangbuch, Bayern 1958, Nr. 116.
10. Westfassade, 12. Jh., Assisi, Dom: Über einem Fries von dämonischen Tieren steht inmitten der Nabe des linken Radfensters Michael als Drachentöter. – Westfassade, Lucca, S. Michele: Über dem Giebel steht Michael auf dem Drachen.
11. Pala d'oro, 11. Jh., Aachen, Münster.
12. Beatus-Kommentar aus Léon, 10./11. Jh., Madrid, Bibl. Nacional: Ms. B. 31 A.
13. Belehrung der Isländer durch den Sachsen Thangbrand, 997. Kretzenbacher: Die Seelenwaage, Klagenfurt 1958, S. 82.
14. Relief, Benedetto Antelami, Anfang 13. Jh., Parma, Baptisterium, Nordportal, Türsturz. – Kuppelmosaik, 13. Jh., Florenz, Baptisterium: Michael führt die Toten ins Paradies.
15. H. L. Keller: Reclams Lexikon der Heiligen, Stuttgart 1970, S. 380.

16. Weltgerichtsmosaik, 12. Jh., Torcello, Kathedrale: Fliegender Engel mit Waage, nach der Teufel stechen und sie beschweren wollen.
17. Bogenfeld, 13. Jh., Amiens, Kathedrale, Westtor: Michael mit erhobenem Schwert und Waage unter dem Weltenrichter. Unterschrift: „Michael. Prepositus. Paradisi."
18. Fresko, 13. Jh., Kottingwörth, Vituskapelle.
19. Leg. aurea, S. 572f. – Grabmal Kaiser Heinrichs II., Tilman Riemenschneider, Anfang 16. Jh., Bamberg, Dom. Die Seelenwaage Heinrichs II. wird besonders häufig in Schweden abgebildet.
20. Weltgericht, Tafelbild, Hans Memling, 15. Jh., Danzig, Landesmuseum.
21. Wandmalerei, 13. Jh., Altenstadt b. Schongau, Michaels-Kirche, Chor.
22. Wolfenbütteler Evangeliar, um 1200, s. Anm. 13.
23. Schnitzaltar, Michael Pacher, 1481, St. Wolfgang, Dorfkirche: Michael mit Waage, Schwert, den Fuß auf dem Drachen.
24. Bronzetür, Detail, 11. Jh., Monte S. Angelo (Apulien), Michaelsheiligtum.
25. Mosaik, 4./5. Jh., Rom, Maria Maggiore.
26. Bronzetür, Detail, 1015, Hildesheim, Dom (ehemals Türe der Michaels-Kirche).
27. Häufig auf Ikonen dargestellt.
28. Russische Kalenderikone, 16. Jh., Recklinghausen, Ikonenmuseum.
29. Antependium eines katalanischen Michaels-Altars, Ausschnitt, Mstr. v. Llucà, 1200, Barcelona, Katalanisches Mus. – Glasmalerei, 16. Jh., München, Frauenkirche, Fenster der rechten Chorseite.
30. Nach einer Information von Prof. Dr. Eschmann, München.
31. Miniatur zum Meßgebet des Michaelstages, Gebr. Limburg, 1413, Stundenbuch des Herzogs von Berry; Orbis Pictus 21, F. Hattinger, Bern, 1960, Tf. 18: Über dem Mont-Saint-Michel fliegt Michael im Panzer und kämpft mit dem Schwert gegen den heranstürmenden Drachen.
32. Tafelgemälde, Antonio Piero Pollaiuolo, 1460, Turin, Pinakothek.
33. Bemalte Holzdecke, 1200, Hildesheim, St. Michael: Immerhin ist Uriel hier einer der vier mit Namen bezeichneten Erzengel, die den Wipfel des Jesse-Baums umgeben.
34. Detail eines Antependiums, 13. Jh., Siena, Akademie der Schönen Künste: Engel trägt den Johannesknaben in die Wüste.

Cherubim und Seraphim

1. Cherubim über der Bundeslade, Gewölbemosaik, um 800, Germiny-des-Prés, Kirche, Kapelle des Theodulf von Orleans.
2. Zusammengestellt nach Übertragungen von Jörg Zink: Altes Testa-

ment, Stuttgart 1966, und Walther Eichrodt: Neues Göttinger Bibelwerk, Göttingen 1966.

3. J. Strangfeld: Das Dankgebet der Kirche, Freiburg 1952, S. 21.
4. Wandmalerei aus dem Apollon-Kloster, Bawit, 6./7. Jh., Kairo, Koptisches Museum.
5. Pala d'oro, byz., Schmelzarbeit, 11. Jh., Venedig, S. Marco.
6. Drogo-Sakramentar, um 840, Paris, Bibl. Nat., Cod. Lat. 9428: Der sechsflügige Cherubengel ist einer der seltenen Tetramorphen im Norden. Die Gesichter der drei Tiere sind um das Haar des Engels angeordnet. Tatze, Klaue, Kralle sind angedeutet.
7. Kuppelmosaik, 13. Jh., Florenz, Baptisterium: Je zwei sechsflügelige, rötliche Seraphim und bläuliche Cherubim rechts und links des stehenden Christus.
8. Emailplatte der Reichskrone, 10. Jh., Wien, Schatzkammer: Zwei vierflügelige Cherubim, auf Rädern stehend, flankieren den thronenden Weltenherrscher Christus.
9. Tafelbild aus Melun, Jean Fouquet, 1451, Antwerpen, Kgl. Mus. der Schönen Künste: Madonna mit roten und blauen, nackten Kinderengeln.
10. Silberaltar des Hl. Jakobus, Ende 14. Jh., Pistoia, Kathedrale: Christus von vierflügeligen Engelsköpfen, die eine Mandorla bilden, umgeben.
11. Christgeburt, Tafelbild, Conrad von Soest, 1420, Dortmund, Marienkirche: Um das Haupt der Maria eine rote, rechts darüber eine blaue Engelsgloriole.
12. Sakramentar aus St. Gereon, Köln, um 1000, Paris, Bibl. Nat., lat. 817, fol. 150.
13. Steinrelief, 12. Jh., Schloß Tirol, Kapellentor: Zwei Cherubim – einer von ihnen bärtig – bilden den Türsturz. Mit ihrem Rücken tragen sie das Tympanon, auf dem die Kreuzabnahme dargestellt ist. Ihre Flügel ragen in das Bogenfeld hinein.
14. Wiener Genesis, 5. Jh., Wien, Österr. Nat. Bibl., Cod. theol. graec. 31, fol. 2: Großes, flammendes Doppelrad, daneben Cherubengel vor der verschlossenen Paradiesespforte.
15. Sündenfall, Stundenbuch des Herzogs von Berry, Gebrüder Limburg, 1416, Chantilly, Mus. Condé, Ms. 65 fol. 25 r: Ein sechsflügeliger roter Cherub drängt Adam und Eva aus dem Tor des Paradieses.
16. Weltgerichtsmosaik, 12./13. Jh., Torcello, Kathedrale.
17. Altes Testament, übertragen von J. Zink, s. Anm. 2.
18. Weltgerichtsmosaik, s. Anm. 16: Seraphim rechts und links der Etimasie.
19. Steinrelief am Tympanon, 12. Jh., Perrecy les Forges, Narthex, Tor: Christus in der Mandorla, die von zwei Seraphim gehalten wird.

20. Verkündigung an Maria, Wandmalerei, Pisanello, 1426, Verona, S. Fermo.
21. Albrechtsaltar, Tafelbild, Meister des Albrechtsaltars, 1440, Klosterneuburg, Stiftsmuseum: Drei rote Engel knien an der Krippe.
22. Vgl. Anm. 7.
23. Emailplatten des Maurinus-Schreins, Ende 12. Jh., Köln, St. Pantaleon: Cherub wie Seraph, mit augenbesetzten Flügeln, stehen auf einem geflügelten Rad. – Zwei Emailplatten eines ehem. Vortragskreuzes (Maasgebiet), 12. Jh.: Cherub als sechsflügeliger Tetramorph, auf geflügeltem Rad stehend; Nantes, Mus. Dobrée, Inv. Nr. 896–I–25. Ein gleichgestalteter Seraph: Paris, Louvre, Inv. Nr. D 62–64.

Evangelistensymbole

1. Texte der Kirchenväter, Bd. IV, Irenäus von Lyon: Contra haereticos, 3, 11, 8, S. 364.
2. Cod. Aureus, Echternach, fol. 21/1030; Übersetzung nach Peter Metz: „Das goldene Evangelienbuch im Germanischen Nationalmuseum in Nürnberg", München 1956, S. 54.
3. Evangeliar, 11. Jh., München, Bayr. Staatsbibl., Clm 4454 fol. 20 v, Anfang 11. Jh., Übersetzung aus: „Der Bamberger Domschatz" v. W. Messerer, München 1952, S. 51.
4. s. Anm. 2, fol. 78 v, S. 67.
5. Leg. Aurea, S. 797.
6. Geflügelter Markuslöwe ohne Nimbus, Evangeliar d. Hl. Willibrord, 690, Paris, Bibl. Nat. Lat. 9389, fol. 75 v.
7. Evangeliar aus St. Médard, Anfang 9. Jh., Soissons, Hofschule Karls d. Gr., Paris, Bibl. Nat. Lat. 8850, fol. 8 v. Im Kanonbogen drei quicklebendige Evangelistensymbole. Ihre Zahl richtet sich nach der Anzahl der Evangelien, deren Texte verglichen werden.
8. Silberner Reliquienschrein, vergoldet, 910, Oviedo, Kathedrale Cámara Sancta.
9. Bibel, 870, Rom, S. Paolo fuori le mura, fol. 115v.
10. Evangeliar aus Echternach, Insulare Kunst, 730, Trier, Dombibl. 61/134, fol. 5 v.
11. Kuppelfresko, 13. Jh., Parma, Baptisterium.
12. Apsismosaik, um 400, Rom, S. Pudenziana: ein Gemmenkreuz über dem lehrenden Christus, dem sich die aus den Wolken auftauchenden Evangelistensymbole zuwenden.
13. Portalrelief, 12. Jh., Arles, S. Trophime.
14. Steinrelief, 11. Jh., Pisa, Campo Santo.
15. Mittleres Radfenster, 12. Jh., Assisi, Dom S. Rufino, Westfassade.

16. Kugelkreuz, in seinem Schnittpunkt das Christuslamm, auf dem Steinsarkophag Bernwards v. Hildesheim, 11. Jh., Hildesheim, St. Michael.
17. H. Kusch: Einführung in das lateinische Mittelalter, Bd. I.
18. Cod. Aureus v. St. Emmeran, Regensburg, 870, München, Bayr. Staatsbibl. Cod. lat. 14000 fol. 6 v. Christus, umgeben von den vier Evangelisten, die von ihren Symbolen inspiriert werden.
19. Evangeliar des Bischofs Bernward v. Hildesheim, Anfang 11. Jh., Hildesheim, Dombibl. Nr. 18, fol. 118 v.
20. Evangeliar aus Lorsch, Hofschule Karls d. Gr., 810, Rom, Vat. Bibl., Pal. Lat. 50 fol. 67 v.
21. Die vier Evangelisten mit ihren Symbolen, Mosaik, 547, Ravenna, S. Vitale, Presbyterium.
22. Das Matthäus-Symbol, ein Engelchen, das dem Evangelisten ein Tintenfaß hält. Illuminierte Buchseite, Meister des Hausbuchs, nach 1480, Cleveland, Mus. of Art, Collection Marlatt.
23. Ecclesia auf einem vierköpfigen Tetramorph reitend, Steinplastik, um 1300, Worms, Dom, Wimperg des Südportals.
24. Eine Variante: Hostien-Mühle, Glasmalerei, Michael Wolgemut, um 1480, Nürnberg, St. Lorenz, Schlüsselfelder Fenster.
25. Tafelbild, 15. Jh., Avignon, Mus. Calvet.
26. Taufkessel, Bronze, Mitte 13. Jh., Hildesheim, Dom. Über den Paradiesesflüssen, den Trägerfiguren des Kessels, die vier Kardinaltugenden, die vier großen Propheten und die vier Evangelistensymbole.
27. Adlerpult, Bronze, 13. Jh., Hildesheim, Dom. Der Adler hält einen Drachen in den Fängen.

Engeldienste

1. RDK, Bd. V, Sp. 384.
2. Engel mit Stab, darüber Michael, auf dem Drachen stehend, 12. Jh., Pavia, S. Michele, Hauptportal, Tympanon.
3. Zwei Wächterengel mit Kreuzstäben, Wandmalerei um 800, Naturns, St. Proculus, Triumphbogen.
4. Turmförmiges Reliquiar, Beinschnitzerei, 13. Jh., Darmstadt, Hess. Landesmuseum.
5. Engel in Strebepfeiler-Tabernakel, 13. Jh., Reims, Kathedrale, Außenwand.
6. Michael, 1239, Lucca, S. Michele, Westgiebel.
7. Posaunenengel auf Turmfiale, Anfang 14. Jh., Freiburg i. Br., Münster.
8. Himmlisches Jerusalem, von Engeln bewacht, Wandmalerei, 1270, Gurk, Dom, über der Westempore.
9. Leuchterengel auf raubtierköpfigem Drachen stehend, Bronze, 12. Jh.,

Kempten (Allgäu), Heimatmuseum. – Knieende Leuchterengel, 15. Jh., Nürnberg, St. Lorenz, Chor.

10. Engel, Holzplastik, 1530, Köln, Schnütgenmus.: Der Engel mahnt durch Spruchbänder mit Matth. 3, 2 und Luk. 15, 7 zur Buße.
11. Echternacher Codex, fol. 20 r.
12. Tanzender und Harfe spielender David, umgeben von vier Musikanten; Bibel Karls d. Kahlen, 846, Paris, Bibl. Nat., Ms. Lat. 1, fol. 215 v.
13. Die 24 Ältesten (Könige) der Apokalypse mit ihren Instrumenten umgeben die Majestas; Steinrelief, 1130, Moissac, S. Pierre, Tympanon.
14. Maria im Rosenhag mit vier musizierenden Engeln, Tafelbild, Hans Memling, 15. Jh., München, Alte Pinakothek.
15. Maria mit Kind in der Glorie, Tafelbild, Albr. Altdorfer, Anfang 16. Jh., München, Alte Pinakothek.
16. Das Meßopfer. Mettener Sammel-Handschrift, 1415, München, Staatsbibl. Clm. 8201 fol. 94 v.
17. Die Majestas von 12 Engeln umgeben, Patene, Silber ziseliert, 1220–1280, Fritzlar, Domschatz.
18. Engel schütten den Israeliten in der Wüste Manna vom Himmel; damit typologisch verbunden die Gregormesse, Wandmalerei, vermutl. Leonhard v. Brixen, 15. Jh., Klerant (Südtirol), St. Nikolaus. Mit „Engelbrot" gespeist wurde nach der Legende auch Maria als Tempeljungfrau (s. S. 207).
19. Kreuzigung, Tafelbild, 1331, Klosterneuburg, Stiftsmuseum.
20. Engel mit Leidenswerkzeugen verehren das eucharistische Lamm; Genter Altar, Gebrüder van Eyck, 1430, Gent, St. Bavo.
21. Inschrift an der Kante des Kreuzes der Königin Gisela von Ungarn, 1006; München, Residenz, Schatzkammer, Katalog, S. 23.
22. Lesepult, Marmorrelief, Giovanni Pisano, um 1310, Berlin-Ost, Staatl. Mus.
23. Hl. Juliane, den gefesselten Teufel an der Leine, mit ihrem Engel; Steinskulptur, 12. Jh., Worms, Ostchor.
24. In der Pestzeit entstanden die illustrierten Sterbebüchlein über die „Ars moriendi", die Kunst des Sterbens: Ein Engel hilft einem Sterbenden zu einem seligen Tod; Kupferstich, Mstr. E. S., 1450, in RDK, Bd. I, Ars moriendi, Abb. 1 u. 2.
25. Triumph des Todes, Wandmalerei, Francesco Trani, 14. Jh., Pisa, Campo Santo.
26. Grabmal des Landgrafen Heinrich I., Steinskulptur, Anfang 14. Jh., Marburg, Elisabethenkirche, Landgrafenchor: Engel nimmt mit beiden Händen die kindhaft kleine Seele des Verstorbenen in Empfang.
27. Weltgerichts-Tympanon, 12. Jh., Autun, St. Lazare; Westportal.

28. Das Jüngste Gericht, Tafelbild, Hans Memling, 1471, Danzig, Museum.
29. Jüngstes Gericht, Tafelbild, Fra Angelico, 1. Hälfte des 15. Jh., Florenz, S. Marco.
30. Schöpfungszyklus, Kuppelmosaik, 13. Jh., Venedig, S. Marco, Narthex.
31. Romanische Holzdecke, 12. Jh., Zillis (Schweiz); die vier Winde als vier blasende Engel.
32. Weltgericht, Wandmalerei, Giotto, 1305/1307, Padua, Arena-Kapelle.
33. Isenheimer Altar, Meister Mathis gen. Grünewald, vollendet 1515/16, Colmar, Mus. Unterlinden. – Sci vias (Wisse die Wege), Hildegard von Bingen, 3. Buch, 13. Gesang, übertragen von M. Böckler, Salzburg 1961.
34. Prinzensarkophag, 4./5. Jh., Istanbul, Archäolog. Museum.
35. Gewölbemosaik, 6. Jh., Ravenna, S. Vitale, Presbyterium.
36. Maria mit Kind in der Engelsglorie, s. Anm. 15.

Dritter Teil: Mariendarstellungen

1. Dieses „Urevangelium" fährt unter der Flagge des Kirchenvaters Hieronymus, der einst der militanteste Gegner des Protevangeliums war. Ausgerechnet er soll nun die Matthäus-Schrift gefunden und übersetzt haben.
2. Maria als Stadtpatronin, von Engeln und Heiligen umgeben, Tafelbild, Simone Martini, 1315, Siena, Palazzo Publico.
3. Die beiden Fürbitter Maria und Johannes der Täufer knien vor dem Weltenrichter. Steinskulptur vom ehem. Lettner, 1235, Mainz, Dom.
4. Syr. Dichter, gest. 460. Texte der Kirchenväter, Bd. II, S. 249.
5. Thronende Maria mit Kind aus Kloster Seeon, Holzskulptur gefaßt, 1430, München, Bayr. Nat. Mus.
6. Christi Abschied von seiner Mutter am Stadttor von Bethanien mit trauernden Frauen, Tafelbild, Bernhard Strigel, um 1520, Berlin-Dahlem, Staatl. Mus.
7. Begegnung auf dem Kreuzweg, Tafelbild zur Maestà gehörig, Duccio, 1308–1311, Siena, Dom. Museum.
8. Maria in der Kirche, Tafelbild, Jan van Eyck, um 1420, Berlin-Dahlem, Staatl. Mus.
9. Sacra Conversazione, Altarblatt aus S. Barnaba, Tafelbild, Botticelli, 1486/88, Florenz, Uffizien.
10. „Suppenmadonna", ohne Heiligenschein in einer schlichten Stube; ne-

ben dem Suppenteller ein Apfel und ein Brot. Tafelbild, Gerard David, 1460/1523, Genua, Palazzo Bianco.

11. Jesusknabe von seiner Mutter zur Schule geführt, Schlußstein, Ende 14. Jh., Nürnberg, Frauenkirche.
12. Maria mit Spinnrocken und Spindel, Elisabeth mit Haspel. Zu ihren Füßen der Jesus- und der Johannesknabe, sich um ein Breitöpfchen streitend. Tafelbild, 1390, Nürnberg, Germ. Mus. – Maria, auf einem Stuhl sitzend, mit dem Kind auf dem Schoß. Nebenan Josef an der Hobelbank, Tafelbild, Bernhard Strigel, nach 1505, Nürnberg, Germ. Museum.
13. Das durchschienene Glas ist ein vielgebrauchtes Sinnbild der Jungfrauschaft der Maria. Gott strahlt in Maria ein „recht als der lichten Sunnen Glanz / durch daz unverwerte (unverletzte) Glas ...", Goldene Schmiede, Vers 434.
14. Der „makellose Spiegel der göttlichen Kraft" aus der apokryphen „Weisheit Salomos" 7, 26 wird als Sinnbild für Maria in Anspruch genommen.
15. Einige Beispiele: Holzbank mit geschnitztem Löwen an der Lehne, die an den Löwenthron erinnert, durchscheinendes Glas und Äpfel in einer Wandnische. Verkündigung an Maria, Altartafel, Rogier van der Weyden, 1435, Paris, Louvre. – Holzbank mit Löwen, ein Schränkchen mit eingeschnitztem Heiligen, auf dem ein Abendmahlskelch steht; der geflochtene runde Ofenschirm umgibt wie ein Heiligenschein das Haupt der Maria, das Fenster gibt den Blick frei auf eine Kirche. Sog. Salting-Maria, Tafelbild, Rogier van der Weyden, um 1434, London, Nat. Gallery.
16. Thronende Muttergottes mit Engeln als Thronassistenten und Heiligen, Ikone, um 600, Sinai, Katharinenkloster.
17. Maria des Bischofs Imad, Holzskulptur, 11. Jh., Paderborn, Diözesanmuseum.
18. Stehende Nikopoia, Mosaik, 1118, Istanbul, Hagia Sophia, Südempore. – Thronende Nikopoia zwischen Heiligen und der Stifterin, Wandmalerei, 6. Jh., Rom, Commodilla-Katakombe.
19. Stehende Hodigitria: zwischen Erzengeln, Apsismosaik, um 600, Kiti (Zypern), Angeloktistios-Kirche. – Apsismosaik, 13. Jh., Torcello, Kathedrale. – Tafelbild, Cimabue, 13. Jh., Florenz, Uffizien.
20. Maria Orans: Hauptfigur einer Himmelfahrt Christi, Deckel eines Reliquienkästchens, 6. Jh., Rom, Vatikan, Mus. Pio Cristiano. – Unter dem Pantokrator, Apsismosaik, 1148, Cefalù, Dom.
21. Platytera: Mittelteil einer Hostienschale, Ende 13. Jh., Berg Athos, Kloster Xeropotamou. – In Mauer eingelassenes Relief, byzantinisierende Arbeit, 13. Jh., Venedig, Inschrift: Sancta Maria Mater Domini.

22. Eleousa: Muttergottes von Vladimir, Ikone, 1130, Moskau, Tretiakow-Galerie. – Stehend, Steinskulptur, um 1200, Köln, Maria im Kapitol.
23. Glykophilousa: Ikone, um 1400, Berg Athos, Kloster Philotheou. – Mutter und Kind sich zärtlich küssend, Tafelbild, Quinten Massys, um 1500, Berlin-Dahlem, Staatl. Mus.
24. Wandmalerei, 14. Jh., Matejce (Jugoslawien), Kirche.
25. Tafelbild, Rogier van der Weyden, 15. Jh., vermutlich aus der Kapelle der Malerzunft in Brüssel, München, Alte Pinakothek. Wie andere Maler in den Niederlanden, soll auch Rogier sich hier als Lukas gemalt haben. – Flügel vom Lübecker Lukas-Altar, Herman Rode, 1484, Lübeck, Annen-Mus.: Die Madonna, hinter Lukas stehend, weist auf eine leere Stelle des vor dem Maler liegenden Buches, auf der sie ihr Bild gemalt haben möchte.
26. Dementsprechend ist die Begegnung an der Goldenen Pforte auch relativ häufig als Einzelbild zu sehen.
27. Tafelbild, Meister des Marienlebens, 15. Jh., München, Alte Pinakothek. – Tafelbild, Holbein d. Ä., Anfang 16. Jh., Augsburg, Dom.
28. Der Tempelgang der Maria ist eines der Lieblingsthemen des Ostens. Im Westen wird er seltener dargestellt. Kaum bekannt ist die Speisung mit Engel-Brot. Jedoch weisen Darstellungen der Verkündigung an Maria in einem Kirchenraum und der Bildtypus „Maria im Ährenkleid“ auf diese Motive hin.
29. Das erste deutschsprachige, chronologisch zusammengestellte Marienleben findet sich in den „Driu liet von der maget“ (Drei Lieder von der Magd Maria) des Priesters Wernher, 1172.
30. Flügel eines Elfenbein-Diptychons, 2. Hälfte d. 5. Jh., Mailand, Domschatz (Verkündigung an der Quelle). – Elfenbein-Kathedra des Bischofs Maximian, Mitte d. 6. Jh., Ravenna, Dom-Museum (Fluchwasser). Im Westen sind beide Motive nicht heimisch geworden.
31. Nördlich der Alpen entsteht 1150 die erste fortlaufende Bildfolge des Marienlebens in Chartres am Türsturz und an den Kapitellen des Königsportals der Kathedrale. In der Folgezeit gehören diese Szenen zum festen Bestand gotischer Portalplastik. – Freskenzyklus, Giotto, 1305–1307, Padua, Arena-Kapelle. – Freskenzyklus, Ghirlandajo, 1485, Florenz, Maria Novella, Hauptkapelle.
32. Neutestamentliche Apokryphen, E. Hennecke, Tübingen 1959, 1. Bd., S. 316f.
33. Tafelbild, Ortenburger Altar, 15. Jh., Darmstadt, Landesmuseum.
34. Geschnitzter Lindenholz-Altarschrein, Daniel Mauch, 1510, Bieselbach, Katharinen-Kapelle.
35. Zitat aus einer mittelalterlichen Anrufung der Hl. Anna.

36. Anna Selbdritt, Holzplastik, 14. Jh., Aachen, Sammlung Lüttgen.
37. Gedicht über die Allerseligste Jungfrau, Texte der Kirchenväter, Bd. II, S. 260.
38. H. Thode: Franz von Assisi, S. 492.
39. Nährende Gottesmutter, Wandmalerei, von Medaillons mit Tugenden umgeben, 6./7. Jh., aus dem Jeremias-Kloster Saqqara, Altkairo, Koptisches Museum.
40. Erstes Bild einer stillenden Madonna unter dem Einfluß franziskanischer Mystik: Tafelbild, Ambrogio Lorenzetti, 1330, Siena, Franziskanerkirche.
41. Tafelbild, Rogier van der Weyden, 15. Jh., Wien, Kunsthist. Museum. – Wie man dieses Motiv mißbrauchen konnte, läßt sich an der Madonna von Melun des Jean Fouquet aufzeigen. Sie ist nach der Überlieferung ein Porträt der schönbusigen Geliebten des französischen Königs Karl VII.
42. Tafelbild eines mittelrheinischen Meisters, 1370, Aachen, Suermondt-Museum.
43. Tafelbild, A. Isenbrant, 16. Jh., Brügge, Kirche „Unserer Lieben Frauen".
44. Tafelbild: Die sieben Freuden Mariens (nach der zweiten Reihe) angereichert mit anderen biblischen Begebenheiten, Hans Memling, 1480, München, Alte Pinakothek.
45. Schnitzaltar: Die sieben Freuden Mariens (nach der ersten Reihe) mit Marientod als Zentralbild, Tilman Riemenschneider, 1505/1510, Creglingen, Herrgottskirche.
46. Schreinmadonna, 14. Jh., Evora (Portugal), Kathedrale.
47. S. Anm. 6.
48. Kreuzwegstation, Steinrelief, Adam Krafft, 16. Jh., Nürnberg, Germ. Nat. Mus.
49. Besonders eindrücklich formuliert in der 3. Sequenz, Bonaventura zugeschrieben, 13. Jh.: „Stabat mater dolorosa" (Stand die Mutter voller Schmerzen).
50. Aus den Meditationes Vitae Christi, 2. Hälfte d. 13. Jh., ital. Franziskaner; H. Thode: Franz von Assisi, S. 477. Nach diesen Meditationen hat Giotto als erster 1305/1307 in der Arena-Kapelle von Padua die Beweinung Christi dargestellt.
51. Büchlein der ewigen Weisheit, Kp. 19, Heinrich Seuse, 1. Hälfte des 14. Jh.
52. Holzskulptur, Pietà (sog. Pietà Röttgen), 1370, Bonn, Landesmus.
53. Holzskulptur aus Kloster Kirchseeon, Salzburger Meister, 1420/1430, München, Bayr. Nat. Mus.
54. Gnadenstuhl, Steinskulptur, 1310, Fritzlar, Dom.

55. Eine theologische Begründung der Himmelfahrt Mariens gibt eine Miniatur des 12. Jh. aus Hildesheim durch Spruchbänder, die Christus und andere biblische Zeugen in Händen halten. Da spricht Mose, der Mann des Gesetzes: „Du sollst Vater und Mutter ehren“ (2. Mos. 20, 12). Christus bestätigt ihn: „Meinet nicht, ich sei gekommen, das Gesetz und die Propheten aufzulösen. Ich bin nicht gekommen aufzulösen, sondern zu erfüllen.“ (Matth. 5, 17).
56. Diese Version wird ausnahmslos in der Ostkirche verwendet.
57. Bildzyklen dieses Inhalts, z. T. in Auswahl: Maestà, Duccio, 1311, Siena, Dom-Mus. – Steinrelief, 1380, Ulm, Münster, Südwestportal.
58. Elfenbein aus Byzanz, Einband des Evangeliars Kaiser Ottos III., 10. Jh., Cod. Lat. 4453. – Miniatur, Evangeliar Kaiser Heinrichs II., Reichenau, 11. Jh., Cod. Lat. 4452. Beide Codices in München, Bayr. Staatsbibl.
59. Marientod und -krönung, Steinskulpturen, 13. Jh., Straßburg, Münster, Tympana des doppeltorigen Südportals.
60. Tafelbild, Hugo van der Goes, 15. Jh., Brügge, Groeninge Mus.
61. Mittelschrein, Marienaltar, Veit Stoß, 1489, Krakau, Marienkirche.
62. Elfenbein aus Frankreich, um 800, München, Nat. Museum.
63. Steinrelief, 12. Jh., Senlis, Kathedrale, Türsturz.
64. Steinrelief, 13. Jh., Paris, Notre Dame, an der Chorkapelle.
65. Fresko, Giotto-Schule, 1306, Padua, Arenakapelle, Chor. – Fresko, Filippino Lippi, 1490, Rom, Santa Maria sopra Minerva.
66. Schnitzaltar, Tilman Riemenschneider, um 1500, Creglingen, Herrgottskirche.
67. Tafelbild, Lippo Memmi, 14. Jh., München, Alte Pinakothek.
68. Fresko, Cimabue, Ende 13. Jh., Assisi, S. Francesco, Oberkirche, mittlere Chornische.
69. S. Anm. 65.
70. Schauspiel: „Maria Himmelfahrt“, Bibl. d. gesamten Dt. Nat. Lit. XXI, Quedlinburg, 1841.
71. Madonna della Clemenza, Tafelbild, 8. Jh., Rom, Sa. Maria in Trastevere.
72. Madonna, Steinskulptur, Giovanni Pisano, 1305, Padua, Arenakapelle.
73. Maria vom Genter Altar, Gebr. van Eyck, 15. Jh., Gent, St. Bavo.
74. Tympanon, 1230, Paris, Notre Dame, nördl. Westportal.
75. Apsismosaik, Jacopo Torriti, 1295, Rom, Sa. Maria Maggiore.
76. Die Dreifaltigkeit krönt die kniende Maria, Schnitzaltar, Michael Pacher, 1471/1475, Bozen-Gries, Pfarrkirche.
77. Tafelbild, Fra Angelico, 15. Jh., Florenz, Mus. S. Marco.
78. H. Uhlig: Die Sumerer, München 1976, S. 120.

79. Lucius Apuleius: Der Goldene Esel, München 1961, S. 200ff.
80. Isis flieht vor Seth ins Nildelta und gebiert dort den Heldensohn Horus. Leto wird – nach einer Version – von der Python-Schlange verfolgt und bringt auf der Felseninsel Delos Apollon zur Welt.
81. Einige wenige Kirchenväter des Ostens ziehen einen Vergleich zwischen dem Apokalyptischen Weib und Maria, z. B. Epiphanios von Salamis, 4. Jh., und Andreas von Caesarea, 6./7. Jh., E. Vetter: Mulier amicta sole ..., München, Jahrbuch der bildenden Kunst 1958/59, S. 34.
82. H. Naumann: Herrscher und Heilige, S. 100.
83. Fresko, Giotto, Anfang 14. Jh., Florenz, S. Croce, Peruzzi-Kapelle.
84. Matutinalbuch aus Scheyern, Anfang 13. Jh., München, Staatsbibl. Cod. Lat. 17401.
85. Eines der frühen Beispiele: Maria als Throngenossin Christi. Fresko, 1220/30, Braunschweig, Dom.
86. „Muttergottes in der Sonne", Holzplastik, 1380, Köln, Schnütgen-Mus. A. 895. – Demutsmaria in eingegrenztem Garten, um deren Gewandsaum eine große Mondsichel schwingt. Tafelbild, Meister v. Flémalle, 1438, Privatbesitz.
87. Maria aus Tauberbischofsheim, Holzplastik, Tilman Riemenschneider, 16. Jh., Berlin-Dahlem, Staatl. Mus.
88. Sog. Weinschröter Madonna auf der Mondsichel, diese mit düsterem Gesicht. Tonplastik, 1415, Hallgarten, Kirche.
89. Strahlenkranz-Madonna, Holzplastik, Jan Biddesrider, 1524, Aachen, Dom, Chor.
90. Maria mit Sternenkrone, Holzplastik, oberschwäbischer Meister, um 1500, Karlsruhe, Badisches Landesmuseum.
91. Maria Immaculata, Holzplastik, 1750, Deuchelried, Pfarrkirche.
92. Tafelbild, Meister der tiburtinischen Sibylle, 1480, Frankfurt, Staedel-Mus.
93. Linker Flügel des Bladelinaltars, Rogier van der Weyden, 15. Jh., Berlin-Dahlem, Staatl. Mus.
94. Fresko, 15. Jh., Brixen, Kreuzgang.
95. Gesprenge des Siebenschmerzenaltars, Heinrich Douvermann, 1518–1521, Kalkar, Pfarrkirche. Links Augustus und Sibylle, rechts Johannes auf Patmos, in der Mitte oben die Madonna im Strahlenkranz.
96. Illustre Namen gehören zu ihren Vertretern, z. B.: Abt Sugar v. St. Denis, Honorius von Autun, Papst Innozenz III., Bonaventura, Thomas von Aquin u. a.
97. Die hier aufgezählten Beispiele aus dem „Heilsspiegel" sowie die folgenden aus dem „Defensorium ..." des F. v. Retz finden sich unter den Fresken des 15. Jh. im Kreuzgang Brixen.

98. Bauornamente, 14. Jh., Nürnberg, St. Lorenz, Westportal.
99. Texte der Kirchenväter, Bd. II, S. 174.
100. Gebete und Betrachtungen der Kirchenväter, herausgegeben v. B. Weiß, München, 1963, S. 313.
101. Altdeutsche Textbibl. 9–11, Halle a. S. 1890, S. 159f.
102. P. Wapnewski: Walther von der Vogelweide, Gedichte, Fischer-Bücherei 1970, S. 213–216.
103. Geburt Christi zwischen zwei Medaillons mit brennendem Dornbusch und Aarons Stab, Fresko, 15. Jh., Brixen, Kreuzgang.
104. Tafelbild, Nicolas Froment, 1475, Aix, Kathedrale.
105. Verschlossene Pforte, brennender Dornbusch und Vlies Gideons: sog. Stammheimer Missale, 12. Jh., Stammheim, Bibl. d. Grafen Fürstenberg.
106. Wandmalerei, 12. Jh., Frauenchiemsee, Klosterkirche, über dem Gewölbe.
107. Maria umgeben von den vier typologischen Szenen, Tafelbild eines Marienaltärchens, Meister d. Wasservass'schen Kalvarienbergs, 1420, Bonn, Landesmuseum.
108. Texte der Kirchenväter, Bd. II, S. 225.
109. J. Strangfeld: Dankgebet der Kirche, Freiburg, 1952, S. 25.
110. „Kostbares Evangeliar" des Bischofs Bernward, 1015, Hildesheim, Domschatz.
111. Trumeau-Madonna, 1230, Amiens, Kathedrale, südliches Fassadenportal.
112. S. Anm. 98.
113. Lünettenfresko, Ambrogio Lorenzetti, ca. 1340, Oratorio S. Galgano bei Chiusdino (Toscana).
114. Dante: Göttliche Komödie, Paradies 34, 4–6.
115. Dem Paulus Diakonus zugeschrieben; Herrscher und Heilige, S. 95.
116. Tafelbild, Fra Angelico, 1435, Cortona, Mus. del Jesù.
117. Adam und Eva in den Betschemel Mariens eingeschnitzt, Tafelbild, Dreikönigsaltar, Rogier van der Weyden, 1460, München, Alte Pinakothek.
118. Fresko, 1474, Klerant b. Brixen, St. Nikolaus, Chor.
119. Thronende Madonna aus Kloster Seeon, Holzskulptur, um 1430, München, Nat. Mus.
120. Krönung Mariens, rechts Bathseba von Salomo, links Esther von Ahasver erhoben, Altarteppich, 15. Jh., Sens, Kathedrale.
121. Herrscher und Heilige, S. 99.
122. Fast wörtlich finden sich die beiden Verse im Glorienschein eingeschrieben, der das Haupt der Maria der Deesis-Tafel umgibt. Genter Altar, Gebr. van Eyck, 15. Jh., Gent, St. Bavo.

123. Wandmalerei, 1260, Gurk, Dom, Westempore. – Farbfenster, 1330, Augsburg, Dom, Südquerschiff.
124. Diese sechs Tugenden sind: Zurückgezogenheit (solitudo), Züchtigkeit (verecundia), Klugheit (prudentia), Jungfräulichkeit (virginitas), Demut (humilitas), Gehorsam (oboedientia).
125. Portalplastik, 13. Jh., Straßburg, Münster, Wimperg der Westfassade.
126. Glatzer Madonna, Tafelbild, böhmischer Meister, 1350, Berlin-Dahlem, Staatl. Mus.
127. Christus reicht der Ecclesia die Hand, Eingangsbild zum Hohen Lied, Frowin-Bibel, 1150/60, Abtei Engelberg (Schweiz), Stiftsbibl. Cod. 4 b. – Als Darstellung des spons Christus und der sponsa Ecclesia gilt die Plastik eines thronenden Königspaares, wobei die Königin ein aufgeschlagenes Buch in der Hand hält. Steinskulptur, 1240, Magdeburg, Dom, Hl. Grab-Kapelle.
128. Erstmals von Rupert von Deutz, der sieben Bücher über das Hohe Lied für Geistliche in lateinischer Sprache schrieb, dann deutsch in der Auslegung von St. Trudebert.
129. Maria mit Kind, das mit dem Ehering seiner Mutter spielt. Marienstatue, 14. Jh., Paris, Mus. Cluny. – Maria und Christus, Wange an Wange geschmiegt, werden von Engeln in einer Mandorla zum Himmel getragen: Tod und Himmelfahrt der Maria, Wandmalerei, Cimabue, 1305, Assisi, S. Francesco, Oberkirche.
130. Bei einer Verkündigung an Maria in der Bildform der Einhornjagd (s. S. 50) lautet das Spruchband des von Gottvater zu Maria herabkommenden Christuskindes: „Ich bin herabgestiegen in meinen Nußgarten" (HL 6, 10). Tafelbild, Erfurter Meister, 1420, Erfurt, Dom. – Das gleiche Motiv mit dem Spruchband: „Komm, Südwind, durchwehe meinen Garten." (HL 4, 16): Tafelbild, 16. Jh., Wien, Schatzkammer des Deutschen Ordens. – Maria kniet in einem Garten vor ihrem Kind und spricht: „Siehe, wie schön bist du, mein Auserwählter, und wohlgestaltet." (HL 1, 15): Aus dem Officium Beatae Mariae Virginis, Tafelbild, lombardisch, 14. Jh., Florenz, Nat. Bibl.
131. Spruchband in der Hand Christi, der als spons die sponsa umarmt: Miniatur, 12. Jh., Hildesheimer Codex.
132. So spricht Christus zu seiner Mutter, die sich eben aus dem Grab erhebt: Tafelbild, Tucher-Altar, 15. Jh., Nürnberg, Germ. Mus.
133. Spruchband des spons Christus. Die neben ihm auf der Thronbank königlich gekleidete sponsa antwortet ebenfalls mit einem Wort aus HL 2, 6: „Leva eius sub capite meo et dextera illius amplexabitur me." = „Seine Linke liegt unter meinem Haupt, seine Rechte umfaßt mich.": Apsismosaik, 1140, Rom, Sa. Maria in Trastevere.

134. Ungewöhnlich für das 11. Jh. ist eine Inschrift über der thronenden Muttergottes im Evangelienbuch der Uta von Niedermünster (Regensburg): „Heilige Maria, Herrin der Welt, auserkoren wie die Sonne, schön wie der Mond, Gottesgebärerin, Meerstern, Jungfrau der Jungfrauen." Cod. Bibl. Reg. Monac. Cim 54, München, Staatsbibl.
135. Mystische Vermählung der Hl. Katharina, Tafelbild, Hans Memling, um 1475, Paris, Louvre.
136. S. Anm. 101.
137. Tafelbild, 1410, Frankfurt, Staedel-Museum.
138. Inschrift auf dem Widmungsbild des Goldenen Evangeliars des Hl. Bernward von Hildesheim, 1015.
139. Züricher Predigt, 12. Jh., aus: Wackernagel, Altdeutsche Predigten und Gebete aus Handschriften.
140. Dt. Predigten des XIII. und XIV. Jh., herausgegeben von H. Leyser, Quedlinburg und Leipzig, 1838, S. 36f.
141. H. Thode: Franz von Assisi, S. 497f.
142. „Nostra domina de humilitate", Tafelbild, Bartolomeo da Camogli, 1346, Palermo, Mus. Naz.: Maria, auf Grasboden sitzend, mit Sternennimbus, ursprünglich mit Mondsichel unter den Füßen.
143. Tafelbild, Geertgen tot Sint Jans, 1460/90, Rotterdam, Mus.
144. Madonna im Rosengehege, Tafelbild, Stefano da Verona, 1410, Verona, Mus. di Castelvecchio: Maria im Sternennimbus auf einem Kissen; Garten, Brunnen, Engel.
145. Maria in der Rosenlaube, Stephan Lochner, 15. Jh., Wallraf-Richartz-Mus., Köln: Maria mit Krone, auf Thronkissen sitzend, musizierende Kinderengel, Wiese mit Lilien, Veilchen, Erdbeeren, Maßliebchen; Äpfel.
146. Gleiches Motiv, Tafelbild, 1473, Martin Schongauer, Colmar, St. Martin: Engel schweben mit Krone herab, Rosenhag mit Vögeln; Pfingstrosen, Schwertlilien, Nelken, Erdbeeren.
147. Tafelbild, Hans Memling, 15. Jh., Madrid, Prado: Rosenhecke mit weißen und roten Rosen, Lilienstengel; Engel reicht dem Christuskind einen Apfel.
148. s. Anm. 140.
149. L. Behling: Die Pflanzen in der mittelalterlichen Tafelmalerei, Weimar, 1957, S. 38.
150. Konrad v. Würzburg, „Goldene Schmiede", Zeile 422.
151. S. Anm. 149.
152. Aus Marienhymnen, Behling, S. 24, 26f.
153. Aus einem Rosarium, Behling S. 151.
154. E. Vetter: Maria im Rosenhag, S. 8.

155. Im Volksmund heißen sie „Nägele" (schwäbisch) oder „Nagerl" (bayrisch).
156. S. Anm. 150, Zeile 1307.
157. Tafelbild, Il Francia, 1460–1517, München, Alte Pinakothek.
158. Maria mit Kind und den beiden Johannesknaben, Tafelbild, Sandro Botticelli, 1487, Florenz, Uffizien.
159. So hat Sprenger durch seine Rosenkranzverehrung zur höchsten Erhöhung einer Frau, der Madonna, beigetragen und gleichzeitig durch den „Hexenhammer" die tiefste Erniedrigung der Frau ausgelöst und dem Hexenwahn Tür und Tor geöffnet.
160. Altartafel, Meister von St. Severin, 1510, Köln, St. Andreas-Kirche: Engel halten drei Rosenkränze über eine Schutzmantel-Madonna. Das Christuskind spielt mit dem Perlenkranz der Mutter. Unter dem Mantel, den Dominikus und Petrus Martyr ausbreiten, haben auch Kaiser Friedrich III. mit Frau und Sohn Maximilian Zuflucht gefunden.
161. „Rosenkranz-Fest", Tafelbild, Albrecht Dürer, 1506, Prag, Nat. Galerie: Maria, das Christkind, Engel und Dominikus verteilen Rosenkränze an Mitglieder der Bruderschaft, deren prominenteste Kaiser Maximilian und Papst Julius II. sind.
162. Wandmalerei, 16. Jh., Weilheim a. d. Teck, Pfarrkirche. In der Mitte der drei Kränze eine „Maria im Rosenhag".
163. „Englischer Gruß", Holzplastik, Veit Stoß, 1517/18, Nürnberg, St. Lorenz.
164. Altartafel, Schule von Lucas Cranach d. Ä., 16. Jh., Bamberg, Dom: Innerhalb des Rosenkranzes der Gekreuzigte mit „allen Heiligen".
165. Schnitzaltar, 1470, Wolframs-Eschenbach, Liebfrauenmünster.
166. Künstle sieht in Ähren und Strahlenkranz ein heraldisches Motiv (evtl. Wappen einer vermutlichen Stifterin); Graus erkennt in den Ähren ein Sinnbild der Fruchtbarkeit. (Das Gnadenbild in Mailand soll um Kindersegen angegangen worden sein.) Molsdorff vermutet ein astrales Motiv. (Das Fest Mariä Himmelfahrt steht im Sternbild der Jungfrau, die eine Ähre in der Hand hält.) Herder I, S. 82f.
167. Gedicht über die Allerseligste Jungfrau, Bibl. d. Kirchenväter, S. 39f.
168. S. Anm. 150, Zeile 1293.
169. Altdt. Textbibl., Kleinere dt. Gedichte, S. 164f.
170. Tafelbild, Hinrik Funhof, 15. Jh., Hamburg, Kunsthalle.
171. Gärtleinsmadonna, das Christkind anbetend, Officium Beatae Virginis, lombardisch, 14. Jh., Florenz, Nat. Bibl.
172. Schutzmantel-Madonna im Ährenkleid (Ähren nachträglich aufgemalt), Tafelbild, vermutlich Jan Pollack, 1510, München, Liebfrauendom.

173. Portinari-Altar, Tafelbild, Hugo van der Goes, 15. Jh., Florenz, Uffizien.
174. Christgeburt, Tafelbild aus Maas-Rhein-Gebiet, 1390–1400, Antwerpen, Mus. Mayer van den Bergh.
175. Madonna der Eucharistie, Tafelbild, Botticelli, 1490, Boston, Isabella Stewart Gardner Mus.
176. Madonna im Weizenfeld, Tafelbild, 1510, Paris, Mus. Cluny.
177. Oberrheinische Miniatur, um 1410, Florenz, Nat. Bibl. Cod. B. R. 28.
178. Tafelbild, 16. Jh., Kloster Heilsbronn, Münster.
179. Gotische Fresken, 15. Jh., Naturns, St. Prokulus, Triumphbogen: Wie Maria, so hüllt auch Christus die schutzflehenden Menschen in seinen Mantel ein.
180. Tafelbild, Marienaltar, Sebastian Dayg, 1513, Kloster Heilsbronn, Münster. Als sog. „Pestblätter" wurden um 1500 solche und ähnliche Darstellungen häufig von Wallfahrern heimgebracht und zum Schutz in der Wohnung aufgehängt.
181. Gemälde aus dem Dom von Florenz, Anfang 15. Jh., New York, Cloisters-Mus.: Gottvater neigt sich zu seinem Sohn und zu Maria und sendet die Geisttaube herab.
182. Hl. Birgitta, Revelationes Antwerpiae, 14. Jh., 1611, c 17ff.
183. Ravensburger Madonna, Holzplastik, 15. Jh., Berlin-Dahlem, Staatl. Mus.
184. Die Hl. Ursula nimmt vier Jungfrauen unter ihren Mantel. Tafelbild, Stefan Lochner, 15. Jh., Köln, Wallraf-Richartz-Museum.
185. Der Schmerzensmann Christus, unter dessen Schutzmantel Laien und Priester Zuflucht suchen. Steinskulptur, um 1500, Stuttgart, Stiftskirche.

Literaturverzeichnis

Abel, O.: Paulus Diakonus und die übrigen Geschichtsschreiber der Langobarden. Die Geschichtsschreiber der deutschen Vorzeit (nach den Texten der Monumenta Germaniae Historica), Leipzig 1939.

Algermissen, K.: Berward v. Godehard von Hildesheim, Hildesheim 1960.

Ambrosius von Mailand, Exameron, übersetzt von I. Niederhuber, Kempten/München 1914. Bibliothek der Kirchenväter, Bd. 1, hrsg. v. O. Bardenhewer u. a.

Andorfer, E.: Die Wandmalereien des 13. Jh. in Göß, Festschrift für H. Egger, Graz 1933.

Apuleius: Der Goldene Esel, ins Deutsche übertragen von August Rode, München 1961.

Arndt, A.: Die Heilige Schrift des Alten Testaments und Neuen Testaments mit dem Urtexte der Vulgata, Regensburg und Rom 1914.

Arnim, A. von und Brentano, C.: Des Knaben Wunderhorn, Band I und II, Berlin 1873.

Ausstellungskataloge:

Die Madonna in der Kunst, Stadt Antwerpen 1954.

Karl der Große, Aachen 1956.

400 Jahre Bayerische Staatsbibliothek, München 1958.

Bayerns Kirche im Mittelalter, München 1960.

Ikonenmuseum Recklinghausen, Recklinghausen 1965.

Schöne Madonnen, Salzburg 1965.

„Stabat Mater“, Salzburg 1970.

Bayern, Kunst und Kultur, München 1972.

Suevia Sacra, Augsburg 1973.

Die Zeit der Staufer, Stuttgart 1977.

Bächtold-Stäubli, H.: Handwörterbuch des Deutschen Aberglaubens, Stuttgart 1927–1941.

Baltl, H.: Zur romanischen Löwensymbolik (Zeitschrift des historischen Vereins für Steiermark, 54), Graz 1963.

Bamm, P.: Welten des Glaubens, München/Zürich 1959.

Barth, K.: Kirchliche Dogmatik III/3, Zürich 1961.

Bauerreis, R.: Arbor Vitae (Abhandlungen der Bayerischen Benediktinerakademie, Band III), München 1938.

–: Fons Sacer (Abhandlungen der Bayerischen Benediktinerakademie, Band VI), München-Pasing 1949.

Beer, E.: Die Rose der Kathedrale von Lausanne und der kosmologische Bilderkreis des Mittelalters, Bern 1952.
Beer, R.: Einhorn, Fabelwelt und Wirklichkeit, München 1972.
Behling, L.: Die Pflanze in der mittelalterlichen Tafelmalerei, Weimar 1957.
Beissel, S.: Die Geschichte der Verehrung Marias in Deutschland während des Mittelalters, Freiburg/Br. 1909.
Beyer, O.: Frühchristliche Sinnbilder und Inschriften, Kassel/Basel o. J.
Bibel, Die: Altes Testament mit Apokryphen und Neues Testament, nach der Übersetzung von Martin Luther. Siehe auch Arndt, A. (Vulgata).
Biblia Pauperum, Faksimile-Ausgabe der 40-blättrigen Armenbibel, Blockbuch in der Bibliothek der Erzdiözese Estergom, Budapest 1967.
Blankenburg, W.: Heilige und dämonische Tiere, Köln 1943 (Reprint 1975).
Bloch, P.: Nachwirkungen des Alten Bundes in der christlichen Kunst, Köln 1963.
Blume, G.: Unsere liturgischen Lieder, Regensburg 1932.
Boor, H. de: Mariendichtungen (Geschichte der deutschen Literatur von 770 bis 1170, Band I), München 1949.
Bourguet, P. du: Die frühchristliche Malerei (Epochen der Kunst, Band III), Gütersloh 1965.
Bovini, G.: Die Kirchen von Ravenna, München 1958.
–: Ravenna, kunstvolle Stadt, o. J.
Braunfels, W.: Die Heilige Dreifaltigkeit (Lukas Bücherei zur Christlichen Ikonographie, Band VI), Düsseldorf 1954.
–: Die Welt der Karolinger und ihre Kunst, München 1968.
Broek, R. van den: The mythe of the Phoenix (Theologische Dissertation, Utrecht 1972), Leiden 1971.
Brunner-Traut, E.: Altägyptische Märchen, Düsseldorf/Köln 1963.
Campenhausen, H.: Griechische Kirchenväter, Stuttgart 1961.
–: Lateinische Kirchenväter, Stuttgart 1965.
Cecchelli, C.: Mosaici della Basilica di Maria Maggiore, Turin 1956.
Cecchelli, C., Furlani, G., Salmi, M.: The Rabula Gospels (Faksimile), Olten/Lausanne 1959.
Chatelet, A. u. Faggin, G. I.: Das Gesamtwerk der Gebrüder van Eyck, Klassiker der Kunst, Mailand 1968.
Clemens von Alexandrien Band II: Der Erzieher; Bde IV und V: Teppiche, übersetzt von O. Stählin, München 1934 und 1937. Bibliothek der Kirchenväter, hrsg. v. O. Bardenhewer u. a.
Cornell, H.: Biblia Pauperum, Stockholm 1925.
Cyrill von Jerusalem: Einweihung in die Mysterien des Christentums, übertragen von L. A. Winterswyl (Zeugen des Wortes, hrsg. v. K. Schmidthüs u. R. Scherer), Freiburg i. Br. 1954.

Dante Alighieri: Die göttliche Komödie, deutsch von K. Vossler, Zürich 1941.
Delaissé, L. M. I. u. a.: Mittelalterliche Miniaturen (Von der Burgundischen Bibliothek zum Handschriftenkabinett der königlich-belgischen Bibliothek), Köln 1959.
Delius, W.: Die Geschichte der Marienverehrung, München/Basel 1963.
Demus, O: The Mosaics of Norman Sicily, London 1951.
Duby, G.: Frühzeit des Abendländischen Christentums, Genf 1967.
Endres, F. C.: Die Zahl in Mystik und Glauben der Kulturvölker, Zürich/Leipzig 1935.
Endres, J. A.: Das St. Jakobsportal in Regensburg und Honorius Augustodunensis, Kempten 1903.
Eranos Jahrbuch, Zürich 1934, 1935, 1936.
Esche, S.: Adam und Eva, Sündenfall und Erlösung (Lukas-Bücherei zur christlichen Ikonographie, Band VIII), Düsseldorf 1957.
Essigmann A.: Sagen und Märchen Altindiens, Berlin-Charlottenburg 1916.
Evangelisches Kirchenlexikon, hrsg. von H. Brunotte und O. Weber, Göttingen 1956.
Feldbusch, H.: Die Himmelfahrt Mariae (Lukas-Bücherei zur christlichen Ikonographie Bd. II), Düsseldorf 1951.
Felicetti-Liebenfels, W.: Geschichte der byzantinischen Ikonenmalerei, Olten-Lausanne 1956.
Flagge, I.: Untersuchung zur Bedeutung des Greifes, S. Augustin 1975.
Formaggio, D.: Die Kirchen von Assisi, München 1959.
Forstner, D.: Die Welt der Symbole, Innsbruck/Wien/München 1961.
Gasse, H.: Aus schönen Fabeln des Altertums, Leipzig 1954.
Gerke, F.: Der Ursprung der Lämmerallegorien in der altchristlichen Plastik (Zeitschrift für die neutestamentlichen Wissenschaften 33), 1934.
Geschichte in Quellen, Band I: Altertum, hrsg. von W. Lautemann und M. Schlenke, München 1965.
Giedion, S.: Die Entstehung der Kunst, Köln 1964.
Gilgamesch, eine Erzählung aus dem alten Orient, zu einem Ganzen gestaltet von G. Burckhardt, Wiesbaden 1955.
Glasenapp, H. von: Die nichtchristlichen Religionen, Frankfurt/M. 1957.
Grimm, Brüder: Kinder- und Hausmärchen und irische Elfenmärchen, Band I und II, hrsg. von G. Spiekerkötter, München o. J.
Grimm, J.: Deutsche Mythologie, Band I bis III, Berlin 1875–76.
–: Deutsche Rechtsaltertümer, Göttingen 1881.
Grimm, J. u. W.: Deutsches Wörterbuch, Leipzig 1837.
Grimme, E. G.: Unsere Liebe Frau, Köln 1968.

Grivot, D. und Zarnecki, G.: Giselbertus, Meister von Autun, Paris 1960; deutsche Ausgabe: Wiesbaden 1962.
Guldan, E.: Eva und Maria, Graz-Köln 1966.
Hamann-Mac Lean, R.: Frühe Kunst im Westfränkischen Reich, Leipzig 1939.
Haupt, G.: Die Farbensymbolik in der sakralen Kunst des abendländischen Mittelalters, Inaugural-Dissertation, Dresden 1941.
Hederer, E.: Gedichte des Abendlandes, Frankfurt/Hamburg 1961.
Heilsspiegel, Codex Cremifanensis 243, kommentiert von Neumüller, W., Graz 1972.
Heliand, Der, in der Simrock'schen Übertragung, Berlin 1926.
Hennecke, E., Hrsg., Die Neutestamentlichen Apokryphen, Tübingen 1924.
Herodot: Historien, übertragen und eingeleitet von E. Richtsteig, München 1961.
Hildegard von Bingen: Sci vias (Wisse die Wege), übersetzt und bearbeitet von M. Böckeler, Salzburg 1954.
Homer: Ilias, hrsg. von W. Schadewaldt, Frankfurt/M. 1975.
–: Odyssee, hrsg. von W. Schadewaldt, Tübingen 1958.
Hübner, F.: Maria auf der Mondsichel, Berlin/Nürnberg 1938.
Huizinga, J.: Herbst des Mittelalters, Stuttgart 1975.
Katzenellenbogen, A.: Allegories of the Virtues and Vices in Medieval Art, Reprint: Nendeln, Liechtenstein 1962.
Keller, H. L. (Hrsg.): Reclams Lexikon der Heiligen und der biblischen Gestalten, Stuttgart 1968.
Kisky, H.: Zum Werk des Anton Wonsam von Worms, Wallraf-Richartz Jahrbuch, Band XVII, Köln 1955, S. 226–229.
Kittel, G.: Theologisches Wörterbuch zum Neuen Testament, Stuttgart 1933–1973.
Klein, D.: St. Lukas als Maler der Madonna, Berlin 1933.
Klingender, F.: Animals in art and thought, London 1971.
Köhn, H.: Romanisches Drachenornament in Bronze und Architekturplastik (Studien zur deutschen Kunstgeschichte, Heft 275), Straßburg 1930.
Konrad von Megenberg: Das Buch der Natur, hrsg. von F. Pfeiffer, Stuttgart 1961.
Konrad von Würzburg: Die Goldene Schmiede („Altdeutsche Wälder" hrsg. von den Brüdern Grimm, Frankfurt 1815) Reprint Darmstadt 1966.
–: Der Welt Lohn, in: E. Schröder (Hrsg.), Kleinere Schriften des Konrad von Würzburg, Berlin 1930.
Konstantinova, A.: Ein englisches Bestiar des 12. Jh. in der Staatsbibliothek von Leningrad, Berlin 1929.

Kretzenbacher, L.: Die Seelenwaage (Buchreihe des Landesmuseums in Kärnten, Band IV), Klagenfurt 1958.
Krönig, W.: Rheinische Vesperbilder aus Leder, Wallraf-Richartz-Jahrbuch, Band XXIV, Köln 1962, S. 97–192.
Krönig, W.: Ein Vesperbild im Schnütgenmuseum zu Köln mit einem Exkurs über die Bedeutung der Rosetten (Wallraf-Richartz-Jahrbuch, Band XXXI), Köln 1969.
Kühn, H.: Die Danielschnalle der Völkerwanderungszeit (Jahrbuch für prähistorische und ethnographische Kunst), Berlin 1943.
Künstle, K.: Ikonographie der christlichen Kunst, Freiburg 1928.
Küppers, L.: Die Gottesmutter, Marienbild in Rheinland und Westfalen, Band 1 und 2, Recklinghausen 1974.
Kusch, H.: Einführung in das lateinische Mittelalter, Band I: Dichtung.
Lange, R.: Das Marienbild der frühen Jahrhunderte, Recklinghausen 1969.
Langosch, K.: Geistliche Spiele (Lateinische Dramen des Mittelalters mit deutschen Versen), Darmstadt 1957.
–: Hymnen und Vagantenlieder (Lateinische Lyrik des Mittelalters mit deutschen Versen), Basel 1954.
Lauchert, F.: Geschichte des Physiologus, Straßburg 1889, Neuauflage, Genf 1974.
Lecaldano, P. u. a.: Das Gesamtwerk von Memling (Klassiker der Kunst), Mailand 1969.
Legenda Aurea, aus dem Lateinischen übersetzt von R. Benz, Köln 1969.
Lexikon der christlichen Ikonographie, hrsg. von E. Kirschbaum, Band I bis IV und W. Braunfels, Band V bis VIII, Rom/Freiburg 1968–1976.
Lexikon der Kunst, 5 Bände, Leipzig 1968–1978.
Leyen, von der und Spanner, A.: Die Altdeutschen Wandteppiche im Regensburger Rathaus, Regensburg 1910.
Lognon, J. u. a.: Die „Très Riches Heures" des Jean Duc de Berry im Musée Condé, Chantilly 1973, München 1973.
Lommel, A.: Die Welt der frühen Jäger, München 1965.
Lüers, G.: Marienverehrung mittelalterlicher Nonnen (Aus der Welt christlicher Frömmigkeit, 6), München 1923.
Märki-Boehringer, J.: Frühchristliche Sarkophage in Bild und Wort, Olten 1966.
Malerbuch vom Berg Athos des Malermönches Dionysios vom Berg Athos, München 1960.
Martens, M. u. a.: Saint Michel et sa symbolique, Brüssel 1979.
Maurer, F.: Der altdeutsche Physiologus (Altdeutsche Textbibliothek 67), Tübingen 1967.
Messerer, W.: Der Bamberger Domschatz, München 1952.

Metz, P.: Das Goldene Evangelienbuch von Echternach im Germanischen National-Museum Nürnberg, München 1966.
Milošević, D.: Das Jüngste Gericht, Recklinghausen 1967.
Minzloff, R.: Bruder Hansens Marienlieder, Hannover 1863.
Möbius, F. und H., und Beyer, K.: Bauornament im Mittelalter, Symbol und Bedeutung, Berlin/Wien 1974.
Molsdorf, W.: Christliche Symbolik in der Mittelalterlichen Kunst, Leipzig 1926.
Monumente des Abendlandes, hrsg. v. H. Busch und B. Lohse: Vorromanische Kunst und ihre Wurzeln, Frankfurt/M. 1965.
Baukunst der Romanik in Europa, Frankfurt/M. 1959.
Romanische Plastik in Europa, Frankfurt/M. 1961.
Baukunst der Gotik, Frankfurt/M. 1958.
Gotische Plastik, Frankfurt/M. 1963.
Europäische Plastik der Spätgotik und Renaissance, Frankfurt/M. 1963.
Mütherich, F.: Karolingische Buchmalerei (Die großen Handschriften der Welt), München 1976.
Murbach, E. und Heman, P.: Zillis, Die Romanische Bilderdecke der Kirche St. Martin, Zürich und Freiburg/Br., 1967.
Naumann, H.: Herrscher und Heilige, Ernste Dichtungen des lateinischen Mittelalters, München, o. J.
Niemeyer, M. (Hrsg.): Kleinere deutsche Gedichte des 11. und 12. Jh. (Altdeutsche Textbibliothek), Tübingen 1972.
Nikolasch, F.: Das Lamm als Christussymbol in den Schriften der Väter, Wien 1963.
Oertzen, A. von: Maria, Königin des Rosenkranzes, Augsburg 1925.
Os, H. W. von: Marias Demut und Verherrlichung in der Sienesischen Malerei 1300 bis 1450, S'Gravenhage 1969.
Oslender, F. (Hrsg.): Frühmittelalterliche Buchmalerei:
Goes, A.: Genesis, Hamburg 1956.
Krönig, W.: Engel, Hamburg 1957.
Schreyer, L.: Das Antlitz Christi, Hamburg 1956.
Schreyer, L. Oslender, F. u.S.: Evangelisten, Hamburg 1955.
Wenger, P. W.: Irische Miniaturen, Hamburg 1957.
Pauly-Wissowa: Realenzyklopädie der klassischen Altertumswissenschaft, Stuttgart 1839.
Pausanias: Beschreibung Griechenlands, Band I und II, hrsg. von E. Meyer, München 1972.
Pfeiffer, F.: Deutsche Mystiker des 14. Jh., Leipzig 1845.
Physiologus Bernensis, Wissenschaftlicher Kommentar von C. von Steiger und O. Homburger, Basel 1964.
Plutarch: Vermischte Schriften, hrsg. von H. Conrad, München 1911.

Porcher, J.: Französische Buchmalerei. Autorisierte Übertragung aus dem Französischen von P. Ronge, Paris 1959/Recklinghausen.
RAC, Reallexikon für Antike und Christentum, hrsg. von Th. Klauser und A. Hirsemann, Stuttgart 1941/1950.
Rademacher, F.: Regina Angelorum in der Kunst des frühen Mittelalters (Die Kunstdenkmäler des Rheinlandes, Reihe 17), Düsseldorf 1972.
RBK, Reallexikon zur byzantinischen Kunst, hrsg. von K. Wessel, Stuttgart 1966.
RDK, Reallexikon zur Deutschen Kunstgeschichte, begonnen von O. Schmitt, Stuttgart 1937.
Reallexikon der Ägyptischen Religionsgeschichte, hrsg. von H. Bonnet, Berlin 1952.
Reinsch, R.: Le Bestiaire. Das Tierbuch des normannischen Dichters Guillaume le Clerc, Wiesbaden 1967.
RGA, Reallexikon des Germanischen Altertums, hrsg. von I. Hoops, Straßburg 1915.
Rice, D., Hirmer, M.: Kunst aus Byzanz, München 1959.
Rießler, P.: Altjüdisches Schrifttum außerhalb der Bibel, Augsburg 1928.
Rietschel, C.: Sinnzeichen des Glaubens, Kassel 1965.
Röhrig, F.: Der Verduner Altar, Wien 1955.
Rose, H.: Griechische Mythologie, München 1969.
Sälzle, K.: Tier und Mensch, Gottheit und Dämon, München 1965.
Sauer, J.: Symbolik des Kirchengebäudes und seine Ausstattung in der Auffassung des Mittelalters, Freiburg/Br. 1902.
Scheftelowitz, I.: Das Schlingen- und Netzmotiv im Glauben und Brauch der Völker, 1912.
Schiller, G.: Ikonographie der Christlichen Kunst, Gütersloh 1966–1976, Band I–IV, 1.
Schrade, H.: Franz v. Assisi und Giotto, Köln 1964.
Schramm, P. E.: Sphaera, Globus, Reichsapfel, Stuttgart 1958.
Schreiber, E.: Stuttgarter Bildpsalter (Faksimile), Band I und II, Stuttgart 1965 u. 1968.
Schreyer, L. u. Oslender, F.: Die Botschaft der Buchmalerei, Hamburg 1956.
Schreyer, L.: Bildnis der Mutter Gottes, Freiburg 1951.
Seligmann, K.: Das Weltreich der Magie, Stuttgart 1958.
Staedel, E.: Ikonographie der Himmelfahrt Mariens, Straßburg 1935.
Stammler, W.: Wort und Bild, Wechselbeziehung zwischen den Schriften und der Bildkunst des Mittelalters, Berlin 1962.
Stapert, A.: L'Ange Romain dans la pensée et dans l'art, Paris 1975.
Steinen, W. von den: Homo Caelestis, Band I u. II, München 1965.
–: Tausendjährige Hymnen, Vormerveer 1943.

Stolpe, S.: Die Offenbarungen der Hl. Birgitta von Schweden, Frankfurt/M. 1961.

Strangfeld, J.: Das Dankgebet der Kirche (Zeugen des Wortes, hrsg. v. K. Schmidthüs u. R. Scherer), Freiburg/Br. 1952.

Straub, A. u. Keller, G.: Herade de Landsberg, Hortus Deliciarum, Band I und II, Straßburg 1899.

Strzygowski, J.: Bilderkreis des Griechischen Physiologus, Leipzig 1899.

Stuhlfauth, G.: Die Engel in der altchristlichen Kunst (Archäologische Studien zum christlichen Altertum und Mittelalter), Freiburg, Leipzig, Tübingen 1897.

Stundenbuch des Herzogs von Berry s. Lognon, J.

Sühling, F.: Die Taube als religiöses Symbol im christlichen Altertum (Römische Quartalschrift für christliche Altertumskunde und für Kirchengeschichte), Freiburg 1930.

Tertullian: Apologeticum. Verteidigung des Christentums, hrsg. und übersetzt von C. Becker, München 1972.

Texte der Kirchenväter, Band I bis IV, hrsg. von A. Heilmann, Band V, hrsg. von H. Kraft, München 1963–1966.

Thode, H.: Franz von Assisi und die Anfänge der Kunst der Renaissance in Italien, Phaidon-Verlag 1934.

Tieschowitz, B. v.: Das Chorgestühl des Kölner Doms, Marburg 1930.

Tschan, F. J.: Saint Bernward of Hildesheim, Bd. 1 u. 2, Indiana 1952.

Uhlig, H.: Die Sumerer, München 1976.

Universum der Kunst, hrsg. von A. Malraux u. a.:

Grabar, A.: Die Kunst des Frühen Christentums, München 1967.

Grabar, A.: Die Kunst im Zeitalter Justinians, München 1967.

Hubert, J. u. a.: Die Kunst der Karolinger, München 1969.

Parrot, A.: Sumer, München 1960.

Bianchi Bandinelli, R.: Rom. Das Ende der Antike, München 1971.

Vergil: Hirtengedichte, Eklogen, übersetzt und erläutert von H. C. Schnur, Stuttgart 1968.

Vetter, E.: Maria im Rosenhag (Lukasbücherei zur Christlichen Ikonographie), Düsseldorf 1956.

–: Mulier Amicta Sole; Mater Salvatoris (Münchner Jahrbuch der Bildenden Kunst), 1958/59.

Wackernagel, W.: Altdeutsche Predigten und Gebete aus Handschriften, Basel 1876.

Walter, J.: Hortus Deliciarum von Herrade de Landsberg, Straßburg/Paris 1952.

Walther von der Vogelweide: Gedichte, mittelhochdeutscher Text und Übertragung, ausgewählt, übersetzt und kommentiert von P. Wapnewski, Frankfurt/Hamburg 1970.

Wattenbach, W.: Leben des Hl. Gallus und des Abtes Otmar von Sanktgallen (Die Geschichtsschreiber der deutschen Vorzeit, Band XII), Leipzig 1939.

Wegener, I.: Studien zur Ikonographie der Greifen im Mittelalter, Leipzig 1928.

Weisbach, W.: Religiöse Reform und mittelalterliche Kunst, Einsiedeln 1945.

Weitzmann, K.: Spätantike und frühchristliche Buchmalerei (Die Großen Handschriften der Welt), München 1977.

Wellen, G. A.: Theotokos, eine ikonographische Abhandlung über das Gottesmutterbild in frühchristlicher Zeit, Utrecht, Antwerpen 1961.

Westendorf, W.: Das Alte Ägypten, Baden-Baden 1968.

Wilpert, J.: Die Malereien der Katakomben Roms, Band I und II, Freiburg/Br. 1903.

–: Die römischen Mosaiken und Malereien der kirchlichen Bauten vom 4. bis 13. Jahrhundert, Band I–IV, Freiburg/Br. 1916.

Winterswyl, L. A.: Gebete der Urkirche (Zeugen des Wortes, hrsg. von K. Schmidt und R. Scherer), Freiburg/Br. 1952.

Witt, A. de: Mosaici del Battistero di Firenze, Band I–V, Florenz 1954–1959.

Witzleben, E. von: Farbwunder deutscher Glasmalerei aus dem Mittelalter, Augsburg 1965.

Wolfram von Eschenbach: Parzival, Band I und II, hrsg. von K. Pannier, Leipzig 1897.

Zobel, V.: Fabeln des Äsop nach Steinhövels erneuertem Esopas, Leipzig 1919.

Zülch, W. K.: Der historische Grünewald, Mathis Gothardt-Neithardt, München 1949.

Bildquellennachweis

Alte Pinakothek, München 30, 33, 73
Bayerisches Nationalmuseum 70, 80, 82
Bayerische Staatsbibliothek 19, 25, 28, 34, 35, 38, 54, 60, 63, 66, 78
Bettini, Sergio, L'Arte Racconta. I Mosaici Medioevali di S. Marco, Mailand/Genf 1965: 67
Biblioteca Nacional, Madrid Umschlagbild
Bibliothèque Royale Albert Ier, Brüssel 47
Bildarchiv Foto Marburg 10, 11, 17, 23, 41, 42, 45, 53, 55, 62, 79, 81
du Bourguet, Pierre, SJ, Die frühchristliche Malerei (Epochen der Kunst Bd. 3), Gütersloh 1965: 40, 43
Deutsches Archäologisches Institut, Rom 16, 21, 24, 29, 39, 44, 48, 58
Dietel, N., Mannheim 4
Frentzel, G., Nürnberg 61 a–c
Gessner, I., Heilbronn 14
Hirmer Verlag, München 9, 26, 31, 49
Lecaldano, Paolo (Hrsg.), Das Gesamtwerk von Memling, Luzern/Zürich 1969: 51
Linner, I., Bamberg 46, 77
Rau, R., Foto- und Text-Verlag, Neufahrn 1, 3, 18, 22, 27, 50, 64, 65, 69, 75, 76
Schmidt, H., München 5, 6, 7, 8, 12, 13, 15, 20, 37, 56, 59, 68, 71, 74. Archiv: 32, 52
Schmidt, H. M., München 2 a–d (Zeichnungen), 36, 57, 72, 83
Schweizer Nationalmuseum, Zürich 69

Register mit Glossar

Das *Register* erfaßt – abgesehen von wenigen, mit Anm. (= Anmerkung) gekennzeichneten Ausnahmen – nur den Textteil des Buches. Die *kursiv* gesetzten Seitenzahlen verweisen auf Hauptstellen.

Das *Glossar* erläutert, ergänzend zum Haupttext und den Anmerkungen, die für die Thematik des Buches wichtigsten Begriffe. Werden Begriffe im Register nicht erklärt, sind sie im Text erläutert, auf den verwiesen wird.

Die *Abbildungen* (Abb.) werden ebenfalls nach ihren Seitenzahlen und nicht nach ihren Nummern angegeben.

Apostel, zwölf 76, 88, 98, 114, 217ff., 228; s. auch *Zahlensymbolik.*
Apotheose (gr.), Vergöttlichung, die Erhebung eines antiken Herrschers zum Gott. Die bildende Kunst zeigt den (posthum) Vergöttlichten, wie er nach oben schwebt oder von Genien getragen wird, wo ihn Himmelsgottheiten empfangen. Bei Bildern der Himmelfahrt Christi und vor allem Mariens bedient man sich schon in der Gotik, besonders aber im Barock, ähnlicher Bildformen. 34, 94, 201.
Apotropäum (gr.), unheilbannender, magischer Abwehrzauber 14, 22, *26,* 29 Abb., 64, 79, 83, 88, 181 Abb.; s. auch *Magie.*
Apsis (gr.), meist halbrunder, mit einer Halbkuppel eingewölbter Abschluß eines Chores am Ende des mittleren Kirchenschiffes, dem auch Nebenapsiden zugeordnet sein können.
Apuleius, Lucius, 2. Jh. n. Chr., römischer Schriftsteller, ein Verehrer der Mysterienkulte, in die er sich allerorts einweihen ließ und die er, so weit es erlaubt war, auch beschrieb 90, 224.
Aquamanile (lat.), Gießgefäß 19.
Archetypus (gr.), im spätantiken Sprachgebrauch Urbild, Idee. C. G. Jung bezeichnet damit Urbilder in der Tiefe des Unbewußten, in denen kollektive Menschheitserfahrungen Gestalt gewonnen haben. 20, 22, 108.
Archivolte (lat.), profilierte Seite eines (Rund-)Bogens.
Aristoteles, griechischer Philosoph, 384–322 v. Chr., Schüler Platons und Lehrer Alexanders d. Gr., Begründer einer Philosophenschule 16; s. auch *Scholastik.*
Arkade (lat.), Abfolge von Mauerbögen, die auf Pfeilern oder Säulen ruhen.
Armenbibel, Biblia Pauperum, ein seit dem 14. Jh. weit verbreitetes Buch. Schema: Ein neutestamentliches Zentralbild wird von zwei alttestamentlichen Bildern flankiert und typologisch gedeutet. Vier weissagende Propheten umgeben die Szenen. 107, 230, 235; s. auch *Typologie.*
Ars moriendi (lat.), Kunst des Sterbens, ein erbauliches Sterbebüchlein des späten Mittelalters 254, 282 Anm. 24.
Assunta (lat), *221;* s. auch *Maria.*
Attribut (lat.), in der bildenden Kunst Kennzeichen, das einem Gott, einem Heiligen, einem Märtyrer, einer biblischen Gestalt, einem personifizierten Begriff beigegeben wird, z. B. der Schlangenstab dem Asklepios, die Waage der Justitia, der Apfel der Eva, das Lamm dem Täufer Johannes u. a.
Auferstehung der Toten 96f., 188, 189 Abb.
Augen
– **vieläugig:** Argus 162. Cherubim (und Seraphim) 162, 163 Abb., 165 Abb., 170. Evangelistensymbole 173. Engelsflügel mit Pfauenaugen 96, 159 Abb.
– **siebenäugig:** Apokalyptisches Lamm 74.
Augustinus, 354–430, bedeutendster der vier großen lateinischen Kirchenlehrer (s. dort). Nach 391

imago clipeata bezeichnete man ursprünglich das auf einem Rundschild gemalte oder befestigte Bildnis eines Kriegers. Später werden hochgestellte Persönlichkeiten oder verehrte Verstorbene durch das Aufstellen solcher Porträtschilder geehrt. In der Folge wird dann jedes Bildnis in kreisförmiger Umrahmung imago clipeata genannt. Sehr früh hat man in der christlichen Kunst auch Christus oder ein Christussymbol im Clipeus dargestellt. 30 Abb., 81 Abb., 147 Abb.

Cluniazensische Reform, die von dem 910 gegründeten Kloster Cluny ausgehende Erneuerung des Benediktinerordens und der gesamten abendländischen Kirche. Typische, aus der Bußgesinnung erwachsene Bildthemen sind der personifiziert dargestellte Geiz (Avaritia) und die Wollust (Luxuria), die als Hauptlaster gelten, sowie das Gleichnis vom Reichen Mann und Armen Lazarus. Im Mittelpunkt steht das Weltgericht. 25, 105, 197.

Codex (lat.) Pergamenthandschrift in viereckiger Buchform, in der Spätantike aufkommend, löst Buchrolle, s. *Rotulus,* ab.

Cyrill von Jerusalem, 313(?)–386, Bischof von Jerusalem, bekannt durch seine mystagogischen Taufkatechesen 57.

Dämon (gr.), 24, 29, 51, 65, 71, 144, 150.

Daniel (Danielschnalle) 24 Abb. f., 41, 83, 153, 158, 188.

Dante, geb. 1265 in Florenz, gest. 1321 als politisch Verbannter in Ravenna, überragender Dichter Italiens. Er steht mit seiner „Göttlichen Komödie" an der Schwelle zweier Zeitalter: einerseits von der beginnenden Renaissance und der damit verbundenen Faszination durch die Antike geprägt, wurzelt er andererseits in der Theologie und Philosophie des Mittelalters (Thomas von Aquin). Mit der Scholastik teilt er die Freude an der allegorischen Sprache ebenso wie das Ergriffensein von mystischen Visionen. In dieser Spannweite wird Dante zum Kronzeugen mittelalterlicher Ikonographie. 65, 71, 141, 146, 177, 235.

David, Begründer und König des Großreiches Israel. Nach 40jähriger Regierung etwa 965 v. Chr. gestorben. Als Psalmsänger meist mit Krone und Harfe dargestellt 183.

Deesis (gr.), Bitte 197.

Defensorium des Franz von Retz *230–231.*

Delphin *58–59.*

Dietrich von Bern, Theoderich der Große, 456(?)–526, König der Ostgoten, seit 489 Herrscher in Italien mit Hauptsitz Ravenna oder Verona. Die beiden Orte tauchen in der Sage als Raben (Rabenschlacht) und Bern auf. Als Arianer wird er von der Kirche zum Ketzer erklärt. Im Volk jedoch lebt er unter dem Namen Dietrich von Bern als Idealbild des ritterlichen Helden weiter. Seit dem 13. Jh. wird die Dietrichsage märchenhaft ausgeschmückt (mit Drachen und Zwergen – „Laurins Rosengarten"). Beide

S. 203). Weiß, die Farbe des ungeteilten Lichtes, wird zum Symbol des vollkommenen Gotteslichtes, zugleich der Reinheit und damit zur Gewandfarbe der Engel, der Seligen und der neu Getauften. Im farbenfrohen späten Mittelalter werden in Volksliedern die Farben der Blumen zum Sinnbild von Liebe und Leid. Die Gewandfarben werden zum Kennzeichen der verschiedenen Stände. Auf den Bildtafeln der Altäre herrschen Gold (Gelb), Weiß, Blau und Rot vor. Ihre Bedeutung verlagert sich mehr und mehr auf den seelischen und moralischen Bereich, wobei die Farben einen ambivalenten Charakter annehmen. Beispiele: Blau – positiv, als Farbe des immer blauen Himmelsgewölbes, wird zum Sinnbild der Treue Gottes (auch des Menschen); als kühle Farbe der klaren Luft zum Zeichen der Weit-, Durch- und Einsicht, d. h. der Erkenntnis. Blau – negativ, wird zur Farbe des Teufels und der Dämonen, die (nach Eph. 2, 2) in der Luft herrschen. Oder: Das warme Rot, die Farbe des Blutes, wird zum Symbol der brennenden göttlichen und menschlichen Liebe, des pfingstlichen Geistfeuers, zugleich jedoch zum Zeichen des Hasses, des Aufruhrs, des höllischen Feuers. Zu einem verbindlichen Farbkanon ist es nicht gekommen, außer – seit dem 12. Jh. – im Bereich der liturgischen Priesterkleidung und später des Altar- und Kanzelbehanges. 65, 73, 78, 111, 164f., 167f., 191, 202f., 208, 246, 248, 250f.

Flabellum (lat.), liturgischer Fächer 96, 167.

Flügel, geflügelt. Apokalyptisches Weib (Maria) 129, Umschlagbild. Christus als „Engel des großen Ratschlusses" 129. Johannes der Täufer (byzantinisch) 129. Engel flügellos, zweiflügelig 129, 130 Abb., 131 Abb., 132; vier- bis sechsflügelig (Cherubim und Seraphim) 162, 163 Abb., 168, 169 Abb.

Franziskanische Mystik. Von dem miterlebenden Betrachten der heiligen Geschichten, wie es Franziskus und nach ihm die franziskanischen Dichter (Thomas von Celano, Bonaventura, Jacopone da Todi) und der Prediger Berthold von Regensburg übten und weitergaben, gingen starke Impulse auch auf die Kunst aus. 93, 135, 200, 212, 246.

Franziskus. Mit seiner bedingungslosen Nachfolge Christi und seiner mitreißenden Freude an Gott verband Franz von Assisi (1181/82–1226) eine überströmende Liebe zu den Menschen und zur gesamten Schöpfung. 146, 169, 183.

haltsort der verstorbenen alttestamentlichen Väter, Vorhölle, 61 Abb.
Löwe 13, 15, 18, 24f. Abb., 27 Abb., 30 Abb., 31f., 43, 46, 48, 50, 51, 58, 64, 69, *78–86,* 122, 161ff., *162,* 187, 231, 233 Abb., 237ff.
– **Symbol des Evangelisten Markus** s. *Evangelistensymbole.*
Löwe aus Juda 80, 82.
Löwenmadonna 80, *82.*
Löwenthron s. *Maria.*
Logos (gr.), neutestamentlich „das Wort", ist vom Schöpferwort „Es werde " des Alten Testaments (1. Mose 1) her zu interpretieren und nicht vom vielschichtigen philosophisch-spekulativen Logosbegriff der Griechen. Im Prolog des Johannesevangeliums ist Christus der Logos, der als der Präexistente vor aller Zeit war, der die Welt erschuf und der als Jesus menschliche Gestalt annahm. Vor allem in der von Byzanz beeinflußten Kunst wird Christus als Kind wie als Allherrscher durch eine Schriftrolle oder das Evangelienbuch als Logos gekennzeichnet. Die Identität des Weltenschöpfers mit dem Christuslogos zeigt sich besonders deutlich am Kreuzesnimbus, den der Schöpfer im Mittelalter trägt. 137, 170, 190 Abb., 203f.
Lukas 202f., *205–206.*
– **Symbol** s. *Stier.*
Lunette (franz. Halbmond), halbkreisförmig begrenztes Bogenfeld über Türen und Fenstern, vgl. *Tympanon;* auch in den architektonischen Motiven der Buchmalerei 176 Abb.
Luzifer (lat.) s. *Teufel.*
Machtscheibe, auch Diskus, oft in Händen von Christus oder den Erzengeln. Kreisform, durchscheinendes Blau, Christusmonogramm bzw. -zeichen weisen sie als kosmisch-göttliches Machtsymbol aus. 104 Abb., 140, 143 Abb., 144, 148; s. auch *Sphärenkugel.*
Madonna s. *Maria.*
Maestà 197; s. *Maria.*
Magie (gr.), Anwendung von Zauberpraktiken, bei denen man sich gewisser Worte, Rituale, Gegenstände, Zahlen und Bilder bedient, um sich vor Geistern, Krankheiten und Feinden zu schützen oder positiven bzw. negativen Einfluß auf Naturkräfte, Pflanzen, Tiere und Menschen zu nehmen. 13, 22, 26.
Maiestas Domini (lat.), Herrlichkeit des Herrn, Darstellung des in Hoheit thronenden und in Ewigkeit herrschenden Christus. Der biblische Vorwurf dieses Bildtypus findet sich in der Hesekiel-Vision (Kap. 1) und in der Offenbarung des Johannes (Kap. 4). Einzelmotive: Thron oder Regenbogen als Sitz Christi, das aufgeschlagene Buch des Lebens (Offb. Joh. 5) – meist mit einem Spruch aus dem Johannes-Evangelium –, die vier Evangelistensymbole, seltener die 24 Ältesten. Die Erde wird nach Jes. 66,1 zum Schemel seiner Füße. Die Maiestas wird in Apsiden und Tympanen zum Hauptthema der Dome des frühen und hohen Mittelalters. 166, 175 Abb.; s. auch *Pantokrator.*
Malerbuch vom Berg Athos, eine handwerkliche und geistliche

– **Verlobung, Hochzeit** *207–208;* s. auch *Heilige Sippe, Anna Selbdritt, Gewänder und Trachten, Heilstreppe, Immaculata Conceptio, Pietà, Rosenkranz, Schutzmantel.*

Markus-Symbol s. *Löwe.*

Mater dolorosa (lat.), Schmerzensmutter *214–216.*

Matthäus-Symbol, geflügelter Mensch 172, 173.

Meer, personifiziert, *Mare* (lat.), *Okeanos* (gr.).

Meeresdrache s. *Ketos.*

Meerstern (lat. stella maris), Polarstern, Leitstern der Seefahrer, Beiname der Maria 243, 245.

Merowingische Kunst, 5.–7. Jh. 20, 88.

Metapher (gr.), Übertragung, Redewendung, die einen Begriff oder Gegenstand durch ein vergleichbares Bild ersetzt.

Michael s. *Erzengel.*

Midgardschlange s. *Schlange.*

Miniatur (vom lat. minium = Mennig, einer roten Farbe, mit welcher Randleisten, Überschriften u. a. hervorgehoben wurden), den Text schmückende oder illustrierende Malerei bzw. Zeichnung in Handschriften und Büchern.

Mischwesen 14, 16, 29 Abb., 65 Abb., 70, 71 Abb., 160f., 163 Abb., 173, 178f. Abb.

Mithras, indo-iranischer Licht- und Siegesgott. Durch die Tötung des Urstiers bewirkt er die Fruchtbarkeit der Erde. Sein bedeutsamer Mysterienkult, in den sich auch römische Kaiser einweihen ließen, wurde vom 1. Jh. vor bis zum 4. Jh. nach Chr. durch die Legionäre im ganzen Weltreich verbreitet. Das frühe Christentum sah in ihm einen starken Rivalen. 86, 157.

Mond 15, 27, 89 Abb., 104 Abb., 112f., 189 Abb., 190, 224f., 243f.

Mondsichel 13, 30 Abb., 79, 87, 191 Abb., *223–229,* 246.

Monogramm (gr.) **Christi.** In alten Zeiten sind Name und Träger identisch. Im Alten Testament wird deshalb der Gottesname ehrfurchtsvoll umschrieben. Im Neuen Testament liegt im Namen Christi alles Heil (Apg. 4, 12). Er wird im Christusmonogramm zu einem der bedeutendsten Zeichen der frühchristlichen Kunst. Es wird auf dreifache Weise aus den ersten Buchstaben der griechisch geschriebenen Namen „Jesus“ und „Christus“ gebildet:

1. **J**ESUS **CHR**ISTUS (lat)
   IHCOYC **X**PICTOC (gr.)
   Monogramm: ✳
2. **CHR**ISTUS (lat.)
   XPICTOC (gr.)
   Monogramm: ☧,⳨
3. **JES**US (lat.)
   IHCOYC (gr.)
   Monogramm: IHC

Später ist im Westen das gr. C (Sigma) als lat. S geschrieben und das gr. H (Eta) als H mißverstanden worden. Dieser Buchstabenfolge IHS legte man die verschiedensten Bedeutungen unter, so z. B. *J*esus *H*ominum *S*alvator = Jesus, der Menschen Retter (deutsche Version: *J*esus, *H*eiland, *S*eligmacher). Im 14./15. Jh. wurde dieses Jesusmonogramm von Bernhardin von Siena neu belebt. 35, 59, 74, 81, 82

nannt nach dem „Heilsspiegel" 107, *230.*

Sphärenkreis 192.

Sphärenkugel (vom gr. sphaira = Kugel), das in der Idealgestalt einer Kugel gedachte und dargestellte Himmelsgewölbe. Sie wird zum Herrschaftssymbol der römischen Kaiser, vom 4. Jh. an – mit einem Kreuz oder einem anderen Christuszeichen versehen – des Weltenherrschers Christus, auch Gottvaters oder der Erzengel. Die Sphära wird bald als kompakte, bald als durchscheinende, ätherische – später kristallinische – Kugel dargestellt. Im späten Mittelalter versinnbildet sie den Erdball und wird unter dem Namen Reichsapfel zu einem der Herrscherinsignien der Kaiser. Im späten Mittelalter versinnbildet sie den Erdball. 95, 97, 148, 222; s. auch *Machtscheibe.*

Spons, sponsa (lat.), Verlobter, Verlobte, s. *Brautmystik.*

Spruchband dient zur Wiedergabe direkter Rede abgebildeter Personen, ab 11. Jh. 238, *241–243.*

Stab Aarons *208,* 229, 231, 233 Abb., 245.

Stern 27, 74, 87f., 190, 202, 224f., 226, 238, 246.

Stier 13, 26, 29 Abb., 79, *86–88,* 123, 156 Abb., 161ff., 224; s. auch *Ochs und Esel.*

– **Symbol des Evangelisten Lukas** s. *Evangelistensymbole.*

Sündenfall 102ff.

Sulamith 110, 198, *240–243.*

Sumerer 13, 224.

Symbol (von gr. zusammenwerfen), ursprünglich aus der Rechtspflege stammender Vorgang: Lassen sich zwei Bruchstücke wieder zu dem ursprünglichen Gegenstand, z. B. einem Stab, zusammenfügen, so weisen sie sich als zusammengehörig aus, wobei ein Stück durch das andere erkennbar wird. Damit ist das Wesen eines Symbols beschrieben. Es macht den Kern einer oft schwer faßbaren und nur mühsam darlegbaren Aussage in konzentrierter Form sichtbar und – über das reflektierende Denken hinaus – in einer tieferen Dimension erkennbar. Vieles kann zum Symbol werden: eine Handlung (s. die Mantelkindschaft, S. 255; der in die Wüste getriebene Sündenbock aus 3. Mose 16, 20ff.), ein Zeichen (s. Monogramm Christi), eine Zahl, eine Farbe, ebenso ein kreatürliches Wesen wie ein Tier (z. B. das Opferlamm, s. S. 75) oder eine Pflanze (z. B. der mystische, eucharistische Weinstock, s. dort), endlich auch ein Gegenstand (z. B. der nicht endende Ring als Symbol der Treue). In der Ikonographie der Kirche sind es vor allem die frühchristlichen Symbole, welche dem Betrachtenden die Geheimnisse der Erlösung erschließen können. Heute ist es allgemein üblich, das Wort Symbol auch als Synonym für Sinnbild zu verwenden. 17, *260 Anm. 9;* s. auch *Blumen-, Christus-, Farben-, Zahlen-Symbolik.*

Symboliker, Vertreter einer mittelalterlichen theologischen Richtung, welche die allegorische Ausdeutung nicht auf biblische Texte

liegen; vom Osten soll Christus am Weltenende wiederkommen. Kirchen werden, wie einst schon die antiken Tempel, vornehmlich nach Osten hin orientiert. Im Osten liegt, die Apsis mit den Hauptfenstern und dem Altar. Die Westseite, oft burgartig hochgezogen, wird häufig durch Dämonen abwehrende Bilder geschützt. 26, 29 Abb., 97, 99, 150, 175.

Westwerk, ein über einem quadratischen Grundriß aufragender, zweigeschossiger und turmartiger Westvorbau, flankiert von zwei runden Treppentürmen, an karolingischen Klosterkirchen. Er ist nach dem Mittelschiff hin geöffnet. Im Hauptraum des Obergeschosses standen ein Altar und der Thron für den auf Reisen einkehrenden Kaiser. 150.

Wilde Leute *53,* 187.

Wimperg, ein in der Gotik üblicher Ziergiebel über Fenstern und Türen, ebenso an Ziborienaltären, der meist von zwei Fialen (schlanken Türmchen) eingefaßt ist.

Wolf 16, 25, 29, 78, *120–121.*

„Wolfsschule“ 120.

Wolfram von Eschenbach, ca. 1170–1220, mittelhochdeutscher Lieder- und Ependichter, bringt in seinem Parzival auch eine Fülle von seiner Zeit eigenen Vorstellungen über die Mysterien des christlichen Glaubens und die mythische Heilkraft von Pflanzen, Steinen und seltsamen Tieren. 94, 138, 239.

Wunden Jesu 215, 251, 254f.

Wurzel Jesse, Jessebaum = Stammbaum Jesu. Er beginnt nach der Weissagung Jes. 11, 1 und 2 („Es wird ein Reis aufgehen aus dem Stamm Isais und ein Zweig aus seiner Wurzel Frucht bringen“) mit Isai (Jesse), dem Vater Davids. Die Grundform des Jessebaums: Aus dem schlafenden Urvater wächst der Stamm empor. In seinen Zweigen erscheinen die leiblichen Ahnen Jesu, die Könige Judas, bisweilen auch die geistlichen Ahnen, die Propheten; darüber sieht man Maria und über ihr, im Wipfel Jesus, umgeben von den sieben Geisttauben. Seltener bildet Maria mit dem Christuskind den Abschluß. 114, 226, 231, 245.

Zahlensymbolik. In ihr werden seit alters gewissen Zahlen – neben dem nüchternen Rechenwert – symbolische Werte beigelegt, die im Kult, in der Magie und im gesamten Lebensbereich wirksam werden. Sie sind aus uralten kosmischen Erfahrungen der Menschheit erwachsen, wie z. B. aus den vier Himmelsrichtungen, den drei Tageszeiten, den viermal siebentägigen Mondphasen, den sieben Planeten, den zwölf Monaten des Jahres u. a. m. Pythagoras, Platon und die Alexandriner haben die Zahlen philosophisch, mystisch und spekulativ gedeutet und sie mit anderen Lebensbereichen, z. B. dem Alphabet oder der Musik, in Beziehung gesetzt. Das hellenistische Judentum, auch die Kirchenväter (Augustinus) sind davon beeinflußt. Im Neuen Testament sind besonders das Evangelium und die

Ortsregister

Wolfgang Braunfels

Die Kunst im Heiligen Römischen Reich
Deutscher Nation

Band I

Die weltlichen Fürstentümer

Unter Mitarbeit von E. Bergmann, Ch. Hoh-Slodczyk, E. W. Huber, I. Kessler-Wetzig, K. Kratzsch. 1979. 424 Seiten mit 358 Fotos, Plänen und Karten. Leinen

Band II

Die geistlichen Fürstentümer

Unter Mitarbeit von E. Bergmann, Ch. Hoh-Slodczyk, E. W. Huber, I. Kessler-Wetzig, K. Kratzsch. 1980. 451 Seiten mit 380 Fotos, Plänen und Karten. Leinen

Band III

Reichsstädte, Grafschaften, Reichsklöster

Unter Mitarbeit von E. Bergmann, I. du Bois-Reymond, Ch. Hoh-Slodczyk, E. Horváth, I. Kessler-Wetzig, K. Kratzsch. 1981. 478 Seiten mit 374 Fotos, Plänen und Karten. Leinen

Band IV

Grenzstaaten im Westen und Süden
Deutsche und romanische Kultur

Band V

Grenzstaaten im Osten und Norden
Deutsche und slawische Kultur

Band VI

Das Werk der Kaiser, Bischöfe und Äbte

Band VII

Das Werk der Bürger und der Höfe (1250–1648)

Band VIII

Vom Barock zur bürgerlichen Bildung (1648–1870)

Die Bände IV bis VIII erscheinen in den Jahren 1983 bis 1986

Verlag C. H. Beck München

Vetter Ewald M. S. 302